开放条件下的企业创新能力与知识流空间耦合机制

KAIFANG TIAOJIANXIA DE
QIYE CHUANGXIN NENGLI YU
ZHISHILIU KONGJIAN OUHE JIZHI

杨　敏　王静娴　著

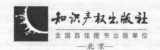

知识产权出版社
全国百佳图书出版单位
——北京——

图书在版编目（CIP）数据

开放条件下的企业创新能力与知识流空间耦合机制/杨敏，王静娴著. —北京：知识产权出版社，2020.9

ISBN 978 – 7 – 5130 – 7173 – 4

Ⅰ.①开… Ⅱ.①杨… ②王… Ⅲ.①企业创新—研究—中国 Ⅳ.①F273.1

中国版本图书馆 CIP 数据核字（2020）第 173520 号

内容提要

本书以开放条件下企业创新能力认知与知识流空间耦合效应为关注焦点，综合应用综合评价、粗糙集、耗散结构、结构方程模型等方法，探索知识流在企业创新空间与企业内生性创新之间的作用机制，揭示了创新并非企业的排他性内部行为，而是一种进化的、非线性的、企业和环境交互作用的过程，明确了知识流是开放条件下企业创新内外互动的核心要素与关键环节。

责任编辑：曹靖凯 　　　　　　　　　责任印制：孙婷婷

开放条件下的企业创新能力与知识流空间耦合机制

杨　敏　　王静娴　著

出版发行：知识产权出版社 有限责任公司	网　址：http://www.ipph.cn
电　话：010－82004826	http://www.laichushu.com
社　址：北京市海淀区气象路 50 号院	邮　编：100081
责编电话：010－82000860 转 8763	责编邮箱：caojingkai@cnipr.com
发行电话：010－82000860 转 8101	发行传真：010－82000893
印　刷：北京建宏印刷有限公司	经　销：各大网上书店、新华书店及相关专业书店
开　本：720mm×1000mm 1/16	印　张：14.75
版　次：2020 年 9 月第 1 版	印　次：2020 年 9 月第 1 次印刷
字　数：240 千字	定　价：78.00 元

ISBN 978-7-5130-7173-4

前　言

在知识经济时代，创新是获取排他性竞争优势、保证企业可持续发展的关键，同时也是推动宏观经济增长和社会进步的核心引擎。与西方发达国家相比，中国企业的创新无论是在微观行为能力方面，还是在外部制度安排方面多处于相对弱势的地位。中国企业内生性创新与外部空间环境的互动过程存在诸多生涩的环节，无论是协同创新、网络创新，还是开放创新，对于企业创新内、外两个系统之间互动渠道与反馈桥梁的作用机制研究相对缺乏。这已成为制约中国企业提高创新能力、转变经济增长模式、提升国家综合竞争力的"瓶颈"。

纵观现有文献，理论界关于空间经济系统和企业创新系统的研究都比较深入，但对于空间经济范畴下的企业创新空间的概念、构成、量化以及两者之间互动机理的系统性研究却比较少，对于开放条件下企业创新空间、知识流、企业内生性创新的内在耦合关系的研究比较缺乏。本书在空间经济系统和企业创新理论研究的基础上，结合耗散结构和熵变理论、开放式创新理论以及前期研究的成果，对企业创新的要素配置边界、企业创新能力的评价、知识流及其扩散、企业创新空间构成、量化以及知识流空间耦合机制与效应进行深入探索，开创性地研究空间、知识流、企业内生性创新三者之间的动态内在逻辑和理论框架。

本书在笔者博士论文的基础上，以开放条件下企业创新能力认知与知识流空间耦合效应为关注焦点，综合运用理论研究、大范围数据检索、大样本调查数据统计分析等研究方法，把定性分析与定量分析有机结合，探索开放条件下的企业创新能力识别方法，探讨知识流在企业创新空间与企业内生性创新之间的作用机制。首先，通过理论分析明确企业创新要素配置边界具有价值实现维度严格封闭和价值创造维度模糊开放的双重属性，即边界的单向模糊弹性，并结合开放创新下知识流的作用机制，明确企业创新空间属性。其次，在此基础上，以空间经济系统相关理论为出发点，探索企业创新的广义构成维度，通过引入"态函数"对企业创新及其空间的各构成维度和向量进行量化，构建包含创新空间系统的企业创新能力客观评价指标体系，并利用粗糙集方法进行约简，提出开放条件下的企业创新能力客观评价方法和体系。从空间、知识流、企业内生性创新三个维度构建开放条件下企业创新知识流空间耦合效应的研究框架。再次，借助耗散结构和熵变理论工具对企业创新广义维度进行拟合分析，深入探讨企业创新的知识流耦合机制，分析空间知识耗散结构特征，对企业创新的知识流空间耦合效应进行分析，并提出假设体系。最后，通过问卷设计，对空间、知识流、企业内生性创新各维度进行主观测量，运用结构方程模型对开放条件下企业创新的知识流空间耦合效应进行验证。

本书是作者长期以来对企业创新及其空间系统的系统集成，部分章节内容与方法相对深奥，可作为工商管理专业硕士研究生课程的辅助材料。此外，本书亦是贵州省教育厅"工商管理省级重点支持学科"项目（黔学位合字 ZDXK［2016］18 号）、贵州省教育厅青年科技人才成长项目"开放条件下的知识要素结构化测度研究"的阶段性成果。

在此，对在本书出版过程中做出过重要贡献的陈泽明教授、贵州省教育厅"工商管理省级重点支持学科"项目（黔学位合字 ZDXK［2016］18 号）的同事、贵州商学院管理学院工商管理教研室的同仁，表示衷心感谢。

此外，笔者水平有限，书中的疏漏之处在所难免，请广大专家和读者不吝赐教。

目　录

第1章 导 论

本书在空间经济系统和企业创新系统理论的基础之上，结合粗糙集、耗散结构、熵变理论、开放式创新理论，对企业创新的要素配置边界、创新能力、知识流及其扩散、企业创新的知识流空间耦合效应进行深入分析，研究基于开放创新视角下的企业创新能力与知识流空间耦合机制的内在逻辑、理论框架和理论分析范式。

1.1 研究背景及意义

1.1.1 研究背景

创新理论的发展和演进，体现了企业创新现实的内在规律。从目前的企业创新事实与企业创新理论的发展来看，动态、开放的创新观是大势所趋，也反映了信息时代、知识经济时代的本质要求。开放式创新模式应是当前企业创新的最优模式选择。从当前学术界对于企业创新与其外部环境之间的互动影响研究来看，绝大多数都将研究的切入点集中于外部创新环境对企业创新的单向的线性支撑与约束影响上。笔者认为这与开放式创新模式、开放式创新系统的要求相去甚远。企业与其所存在的外部环境是一种双向互动的关系，应放在系统论的理论框架下进行思考和研究。

空间经济学作为一门成熟的理论学科，主要研究的是空间范畴内资源配置有效性问题。随着研究的深入，空间经济学所关注的空间概念逐渐从无差别的抽象均质空间向差异化的具体非均质人地系统延伸。由此而论，现代经济条件下的具体经济活动空间，应是一个自然—社会—经济融合有序并具有高效、优质和网络化特征的人地系统，其中，地理维度的约束和介质性是空间经济学研究始终坚持的基础。随着物联网、互联网、交通网以及科技与信息技术的高度发达，学术界出现了"地理已死""地理不再重要"的质疑。可以肯定的一点是地理空间作为实体的有形载体，永远都不会消亡，在经济发展中的作用也不可替代。但是传统地理空间的作用模式却有可能改变，地理结构对经济行为和资源配置的天然约束淡化成为必然。

知识性要素对传统经济发展及企业创新模式的重塑是地理空间作用模式改变的根本动因，高渗透性、非耗散性、可叠加性、无限增殖性是其区别于传统要素的显著特征。所谓高渗透性，是指知识资源自产生开始，便是一个动态的过程，它不会停留在固定的时空维度中，会随着"时空"的变化而运动。当然，这种运动需要借助一定的介质，比如互联网、移动通信等。无论知识资源拥有者（知识产权所有者）采取如何严格的产权保护措施，随着时间的推移，这种被保护、被限制流动的知识资源也终将以特殊的方式突破重重限制进行渗透，并导致企业严格边界的模糊化。所谓非耗散性是指知识资源可被重复使用，但并不会改变其蕴含的使用价值，只要企业具备相应的使用知识资源的条件，知识资源便可被重复使用而不会被耗尽。并且，作为"公共资源"也不影响其他企业的使用，这也在一定程度上决定了知识资源的类公共物品属性。所谓可叠加性，是指知识资源在流动过程中极易被改变、复写、塑造、更新、进化的特点。所谓无限增殖性，是指相对于传统要素，知识资源切合了虚拟价值链的价值创造需要，推动了现代知识经济呈几何级数增长。知识资源的这些特点决定了其在创新活动过程中的内生动力机制，其外在表现即知识流。

在熊彼特的创新理论得到广泛认同之后的很长一段时间里，创新被限定在具有严格边界的企业内部，由企业独立配置资源来实现，进而通过技术创新的产业转化和价值独享提升企业的市场竞争优势。基于这种相对封闭的创新理念，企业纷纷建立自身的研发中心进行研发并通过技术创新的价值溢出获取创新成本补偿，企业间很少共享创新成果。这种创新模式被称为"封闭式创新"（Chesbrough，2003）。但是，随着市场的发展与科技的进步，一大批新兴企业迅速崛起，它们摒弃了"封闭式创新"模式对自身创新行为的束缚，通过在技术活动中向外部组织寻求合作帮助，获取外部的信息资源、技术资源和制造能力，并通过内外部创新资源的整合和运用，弥补内部创新资源的不足，进而提高创新能力并获得了巨大的成功。这种创新模式被定义为"开放式创新"

（Chesbrough，2003）。开放式创新强调技术创新将不再是一个简单的线性过程，而是一个复杂的系统机制，它强调创新的开放性、动态性特征，其使得散布于经济空间中的异质性创新资源、知识得到最大限度的利用，实现了组织内外部知识的交流互动，即知识流的耦合作用。

杨敏和陈泽明（2015）指出，游离于企业边界之外的"无主知识"以特殊的形式附着于空间经济系统维度中，对空间中所有企业而言，其均是一个无法回避的、正的外部性存在。作为要素集合体的企业，通过要素链、信息链、知识链、价值链与其所处的环境空间相联系，形成企业与环境相互作用、相互依存的一个有源体系。正如克莱恩（Kline，1986）指出的，"创新并不是企业为了获得垄断优势而采取的排他性的内部行为，而是一种进化的、非线性的、企业和环境交互作用的过程"。拉梅什·钱德拉等（Ramesh Chandra et al.，2015）曾指出，企业创新是企业内部创新要素与外部创新环境互动的结果，不同的空间环境对企业创新有着不同的影响。美国硅谷之所以是"美国"的硅谷，而不是中国或者任何其他国家可复制的研发高地；中国台湾地区的微机产业集群之所以在新竹聚集，而不是在其他某个地方，归根结底在于其创新外部空间的异质性。当基于知识基础观考察知识要素时，笔者发现，高渗透性、非耗散性、可叠加性、无限增殖性是知识性要素区别于传统要素的显著特征，它们共同决定了知识性要素在创新过程中的内生动力机制地位。这种以知识流动扩散为主要表现的内生动力机制决定了企业知识性要素的使用方式及其价值量，并最终导致了企业间创新能力的异质性。知识的可叠加性、非耗散性、高渗透性等特点，使得空间中无处不在的知识流成为企业创新的外部空间环境与企业内生性创新之间的天然介质。企业对创新要素的投入不再受制于企业产权边界的严格限制，同时也在很大程度上摆脱了地理空间维度对于企业创新的约束。以开放创新的视角考察空间、知识流、企业内生性创新三者关系，其实质就是在"泛空间"范畴内创新资源配置的有效性问题，重点是企业内生性创新与外部空间的知识流耦合机制与效应研究。

鉴于上述研究背景，本书以开放创新视角下企业创新能力与知识流空间耦合关系为关注焦点，通过定性分析与定量分析有机结合，探讨空间、知识流、企业内生性创新之间的耦合机理，对企业创新能力本源与进化依据的研究框架、方向乃至结论都将产生重要影响。

1.1.2　研究意义

本书的研究在空间经济系统、开放创新理论、耗散结构与熵变理论、知识流以及企业创新等相关理论研究的基础上，提出空间—知识流—企业内生性创新的基本研究架构，并加以实证检验。本书的研究意义如下：

第一，拓展了关于企业创新系统维度的研究范畴。理论界关于企业创新系统的研究相对成熟。现有研究更多关注的是企业自组织系统创新过程中的要素及其互动机制，以及更大范畴内区域、产业构念视角下，创新主体单元及其活动的规律性、系统性关系。将企业创新与空间经济系统结合起来，以开放式创新、耗散结构、熵变理论为工具，进行系统性分析，考察空间、知识流、企业内生性创新之间的耦合关系并不多见。本书在系统论和空间经济学的指导下，结合耗散结构理论的平衡条件，从创新三维空间、知识流、企业内生性创新三个维度解读企业创新的广义维度，是对企业创新系统维度研究的开创性拓展。

第二，深化了创新三维空间对企业内生性创新影响的研究。影响企业内生性创新的因素众多，其中，创新三维空间对企业内生性创新有其内在的动态过程和机理。本研究在进行大量企业调查的基础上，着重探讨企业从创新三维空间中获取知识流对企业内生性创新的影响，将创新三维空间、知识流、吸收能力、整合能力和企业创新效率纳入一个统一的框架中考虑，试图解释空间、知识流、企业创新三者之间的耦合作用机制，是对当前创新环境空间与企业创新效率之间关系研究的理论拓展和补充。

第三，从微观层面上，为企业从外部获取知识流提供现实选择。创新三维空间知识流的快速消化与吸收是提升企业内生性创新的重要途径。本书通过探讨创新三维空间、知识流、吸收能力、整合能力和创新效率之间的耦合关系，分析知识流在创新三维空间与企业内生性创新之间的耦合效应、吸收能力与整合能力在知识流与企业创新效率之间的乘数效应机理，以及行业、规模、年龄等异质条件的异化效应，使企业可以更加明确地认识创新三维空间通过知识流影响企业内生性创新的机制，更好地识别影响企业内生性创新的外部条件和内部因素，制定企业从创新三维空间获取知识流、吸收和整合知识流，从而提高创新效率的合理战略。进一步地，实证分析异质条件下创新三维空间对企业创新效率的内在作用机制差异，有助于企业针对不同的情境协调、整合、利用和分配内外部资源，从而可持续地提高企业的创新效率。

第四，从宏观层面上，为政府制定促进企业创新能力与效率的相关政策提供理论指导和策略支持。政府应着力于创新三维空间的优化配置，强化企业与外部的互动与联合，并在政策上出台扶持和激励机制，帮助企业创造或优化知识流的外部环境，同时提高企业的吸收能力和整合能力，这对于推动中国经济的转型升级有着重要的现实意义。

1.2　研究内容与框架

本书共 9 章，研究内容与结构如下：

第 1 章是导论。本章介绍了相关的研究背景、研究意义以及结构框架、主要研究贡献与创新之处等。

第 2 章是企业创新的广义维度解构。本章主要目的在于为企业创新的知识流空间耦合的研究提出理论视角和准备。从现代经济条件下的知识经济特征为出发点，考察企业创新要素的配置边界，通过对企业创新要素配置模式的比较，论证企业创新的空间、知识流、内生性创新的广义维度构成，分析企业创新的空间属性，从企业创新外源组织的空间非均质性、开放性、负载性及耗散性对企业创新的空间维度进行分析。

第 3 章是企业创新体系与要素构成。本章对企业创新的构成系统和构成要素进行了分析和确认。从企业创新的源泉视角，将企业创新分为企业内生性创新和企业创新三维空间两个方面。

第 4 章是企业创新能力完备评价指标体系的构建。本章首先在企业创新的内生要素和外部环境相关理论推导以及企业创新系统结构的基础上，构建充分非必要条件下企业完备评价指标体系，尽可能全面地收集可用的指标，供下一阶段筛选；其次，以实际企业数据为基础，通过专家审议，模型筛选，约简重构指标体系，得到充分必要条件下的企业创新能力评价指标体系。

第 5 章是开放条件下的企业创新能力评价指标体系的应用。本章选取一定量的样本企业并搜集样本数据，对指标体系各层次的评价等级进行划分，并通过逆向迭代的方法计算样本企业的创新能力综合指数。通过应用研究验证本书所构建的评价指标体系以及评价方法的科学性和有效性。

第6章是企业创新的知识流空间耦合及其假说。本章主要是将创新三维空间与企业内生性创新的知识流耦合机制进行叠加分析，探索企业内生性创新的知识流空间耦合效应，借助熵增原理和耗散结构理论，对企业创新的知识流空间耦合机制背后的深层机理进行分析，进而论证企业创新的知识流空间耦合效应，并提出假设体系。

第7章是企业创新的知识流空间耦合机制研究设计。为了验证前文的理论分析，本章通过对企业创新广义维度的分析，在广泛收集观测指标的基础上，形成各个维度的细分测度指标，并设计调查问卷，进行小样本前测，形成样本数据库，并对大样本进行信度和效度检验，最终通过量化处理进行实际应用，并为后续的实证分析提供数据。

第8章是异质条件下的企业创新知识流空间耦合效应的验证。在前述章节的基础上，根据企业创新的知识流空间耦合效应及其空间知识耗散结构特征，利用调查样本数据，运用探索性因子分析、验证性因子分析和结构方程建模的方法，逐层深入地验证创新三维空间、知识流和企业内生性创新三者之间交互影响。

第9章是研究结论与展望。

1.3　研究贡献与创新

本书围绕开放条件下企业创新知识流空间耦合机制这一基本问题，在现有研究的基础上，通过文献梳理和逻辑推导，形成本书的研究架构，构建理论模型，提出假设体系，进一步地运用调查数据进行量化分析，验证开放条件下企业创新知识流空间耦合效应。在现有研究成果的基础上，本书深化和拓展了以下三个方面的内容：

第一，通过理论分析明确企业创新要素配置边界具有价值实现维度严格封闭和价值创造维度模糊开放的双重属性，即边界的单向模糊弹性，并结合开放创新下知识流的作用机制，明确企业创新空间属性。在此基础上，以空间经济系统相关理论为出发点，探索企业创新的广义构成维度，通过引入"态函数"对企业创新及其空间的各构成维度和向量进行量化，构建包含创新空间系统的企业创新能力客观评价指标体系，并利用粗糙集方法进行约简，提出开放条件下的企业创新能力客观评价方法和体系。

第二，拓展了关于企业创新系统维度的研究范畴。理论界关于企业创新系统的研究相对成熟。现有研究更多关注的是企业自组织系统创新过程中的要素及其互动机制，以及更大范畴内区域、产业构念视角下，创新主体单元及其活动的规律性、系统性关系。将企业创新与空间经济系统结合起来，以开放式创新、耗散结构、熵变理论为工具，进行系统性分析，考察空间、知识流、企业内生性创新之间的耦合关系。知识熵的动态变化可视为经济区域系统内的知识流，知识流的内化过程趋向于减少企业创新空间的自由能，增大企业创新空间的知识熵。创新空间与企业之间的知识流内化和外化过程在耗散结构的作用下以系统动力学动态平衡的形式呈现。

第三，深化了关于开放条件下企业创新知识流空间耦合关系的研究。通过深入分析空间、知识流以及企业内生性创新之间的复杂关系，将知识流作为企业创新内外系统动态反馈的核心机制，通过实地考察、文献回顾和规范分析，借助空间经济系统理论、开放创新理论、耗散结构理论，探索基于空间、知识流和企业内生性创新广义维度的企业创新知识流空间耦合机制。在熵论、耗散结构、开放式创新理论的指引下，明确"企业创新空间""知识流""企业内生能力"，以及"吸收能力""整合能力""异质条件"之间的耦合关系。将行业属性规模和年龄等作为异质性情境要素引入研究模型中，探讨异质条件对创新三维空间、知识流、吸收能力、整合能力及企业创新效率之间互动关系的影响，进一步深化对开放条件下企业创新知识流空间耦合关系的研究。

第 2 章　企业创新的广义维度解构

2.1　企业创新的要素配置边界及其空间属性

2.1.1　企业边界的单向模糊弹性

关于"企业的边界在哪里？""企业边界的决定因素是什么？"的不同回答，是现代企业理论产生的基础。知识基础观根据知识利用的相对效率来分析企业的垂直和水平边界。虽然对于这些问题的回答存在本质的区别，但无疑都共同探讨了企业作为产品供给角色的价值实现影响范围。从企业的价值实现角度看，企业的边界是确定的，并且也是严格的，至于原因，现代企业产权理论已给出了合理的解释。

现代经济条件下，企业边界的内涵不断发生演变，企业的能力边界与实体边界出现了分离，根本原因在于技术与知识的进步（徐礼伯，沈坤荣，2014）。从企业价值创造的角度看，企业边界的属性和范围似乎需要进行更加现实的讨论。知识与智力资本作为现代经济中的超级要素，以开放互补、动态反馈、去中心化、高渗透性为主要特征，在企业物质边界和能力边界中高频交互，使得企业的要素配置边界以极低的配置成本得以扩张。从企业价值创造的角度看，企业边界具有相对模糊性和富有弹性。

2.1.2　企业创新要素配置的开放性

企业边界的单向模糊弹性在企业创新的理论框架下的具体表现就是企业创新要素配置边界的弹性扩张。随着知识经济与信息技术的高速发展，企业创新资源和要素的配置方式在这种富有弹性的单向模糊边界中发生了剧烈的进化。

（1）封闭式创新

20 世纪初，在熊彼特的创新理论得到广泛认可之后的很长一段时间里，创新被限定在具有严格边界的企业内部，即创新被认为是企业的独立活动。企业依靠成功的技术创新获取超额垄断利润，技术的创新、技术的产业转化都依靠企业自身来完成，通过技术成果的独享，获取企业在市场竞争中的比较优势。正是这种创新利润的激励，企业纷纷建立自己的研发中心并将技术创新推向市场，企业之间很少共享创新成果，即"封闭式创新"，如图 2 - 1 所示。

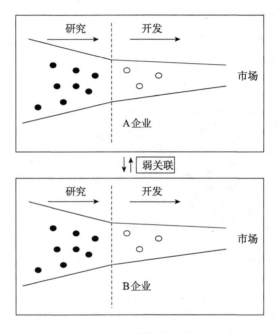

图 2 - 1　封闭式创新

在图 2 - 1 中，封闭式创新路径可从左边开始，这种创新路径首先强调了企业需要组建最优秀的研发团队，在优先保证研发资金的需求情况下，在企业内部开展大规模的研发活动。若研发活动能产生迎合市场需求的优质研发成果，这些成果将被推向市场，而那些被认为没有市场前景或者市场化不明朗的项目将彻底被抛弃。在 20 世纪的大部分时间里，这种创新模式被很多企业选择，且这些企业运用后都取得了显著的成绩。例如，杜邦、IBM、通用等资金雄厚的大企业，正是利用封闭式创新完成了各自产业中的大部分研发活动，并获得丰厚的利润；而它们的竞争对手想要超越它们，则必须以雄厚的资金为后盾，并组建优质的创新团队，这显然是非常难的一件事。

随着市场的发展与科技的进步，一大批新兴企业迅速崛起，它们摒弃了"封闭式创新"模式对自身创新行为的束缚，通过在技术活动中向外部组织寻求合作帮助，获取外部的信息资源、技术资源和制造能力，通过内外部创新资源的整合和运用，弥补内部创新资源的不足，进而提高创新能力并获得了巨大的成功。对封闭式创新模式的崇拜，受到了质疑，进而众多学者也开始研究比封闭式创新模式更为有利的模式。

（2）开放式创新

开放式创新由切萨布鲁夫（Chesbrough，2003）提出，强调技术创新将不再是一个简单的线性过程，而是一个复杂的系统机制，它强调了创新的开放性、动态性的特征，如图 2－2 所示。

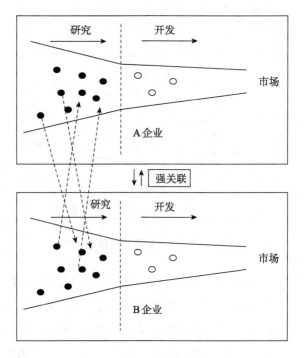

图 2－2　开放式创新

知识的高渗透、高扩散性模糊了企业的边界。不同企业投入大量资金和人力获取的基础研究成果和知识，随着环境的变化，逐步向企业外部进行渗透、扩散，如同图 2－2 中 A 和 B 这两个企业相互进行研发知识的渗透。上述这些基础知识在空间中与公共机构结合形成了企业外部创新、创意的"高能"地带，企业边界之外的高能创新空间出现了创新外部性效应。创新外部性与企业的创新领域和团队的结合将产生新的适应市场需求的成果，甚至是创造一个新的市场，其作用机理如图 2 - 3 所示。

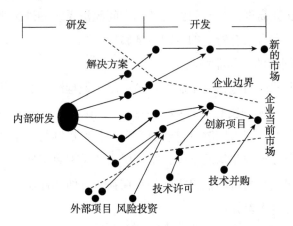

图 2 - 3　开放式创新的机理

开放式创新强调非竞争性、非排他性、高渗透性"知识元"对现代企业理论所强调的企业严格边界的持续冲击，以及企业创新资源配置的开放性。创新并非企业的排他性内部行为，而是一种进化的、非线性的、企业和环境交互作用的过程。企业创新要素的跨组织边界配置，即通过知识在不同主体之间的识别、获取、开发、分解、储存、传递、共享机制，实现企业对网络内其他成员或公共资源的无偿使用。开放式创新以立体视角审视创新体系的构成要素，通过知识性要素的扩散和流动，成功将"无形"的创新网络空间联结在一起，成为创新空间中开放式创新模式内生动态反馈机制的核心。

2.1.3　企业创新的空间属性

任何经济体的具体经济行为必然受到空间的约束，开放式创新也不例外。空间经济系统被定义为相互依存和相互作用的物质实体要素在不同空间尺度上形成的具有特定运行规律和功能的有机整体。

从企业价值创造维度看，企业的边界具有模糊开放属性，即边界的单向模糊弹性，界定了企业创新要素的配置边界和配置方式。从创新要素配置角度看，知识流中介协调了企业内生性创新与外部组织之间的要素分配和价值实现过程。无论企业的要素配置边界分析还是企业知识流中介研究，均是以企业作为第一视角展开探索。从企业的第一视角看，其边界之外的组织形式与负载机制，对企业创新具有极大的影响，这种影响在某种意义上甚至可以上升到对企业创新本源的探究高度。从空间经济学和空间经济系统的理论视角看，企业创新及其外源组织本身具有特定的空间经济属性。

（1）企业创新的空间非均质性

一般意义上的空间包括三个层次。第一层指地理维度的空间，以地理空间距离、区位的差异为测度标准；第二层是基于地理空间之上的人—地活动空间，包括两个维度，即人们改造自然而产生的各种机制与关系的总和，即人们从事经济与社会活动的非均质空间；第三层指的是剥离了地理空间、人—地活动空间差异的均质空间，即抽象空间，其在各个方面的性质都只有相同性，在各方向上的运动也无差异性。

空间质量不仅影响个别企业或城镇的发展规模和区位，而且影响着人类空间经济活动的相互作用和空间经济系统的形成。相对于地理空间的参照系，大量的企业创新现象摆脱了物理空间维度的约束，更多地反映出来的是一种非均质空间的相互关系和作用机理。

在企业创新的系列关系集合中，其创新的外源组织由企业边界之外的政府机关、科研机构、企业组织、自然个体及其运行机制等以自然的方式组合而成。相对于特定企业的创新活动，外源组织超越了地理空间的概念范畴，表现出一种非均质空间的性质。这种非均质空间性质意味着企业创新的外源组织是一个内涵丰富，且刻画标准异常繁杂的组织体系，其矩阵表达为

$$A = \begin{bmatrix} B_i \\ C_j \\ \vdots \\ N_n \end{bmatrix} \tag{2-1}$$

其中，A 为企业创新外源组织集合。B_i，C_j，$\cdots$，N_n 为企业创新外源组织的具体构成向量，如政府机关、科研机构、企业组织、自然个体等。各构成向量又具有各自的特征值、区分度和表达元素等。因此，对于企业创新外源组织的这种非均质空间属性，其任何构成向量的任何元素的区分标准均可成为企业

创新外源组织的一个划分维度。若一定要用维度来刻画的话，企业创新外源组织应是 N 维空间组织集合。

（2）企业创新的空间开放性

从企业的价值创造角度看，企业的边界是模糊且富有弹性的。这种模糊性使得企业跨越自身产权边界进行轻质、高渗透的知识流要素配置成为可能。在知识流的共同作用下，企业创新的外源组织个体仍然遵循企业边界的单向模糊特性。针对第一视角的企业创新而言，外源组织中的企业是一个不可回避和忽视的正的外部性存在。外源组织中的企业从其价值实现角度看，具有严格的边界，企业的商品和服务在产权和市场规则的约束下实现价值。在这一过程中，首先，外源组织中的企业的创新成果在知识流的异化作用下，以无差别的知识流束在外源空间中实现随机游走；其次，外源组织中的公共机构（如政府机构和科研机构）的创新知识失去了产权机制的约束，在知识流的异化作用下，以更加丰富和剧烈的方式在外源空间实现随机游走；最后，外源组织中的自然个体，遵循的并非市场机制，也不是公共服务机制。自然个体的创新知识，产生于个体脑海，并在很大程度上存在于大脑或私密空间，具有极强的产权边界。但自然个体始终是社会人，与社会发生关系是其存在的标志。在其与社会组织或个体发生各种社会关系时，其私有的创新知识就有可能在知识流的作用下实现外溢，并被企业或公共机构捕获。自然个体的私有创新知识或者以市场交易成本为依据实现要素内化，或者通过外源组织机构实现随机游走。

在特定的时空条件约束下，企业创新外源组织的数量和结构几近不可知状态，其规模相对第一视角企业而言超越了边界的束缚。企业创新外源组织集合的边界是宽泛和模糊的。正由于这种边界的宽泛和模糊性，随机游走的知识流束对企业创新而言表现出极度开放的特性。企业创新外源组织的这种空间开放性具有动态性、相对性和不确定性的特点。在放松时空条件约束后，外源组织集合中的个体会随着时空的变化而变化，或消亡，或成长，或新生，从而外源组织集合的随机知识流束也随之变化。而对于第一视角企业而言，随机游走的知识流束能否表现出开放性，取决于企业创新对知识流束的吸收和配置能力。若企业无法吸收和配置知识流束，那么，这种开放性则是相对的。另外，就算企业具有极强的吸收和配置能力，但随机游走的知识流束与企业创新的知识匹配度仍是一个无法回避的重要变量，因此这种开放性还具有不确定的一面。

（3）企业创新的空间负载性

企业边界之内的创新要素由企业控制，也就是企业的内生性创新系统，而企业创新外源组织集合可以看作企业创新的外生系统，是对企业创新的支持或者约束系统。当企业能够充分地利用企业创新外源组织集合中随机游走的知识流束，接收来自外源组织集合的知识溢出时，外源组织集合则对内生性创新起到积极作用；当企业无视外源组织集合的存在，或者自身吸收能力无法支持其接受来自外源组织集合的知识溢出时，外源组织集合则对企业的创新作用很小。

图2-4是企业创新外源组织的空间负载性的一般均衡分析。在抽象掉企业创新外源组织的具体化特征之后，将其放在可视的三维空间中进行分析。在图2-4中，A为企业内生性创新的生产可能性曲面，B为外源组织集合的空间负载曲面。X，Y，Z分别为简化的知识流束维度。两个曲面在同一个坐标空间中，意味着企业内生性创新投入和外源组织集合拥有相同的知识流维度。可以直观地发现，在特定的时空维度下，当A与B相切时，企业内生性创新的产出效率最高；当A与B相离时，企业内生性创新的产出效率有待提高，企业内生性创新系统需要扩张，反映在外源组织集合的关系时，即企业创新对知识流束的吸收能力不够，或者随机游走的知识流束与企业创新的知识匹配度太低，无法充分利用外源组织集合的知识流；当A与B相交时，企业内生性创新的产出效率有待提高，因为企业内生性创新系统对随机游走的知识流束进行配置的能力有所欠缺。最优点的出现条件是各知识流束的边际产出为零。

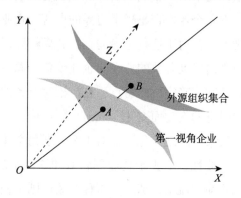

图2-4　企业创新外源组织的空间负载

（4）企业创新的空间耗散性

企业创新的外源组织缺乏主动的亲和和动力机制。企业创新的外源组织的数量极其庞大，以致于企业创新外源组织集合相对于第一视角企业创新表现出一种独立的客观存在，缺乏主动的亲和和动力机制。外源组织相对于第一视角企业创新的意义仅仅是提供了一个可供吸收利用的外部性知识库。外源组织集合与第一视角企业创新之间的创新联动通过知识流束的自发溢出以及企业创新的主动吸收实现。

外源组织集合具有物质的特性。物质系统的自由能特性同样适用于企业创新和外源组织集合系统。系统自由能越大，辐射作用就会越强烈。外源组织集合中的自由能（也可以理解成外源组织集合空间中的创新知识存量或随机游走的知识流束）越大，外源组织集合向企业的创新知识辐射作用就会越强烈。若企业能够积极地吸收并消化来自外源组织集合的自由能，企业内部的创新知识存量也会增加，当企业的创新知识存量达到一定的阈值，企业或者企业集群就成为外源组织集合中新的经济系统，同样具备能够向外源组织集合释放自由能的可能，这种释放是企业创新系统向外源组织集合的逆向溢出。这个过程不会在一次溢出之后就结束，而会形成一种动态的平衡。

相对物质系统的能量交换和能量守恒规律而言，外源组织集合中的自由能，由于其高能地位，在与企业创新发生能力转化，即自由能向企业溢出之后，并不会衰减。这就保证了外源组织集合相对第一视角企业之外的企业存在的稳定性和非排他性。

2.2　开放创新视角下企业创新的广义构成维度

对于企业的创新活动而言，国内外众多学者大多都将其纳入系统中而进行研究。例如，"战略创新、企业组织创新、创新激励、市场营销创新、技术创新、知识创新"（Janell，Roger，2014），"企业技术先进性、产品市场成长性、企业组织管理和技术投入创新产出效率、人力资源水平、企业技术水平、生产方法和工装设备的技术水平、目标市场情况、企业新产品的市场情况"等（Miguel et al.，2004）是企业创新系统的主要内容。这些子系统虽然各自拥有不同的主体和功能，但是它们之间却能够相互作用。许庆瑞（2002）提出企业只有促进研究与发展部门、生产与营销部门的合作关系，并依靠资金和管理工具、完善的研究开放体系和教育培训体系、企业文化和制度，才能建立出完善的企业技术创新体系。郭斌等（1997）提出，企业技术创新体系主要包括组织结构、战略、研发、资金、人才和企业家精神六个要素，其中企业创新的效率由组织结构、战略，企业家和企业家精神等共同决定，而企业的创新资源主要由研究与开发、资金和人才三个要素决定。从以上国内外学者的研究文献可以得出，他们较多地从企业内部各职能部门间的关系、企业内各创新要素等视角去理解企业创新的运行模式和路径。

空间经济系统结构最基本的含义应是人类经济活动作用于一定地域范围所形成的空间组织形式。这种空间组织是社会分工和联系中的不同质点（不同经济实体及其相关要素）在地域空间上的反映。基于上述分析，笔者认为企业创新的系统构成维度主要包括以下三个方面：①外源组织空间；②"知识流"耦合；③企业内生性创新机制，如图2-5所示。

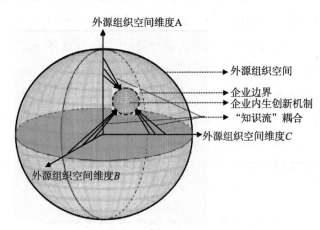

图2-5　企业创新的广义维度

2.2.1　企业创新的空间维度

任何企业创新的行为都将在特定时空条件下进行，企业创新的时空属性（本书主要研究空间属性）是空间经济系统的重要组成部分。创新空间是空间经济系统中的一个特殊单元，或者称为子系统，其基本构成是空间经济系统中对创新活动有着至关重要影响的环境因素的有序集合。关于创新空间维度的研究，学者们主要从创新环境视角展开。曼努埃尔·塞布里（Manuel Cebrian，1997）研究发现影响创新者行为的潜在环境因素应包括家庭和支持系统、财务资源、员工、顾客、供应商、地方社区、政府机构和文化、政治及经济环境等。理查德·贝德纳（Richard Bednar et al.，2015）将创新环境概括为社会经济条件、创新和管理技能、政府政策和规制、创新资金支持和创新的非资金支持部分。克里斯蒂娜·奥伯格（Christina Öberg，2015）通过对硅谷地区移民创新者的研究，探讨了当地的创新环境构成要素，主要包含以地区网络为基础的工业体系、密集的社会网络、开放的人才市场、地区的社会文化氛围等。汤米·海蒙宁（Tomi Heimonen，2013）从社会整体氛围、基础设施建设和政府支持程度三方面研究了区域的创新环境构成要素。多琳·攀登（Doren Chadee，2012）从不同地区的工资水平、政策、个人财富、产业聚集程度与地区专业化程度等方面探讨了创新环境构成要素。

陈泽明（2007）从空间经济学和系统论的角度出发，将空间的组织关系分为以资源开发和人群经济活动场所为载荷，以经济地域单元为中心的地理空间关系，以空间经济实体的经济活动为中心的经济空间关系，以及以各种空间实体之间相互作用所形成的人文空间关系，并在经济区域 N 维空间结构理论基础上，研究了构成区域三维空间的地理空间、经济空间、人文空间一级要素，且依次逐级排列出了三维空间与环境相关的二级、三级要素，进而指出优化环境的具体方向和明确了改善软硬环境的路径。从三维空间的特征以及空间经济的现实来看，对于三维空间系统的定义和划分并非偶然和随机，它们由特定的要素按照某种规律组合而成，这种组合就是三维空间的矢量叠加。

另外，根据空间经济学的理论可知，空间经济系统结构包括以资源开发和人群经济活动场所为载荷且以经济地域单元为中心的地理空间关系；空间经济实体的经济活动所构成的某种经济空间关系；空间实体之间相互作用所形成的人文空间关系。地理空间异质化主要体现在自然资源禀赋、交通基础设施、周边地理区位等方面；经济空间的区别主要表现在产业构成、要素结构比例、要素密集度等方面；人文空间差异化主要体现在政策机制、法律制度、文化习俗等方面。

企业创新的空间维度也可以从创新的经济空间、地理空间和人文空间方向上进行分解。在这三种形式或空间中，第一种可以理解成企业创新空间维度中的"硬质空间"，第二种可以理解成企业创新空间维度中的"软质空间"，第三种可以理解成企业创新空间维度中的"混沌空间"。这种空间组织是承载创新活动的不同质点（不同创新实体及其相关要素）在地域空间上的反映。

作为聚集创新活动的外源组织空间，创新空间维度是对创新环境空间系统结构的有序化重组，是以创意、研发、学习、交流等知识流为核心内容的空间系统。这个维度中除了包含物质形态的创新要素之外，还受到空间系统中经济、地理、文化活动等创新关系和机制的。作为信息化、知识流条件下空间的一种形态，创新空间维度的组织模式不仅仅是经济产业硬件的功能聚合，还包括经济、地理、文化等多种属性的交互，具有系统性、稳定性、极化性和扩散性、有序性等特点。

空间结构的有序性，指的是空间经济系统中的诸个要素按照一定的组合方式结合而成的空间分布规则（空间序）和按照一定的内在关联形式而产生的空间相互作用规则（功能序）。空间经济系统是一个要素众多的复杂系统，而系统之间的协同性是产生有序结构的直接原因。企业创新空间维度的有序性，也意味着区域创新系统结构的等级性和层次系列。按照这种等级序列，可以较为明确地判定出区域创新空间维度的分解性、嵌套性和包容性。空间结构的等级层次性是一种近似的性质，实际上企业创新空间维度内各子系统在规模上或者层次上是逐渐过渡的。而正是由于区域创新空间维度具有规模和功能上的等级层次性，才有可能使得不同等级层次上的空间实体，通过协同作用在区域空间上形成有机的功能结构体系。

2.2.2 企业创新的知识流维度

（1）创新要素的知识异化

从知识进化的角度看，创新源于人们在现有认知水平基础上通过对事物的探索性思考所进行的认知改进。首先，创新与知识的产生、传递、改进等活动密不可分。作为现代经济最重要的一种超级要素，以"知识扩散"与"数字化进程"为特征的知识要素正加速传统创新要素的剥离重塑与改造，导致传统创新要素在结构与规模上出现异化。信息与技术本身就是知识经济时代最重要的要素构成，并以前所未有的融合、裂变的方式进行迭代、演化，是对现有信息与技术的重构异化。其次，依托在线支付、云计算、App 等工具，知识要素再造了传统资本要素的资金融通和支付形式，以及无形资产的范畴与定价模式。现代经济条件下的金融体系正面临来自数字资产与互联网金融的巨大挑战。关于资本市场的数字异化和知识性改造将成为 21 世纪社会经济变革的核心内容的预言正一步步走向现实。再次，知识要素及其带来的"去中心化"知识经济，正在改变以现场管理为基础的传统管理理念和管理方法。依托远程传输等技术，知识要素实现了对传统现场管理的改造，传统的企业管理模式、组织结构等产生了革命性的变化。最后，作为能动的生产要素，劳动力虽不能实现真正意义上的知识传输；但互联网经济模式所触发的互联网经济思维却在无形间对劳动力进行了一次深刻的、卓有成效的培训。知识要素与知识经济再造了人力资本的互联网思维。

由此可见，现代经济条件下的要素异化造就了企业创新投入要素的核心——知识要素。知识要素的产生与发展又进一步提升了传统要素的异化规模和频率。知识要素与要素异化间存在的正的动态反馈机制，是现代经济裂变式发展的本源。

（2）知识要素的属性与知识流

人类社会之所以能够一步步由低级向高级进化，根本原因在于知识的更迭进化。这是对知识进化结果的静态认可，但在知识进化的作用机制中，知识更多地以一种动态的形式发生作用。正如本书第一章所述，知识要素是无形资产、管理、技术、制度、信息等轻质要素的知识编码经济过程，高渗透性、非耗散性、可叠加性、无限增殖性是其区别于传统要素的显著特征。知识要素的这些特点决定了知识要素在创新活动过程中的内生动力机制，其外在表现即知识流。知识转移是组织内或组织间跨边界的知识共享，即在一定的情境中，知识从源单元到接受单元的传播或转移过程（Szulanski，1996），是一种交流行为。从企业内部组织关系来看，知识转移和创造已经被作为企业内部协作关系的关键要素。

（3）知识流载体

知识流在企业创新空间维度中的随机游走，并非凭空实现的。知识流的传播、扩散、转移需要一定的知识流载体和渠道才能得以实现。

隐性知识与显性知识相对，即那些难以通过言述的知识。空间中的知识流，即运动的知识，自然包括上述两种知识形态。因此，知识流也可分为显性知识流和隐性知识流。人们为了更好地传播和学习知识，进而采取特殊的编码方式，对知识进行存储、记忆和学习，即显性知识流。显性知识流的载体就是显性知识的特殊编码方式，即口头传授、教科书、参考资料、期刊杂志、专利文献、视听媒体、软件和数据库等。这些特殊的编码方式在现代经济中的传播渠道和方式就是信息。因此，知识流的第一个载体即信息流，并且也是最重要的一个知识流载体。现代社会之所以被称之为信息社会，信息之所以能够成为当前最重要的一种生产要素，就是因为信息是知识流最重要的空间载体。

与显性知识相对的是隐性知识。隐性知识并不像显性知识那样可以通过特殊的编码方式被完整地编码，一般情况下都隐藏在价值存在下面。在现代经济系统中，最常见的价值存在就是产品。具有具体形态的产品即商品，不具有具体形态的产品即服务。这些商品和服务是要素与知识在企业配置的基础上产生的。企业的各种核心知识以最终价值形态蕴含其中。商品被生产出来之后，通过市场实现交换价值，被消费者消费实现使用价值。在交换和使用的过程中，与产品有过接触的各类组织会对产品的存在形式、功能、技术指标、规格参数、商业模式等隐性知识进行学习。因此，商品流是隐性知识流的重要载体。

信息流和商品流是知识流的两个重要载体，但都是从知识产生之后，并从其"制造者"中分离出来，与特殊媒介结合进行流动的形式。从知识的概念及其演化过程来看，人作为主观能动的特殊存在，是知识产生的源泉。作为企业创新的核心要素，人才本身的流动是知识流最根本的流通方式和载体。人才流不仅是已产生的知识的载体，而且是未来知识创造的源泉。

2.2.3 企业创新的内生维度

基于开放视角的企业创新行为仍然具有内生传导机制，即在企业产权系统内配置创新要素资源，其最大的特点就是企业创新投入过程中的要素来源。只有源于企业自身的创新要素投入配置的创新活动才被称为内生性创新，进而可由此来确定本书所指的企业内生性创新的开放、封闭的边界。

（1）企业创新要素

从静态角度看，企业内生性创新系统通常所需的生产要素主要涵盖了人才、资本、信息、资源、技术和管理等，且这些要素对于企业创新都具有高度相关性（陈泽明，2006）。其中，创新人才是决定企业科技创新成功的关键；

创新资本是企业科技创新活动开展的必要保障；信息对企业科技创新起到"资源获取加速器"的功能；资源是企业创新的前提和基础条件；技术是企业实现科技创新的核心；管理是企业科技创新活动开展的重要手段。上述六种要素共同构成了企业创新的内生系统，这些要素之间的异质组合是企业内生性创新系统性差异的根源，且这种异质性组合也可理解为是企业在创新活动过程中对创新要素的配置结构，进而企业内生性创新维度的根源性问题就在于如何实现对内部创新各大要素进行有效合理的配置。

（2）要素配置能力

从动态角度看，企业创新内生系统能够运转顺畅，并为企业持续提供竞争优势，不仅需要企业拥有足够规模合理的创新要素，更需要企业具备对这些要素进行有效配置的能力。企业最基本的创新要素的配置能力包括吸收能力和整合能力。

1）吸收能力。企业创新效率的提升需要外部知识和内部知识的协同整合（Georg Schreyögg，Stephanie Duchek，2012）。有关文献强调吸收能力能够提高企业创新绩效，包括创新速度、质量和频率。笔者认为，以信息流、商品流、人才流为载体的"知识流"并不能直接促进企业创新。知识流是企业创新过程中最重要的因素，企业如果想要获取外部知识流来达到提升创新效率的目的，必须利用自身的吸收能力。

2）整合能力。知识流通常以三维空间为载体在企业之间频繁传输。在传输的过程中企业拥有或者能够控制某些知识流，但也有某些知识流不能或不易被企业所控制。必须加强外部知识流与内部知识流之间的融合对接，激活企业内外知识流，从而充分利用企业内外部知识流，提高企业创新的效率。阿方索·阿维拉·罗宾逊（Alfonso Ávila – Robinson，2017）指出不断地开发企业内部存储的知识虽然可以为企业带来竞争优势，但是它通常会给企业造成较大的知识路径依赖，最终使企业陷入"能力陷阱"。倘若企业能够将外部的知识流整合到企业内部知识之中，那么企业便有可能通过增加多种多样的知识元素并重构这些知识元素来克服企业的知识路径依赖，提高企业潜在的创新能力（Paavo Ritala，2016）。

2.3 企业创新广义构成维度的量化表达

一般而言，在描述某一系统的状态时，我们会从系统的构成要素、系统特征等角度进行属性分析。态函数则从物理宏观属性的角度提出不同的表述方法。态函数是指在特定条件下，不再随时间而变化的确定的系统状态的物理量。例如热力学系统中用系统的温度、压强、体积、能量等元素来共同刻画某一热力学系统的状态。态函数按其性质可分为两类，广度性质和强度性质，若状态不能被加合则表现出来的就是强度性质，若能被加合则表现的就是广度性质。

2.3.1 企业创新三维空间的知识流态矢量叠加

企业创新三维空间的每个维度构成都是具体和历史的统一，即在特定时点上，地理空间、经济空间、人文空间的状态具有具体的构成元素，但随着时间的推移和系统的变化，三维空间的构成元素又具有动态变化性。从创新的本源视角出发，企业创新三维空间唯一抽象不变的态变量是系统的自由能——知识流。知识流是企业创新三维空间具体化元素的抽象表达形式。企业创新三维空间异质源于抽象的知识流差异，即知识流的载体、比例、结构不同，具体到企业创新三维空间元素上，即为企业创新三维空间元素的创新知识使用价值量的矢量叠加。企业创新三维空间的知识流态函数可以表述为

$$F(t) = F_g(t) + F_e(t) + F_h(t) \tag{2-2}$$

其中，$F(t)$ 为企业创新三维空间的知识流态；$F_g(t)$ 为地理空间的知识流态；$F_e(t)$ 为经济空间的知识流态；$F_h(t)$ 为人文空间的知识流态。只要确定特定时点上地理空间、经济空间、人文空间的知识流态，根据态函数的广度性质，对其进行加合即可确定企业创新三维空间的知识流态。

地理空间、经济空间、人文空间的知识流态与特定时点上构成地理空间、经济空间、人文空间的具体元素密切相关，但又不能简单地将具体元素的形态进行加合作为知识流态。例如，空间内企业地理临近性、空间内创新基础设置完备性、空间内创新创业载体密度、企业竞争激烈程度、市场规范化程度、政府对企业创新引导机制的完善程度、产学研结合推广力度、"鼓励探索，容忍

失败"的社会氛围等，这些空间维度的具体构成元素是知识流在创新活动中的具体形态，不仅包含了知识流，还包含了抽象知识流之外具体经济行为特征。知识流态在企业创新三维空间中是一个矢量，有大小，有方向，是三维空间维度具体构成元素在创新知识使用价值量上的矢量叠加。

假设地理空间包含 i 个具体元素，经济空间包含 j 个具体元素，人文空间包含 m 个具体元素，则地理空间、经济空间、人文空间可以以向量进行表述：

$$
\boldsymbol{G} = \begin{bmatrix} g_1 \\ g_2 \\ \vdots \\ g_i \end{bmatrix}; \quad \boldsymbol{E} = \begin{bmatrix} e_1 \\ e_2 \\ \vdots \\ e_j \end{bmatrix}; \quad \boldsymbol{H} = \begin{bmatrix} h_1 \\ h_2 \\ \vdots \\ h_m \end{bmatrix} \tag{2-3}
$$

从三维空间维度具体构成元素到三维空间的知识流态，中间包含了复杂的具体元素知识使用价值量转换过程，且每一元素由于其属性、结构、规模、密度以及作用方式的不同，转换效率也不同。用向量的形式对具体元素的转换效率进行表达：

$$
\boldsymbol{P}_G = \begin{bmatrix} p_{g_1} \\ p_{g_2} \\ \vdots \\ p_{g_i} \end{bmatrix}^{\mathrm{T}}; \quad \boldsymbol{P}_E = \begin{bmatrix} p_{e_1} \\ p_{e_2} \\ \vdots \\ p_{e_j} \end{bmatrix}^{\mathrm{T}}; \quad \boldsymbol{P}_H = \begin{bmatrix} p_{h_1} \\ p_{h_2} \\ \vdots \\ p_{h_m} \end{bmatrix}^{\mathrm{T}} \tag{2-4}
$$

通过三维空间维度具体构成元素在创新知识使用价值量上的矢量叠加运算，可得到三维空间维度的知识流态函数：

$$
\begin{cases} F_g(t) = P_G \cdot G = p_{g_1} \cdot g_1 + p_{g_2} \cdot g_2 + \cdots + p_{g_i} \cdot g_i = \sum_{i=1}^{n} p_{g_i} \cdot g_i \\ F_e(t) = P_E \cdot E = p_{e_1} \cdot e_1 + p_{e_2} \cdot e_2 + \cdots + p_{e_j} \cdot e_j = \sum_{j=1}^{n} p_{e_j} \cdot e_j \\ F_h(t) = P_H \cdot H = p_{h_1} \cdot h_1 + p_{h_2} \cdot h_2 + \cdots + p_{h_m} \cdot h_m = \sum_{m=1}^{n} p_{h_m} \cdot h_m \end{cases} \tag{2-5}
$$

企业创新三维空间的知识流态为

$$
F(t) = F_g(t) + F_e(t) + F_h(t) = \sum_{i=1}^{n} p_{g_i} \cdot g_i + \sum_{j=1}^{n} p_{e_j} \cdot e_j + \sum_{m=1}^{n} p_{h_m} \cdot h_m \tag{2-6}
$$

企业创新三维空间的知识流态的叠加过程可以在一个可视化的空间结构中进行分析。如图 2-6 所示，企业创新三维空间中，地理空间、经济空间、人文空间的知识流具有明确的可视化维度，即 $F_g(t)$ 为地理空间的知识流维度，$F_e(t)$ 为经济空间的知识流维度，$F_h(t)$ 为人文空间的知识流维度。空间中的任意质点 B，位于由 G、E、H 围成的企业创新三维空间可能性边界面上（企业创新三维空间可能性边界面确定了特定时点和条件下的企业创新三维空间的最小边界）。质点 B 在人文空间与经济空间、地理空间与经济空间、地理空间与人文空间的交互界面上的投影分别为 B'、B''、B'''，即在三维空间中人为剥离其中一维的影响，单独考察其中两维。由投影引射线至原点 O，如 OB' 即为二维交互的知识流集，其与两个维度坐标之间的夹角分别为 θ 和 β。质点 B 的人文、经济、地理知识流态叠加，则可以分别用线段 OD、OC、OA 表示，即

$$\begin{cases} OD = OB' \cdot \cos\theta \\ OC = OB'' \cdot \cos\beta \\ OA = OB''' \cdot \cos\alpha \end{cases} \qquad (2-7)$$

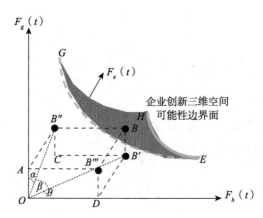

图 2-6　企业创新三维空间知识流矢量叠加

$\cos\theta$、$\cos\beta$ 及 $\cos\alpha$ 即可视为质点在不同维度中元素的创新使用价值量转换效率。可见，企业创新三维空间知识流态是空间中所有质点在地理、经济、人文维度下的矢量叠加的结果。

2.3.2　知识流态的载体分解

企业创新的空间知识耗散结构模型的第二维度——知识流维度，刻画了系

统中知识流的动态转移和传输过程，强调的是知识流的动态性。但就某一特定时点而言，动态的知识流维度仍可在相对静止状态下以态函数形式进行描述。经过矢量叠加形成的企业创新三维空间知识流态，在知识流维度则表现为知识流载体的多重共线分解。

信息、商业、人才是知识流在系统中赖以存在的现实载体。知识流载体为知识流的传播、转移、扩散提供了有效渠道。知识流根据自身知识元的特征属性与亲和性，在系统运动中与信息流、商品流、人才流进行结合。因此，在信息流、商流、人才流构成元素完备的假设条件下，其时点静态表征与通过矢量叠加形成的企业创新三维空间知识流态在理论上应是等价的。

空间的知识流分解态函数可以表述为

$$F(t) = F_i(t) + F_b(t) + F_p(t) \tag{2-8}$$

其中，$F(t)$ 为企业创新三维空间的知识流态；$F_i(t)$ 为信息流载体的知识流态；$F_b(t)$ 为商流载体的知识流态；$F_p(t)$ 为人才流载体的知识流态。只要特定时点上经过矢量叠加形成的企业创新三维空间的知识流态是确定的，根据态函数的广度性质，对其进行分解即可确定空间的知识流分解态函数。与地理空间、经济空间、人文空间一样，知识流维度也是一个非空集合，其向量表示如下：

$$\boldsymbol{I} = \begin{bmatrix} i_1 \\ i_2 \\ \vdots \\ i_i \end{bmatrix}; \ \boldsymbol{B} = \begin{bmatrix} b_1 \\ b_2 \\ \vdots \\ b_j \end{bmatrix}; \ \boldsymbol{P} = \begin{bmatrix} p_1 \\ p_2 \\ \vdots \\ p_m \end{bmatrix} \tag{2-9}$$

与三维空间维度的知识使用价值量转化不同，知识流维度仅仅是知识流动的过程，不存在对知识的使用和转化，因此不存在知识使用价值量转化率的概念。但是，知识流维度的三大载体是一个复杂变量，不仅是知识流的载体，同时还是经济空间的重要介质。知识流载体所承载的内容远大于其所承载的知识流。因此，知识流维度中存在一个类似于知识使用价值量转化率的概念，即知识密度。用向量的形式对知识流载体具体元素的知识密度进行表达：

$$P_I = \begin{bmatrix} p_{i_1} \\ p_{i_2} \\ \vdots \\ p_{i_i} \end{bmatrix}^T ; \quad P_B = \begin{bmatrix} p_{b_1} \\ p_{b_2} \\ \vdots \\ p_{b_j} \end{bmatrix}^T ; \quad P_P = \begin{bmatrix} p_{p_1} \\ p_{p_2} \\ \vdots \\ p_{p_m} \end{bmatrix}^T \qquad (2-10)$$

其中，P_I, P_B, P_P 为知识流载体的知识密度向量；p_i, p_b, p_p 为各具体要素的知识密度。通过知识流载体具体构成元素在知识密度上的分解运算，可得到知识流维度的知识流分解态函数：

$$\begin{cases} F_i(t) = P_I \cdot I = p_{i_1} \cdot i_1 + p_{i_2} \cdot i_2 + \cdots + p_{i_i} \cdot i_i = \sum_{i=1}^{n} p_{i_i} \cdot i_i \\ F_b(t) = P_B \cdot B = p_{b_1} \cdot b_1 + p_{b_2} \cdot b_2 + \cdots + p_{b_j} \cdot b_j = \sum_{j=1}^{n} p_{b_j} \cdot b_j \\ F_p(t) = P_P \cdot P = p_{p_1} \cdot p_1 + p_{p_2} \cdot p_2 + \cdots + p_{p_m} \cdot p_m = \sum_{m=1}^{n} p_{p_m} \cdot p_m \end{cases} \qquad (2-11)$$

知识流维度的知识流分解态即为

$$F(t) = F_i(t) + F_b(t) + F_p(t) = \sum_{i=1}^{n} p_{i_i} \cdot i_i + \sum_{j=1}^{n} p_{b_j} \cdot b_j + \sum_{m=1}^{n} p_{p_m} \cdot p_m$$

$$(2-12)$$

2.3.3　企业内生性创新的绩效和能力表达

开放视角下企业创新行为仍然具有内生传导机制，即在企业产权系统内配置创新要素资源，其最大的特点就是企业创新投入过程中的要素来源。只有源于企业自身的创新要素投入配置的创新活动才被称为内部创新。企业内生性创新是一个综合概念，从创新活动的流程上可分为创新活动的基础与准备、创新活动的行为与过程以及创新活动的结果等。从创新活动的过程来看，企业内生性创新表现为企业创新能力。从创新活动的结果来看，企业内生性创新表现为企业创新绩效。

企业创新能力最大的特点是"相对异质性"。所谓"相对异质性"是指不同企业的创新能力的特有气质和属性，这种不同是相对的而不是绝对的。知识是思想的结晶，是创新的源泉，因此也是创新能力的源泉。知识只有被学习、应用到企业的研究、生产过程中才能够形成能力。知识的这种"专利"性导致了创新能力的"相对异质性"。在一定的时空条件下，企业创新能力很难被清晰地表述和被有效地复制和学习，原因在于构成创新能力的知识吸收能力和知识整合能力均是企业内生的异质化属性。

对于创新绩效一般化的理解是企业创新行为给企业带来的成效，是企业创新的一个"可视化"概念，是对企业创新行为的一个客观的评价；只不过根据研究的不同，企业创新绩效的考察是一个相对广泛的层面。由此可见，企业创新绩效是从创新结果层面对企业创新的评价和描述。

基于创新能力和创新绩效的探索和讨论，目前对于企业创新的综合评判主要有：基于评价指标体系的创新能力综合评价和基于创新产出的创新绩效比较。两种方法互有长短。基于指标体系的创新能力综合评价能够系统、全面地测度企业的创新能力，但能力是一个抽象概念，有显性能力和隐性能力之分，对于隐性能力的有效测度目前仍是难点。基于创新产出的创新绩效摒弃了能力观对于企业创新原发性基因过程的关注，取而代之的是重视创新产出的综合、相对绩效，在操作上更加一致、简洁，但弱化了对创新过程的考察。企业创新效率是对创新过程和创新产出的综合。本书认为，对于企业内生性创新的评价必须以创新过程观和创新结果观相融合为指导，必须同时包含对于企业创新过程和企业创新结果的考察即企业创新效率。因此对于企业内生性创新的表达可用企业创新综合效率进行替代，其向量表示如下：

$$\boldsymbol{R} = \begin{bmatrix} r_1 \\ r_2 \\ \vdots \\ r_i \end{bmatrix}; \boldsymbol{A} = \begin{bmatrix} a_1 \\ a_2 \\ \vdots \\ a_j \end{bmatrix}; \boldsymbol{C} = \begin{bmatrix} c_1 \\ c_2 \\ \vdots \\ c_m \end{bmatrix} \quad (2-13)$$

其中，$\boldsymbol{R}$ 为企业创新效率；$\boldsymbol{A}$ 为吸收能力；$\boldsymbol{C}$ 为整合能力。与三维空间的创新知识使用价值量转化率以及知识流维度的知识密度不同，描述企业内生性创新的企业创新效率、吸收能力、整合能力的具体元素本身就是企业创新的具体内涵。

第3章 企业创新体系与要素构成

3.1 企业创新体系的特征

知识如同空气一样，是一种公共品，具有非竞争性及非排他性。这些特点导致了基于知识研究的创新活动具有开放性。笔者认为创新是在企业内部的研发过程中产生的，技术的商业化应当以内部条件为基础，而不是仅仅依靠外部技术资源进行创新。企业创新的内部子系统是企业创新的源泉，外部子系统需内化为内部子系统所需要素而起作用。由此可见，任何创新活动必须以一定的技术、知识为基础和依托。因此，企业创新体系不单单包含企业的自主性创新，也包含对外的引进创新和合作创新。

企业作为一种最常见的社会组织，具有严格的组织管理程序和原则。创新系统各要素之间紧密联系，互为条件。企业创新系统的主体就是企业本身。从企业决策层次性看，最高决策层是战略管理创新的主体；中层管理者是管理创新和制度创新的主体；基层的技术团队是技术创新的实现主体。各主体通过公司组织架构、管理制度等相联系，形成创新主体架构。与各创新主体所对应的组织部门与职能机构是创新的组织结构。这些创新组织结构按照分工，负责各层次创新的协调和统一，实现创新要素的交互。创新的客体是创新活动的承载方。有的时候，创新活动可以凭空产生，这时创新的客体就是创新活动本身。对于企业而言，一般不会将知识创新作为企业的主要任务目标，企业创新更多的焦点在于应用研究与技术更新和设计，其目的在于提高企业的创新效率。上述诸要素在同一个创新体系之下，相互间存在复杂的关系，相互影响、互为条件，是企业创新能力的一个系统函数。

开放性和系统性是企业创新系统的最基本特征，同时也是企业创新系统动态性的基础。动态性是指企业创新各组织结构、各要素之间的相互转变。首先，企业创新系统的内外子系统之间可以相互转变。企业通过内部创新资源的整合，在外部引进和外部合作技术基础上，原发性地获得了创新技术，随后企业将这种技术应用在产品上，进而市场化。这种技术将会被认知、识别及学习，一直到各竞争对手全部获得并使用该技术。这就是企业创新内部子系统向外部子系统的技术溢出。将这个路径反过来，我们就可以得到企业外部创新子系统向内部子系统转变过程。其次，企业创新主体与客体之间也是相互促进的。技术进步需要一定的基础，这种基础大多是现实存在的技术条件。也就是说，今天的创新以昨天的创新为条件，而明天的创新将以今天的创新为基础，以此类推，以至无穷，社会才得以进步。

通常我们所说的企业创新大多是某种先进的技术对旧技术的替代。这是创新的结果，其过程相当复杂，涉及企业活动的方方面面。企业的生产过程也是要素投入的过程。从以往的研究来看，人们大多将人力与资金作为生产的两种必不可少的要素。若将存量技术作为外生变量的话，整个生产就由技术、人力、资本三要素组成。随着研究的深入，人们发现一般性的生产要素还应包括资源、信息、管理等非常规要素等，而创新生产投入要素则更加复杂多样。各要素对于企业的创新都具有高度相关性，是企业创新必不可少的组成要素。从这个角度看，企业创新系统又具有多元性的特点。

企业内外创新子系统是企业创新系统最核心、最重要的组成部分。除此之外，企业创新系统还包括创新以外的环境空间系统。任何知识的研究、技术的开发，都必须以一定的地理、经济、人文环境为背景。不同的背景对与企业创新有着不同的意义，适宜的环境可以为企业创新提供条件，而不适宜的环境将制约企业的创新行为。

3.2　企业创新体系的"二元结构"

从企业创新的源泉出发，我们可以将企业创新分为企业内生性创新和企业创新三维空间两个方面。换言之，在内生性创新中，企业边界是清晰的，创新在企业边界内完成。企业创新三维空间指的是企业创新所处的环境空间。任何企业内生性创新都是在一定的环境空间中完成的，这一环境空间就是能够被我们度量的创新三维空间，企业创新内生要素与环境空间要素相互作用，共同构成了企业创新体系，即存在企业创新体系的"二元结构"，如图3-1所示。

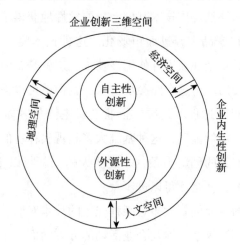

图3-1　企业创新体系的"二元结构"

创新体系"二元结构"中的"二元"，即企业内生性创新和企业创新的三维空间。二者之间具有复杂的关系：企业内生性创新在企业创新三维空间中完成；企业内生性创新成果外溢后，又将导致企业创新三维空间的变化和改进；企业三维空间对企业内生性创新具有约束与条件功效；企业内生性创新与企业创新三维空间通过知识流、人才流、资金流、商品流实现交互。

3.3　企业内生性创新的动态演化

企业自主性创新与企业外源性创新是一组相对范畴，是辩证的统一。没有企业外源性创新，也就无所谓企业自主性创新；同时，没有企业自主性创新，也就谈不上企业外源性创新。企业外源性创新的主要功能就是获取、提升、培育企业自主创新能力。外源性创新这个阶段对企业来说不可或缺。值得注意的是，并非企业外部所有创新活动都属于企业的外源性创新，只有那些被企业吸收并内化为企业创新活动的基础的外部创新要素，才能称之为外源性创新要素。企业外源性创新是企业自主性创新的基础。因此，我们可以通过企业生命周期，推导企业创新的一般性演化进程。

通过企业的生命周期分析，我们发现企业的自主性创新与外源性创新是一个相互转化、逐次上升的过程。即企业外源性创新为主导→企业外源性创新与自主性创新的结合为主导→企业自主性创新为主导→企业成为外源性创新的客体→企业新的外源性创新……如图 3 - 2 所示。

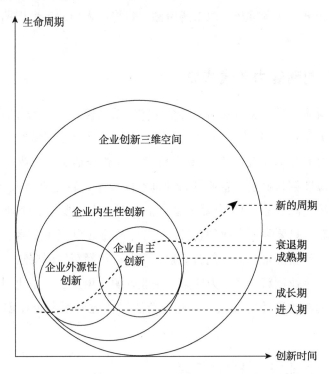

图 3 - 2　企业创新的动态演进

　　根据生命周期理论，在产品或者企业的进入期，绝大多数企业经历的就是外源性创新的学习与吸收阶段，只有通过充分的学习和吸收，企业才能够对过往或者当前的行业、产品、技术有足够的认识和把握。在外源性吸收的基础上企业进行自身的创新性活动，并逐渐从市场的跟随者成为市场的主力，市场从完全竞争市场（假设期初没有任何一家企业对市场有绝对的控制力）进化成垄断竞争市场（假设少数企业通过外源性创新和自主创新获得了一定的市场控制力）。此时，企业进入到成长期。在成长期，通过激烈的市场竞争，大多数企业无法获取核心竞争力，将逐渐退出市场，市场中只留下少数的企业，市场演化成寡头垄断市场。此时，企业进入到成熟期。在成熟期，标准化的产品和生产技术将随着产品的成熟，而扩散到市场中去，企业的竞争优势逐渐削弱，企业成为其他企业外源性创新的来源。完成这一创新以后，企业若不持续创新，将落后于其他同类企业，其市场份额将被逐渐瓜分，企业就会进入衰退期。如果企业再次将外部创新与本企业的创新要素进行整合，寻找新的创新点，通过创新巩固或者重新获取市场份额，就将进入新的生命周期。

3.4　企业创新能力要素构成

企业创新体系是从宏观层面描述企业的创新结构的，在笔者的研究中将其定义为"二元结构"。但企业创新的最基本单元却是企业创新的要素。我们将企业创新的要素归纳为五类，共 16 个要素。五类分别是：企业自主性创新要素、企业外源性创新要素、企业创新地理空间要素、企业创新人文空间要素、企业创新经济空间要素。16 个要素是：企业创新人才要素、企业创新技术要素、企业创新信息要素、企业创新管理要素、企业创新资本要素、企业创新资源要素、合作创新要素、引进创新要素、企业创新经济发展要素、企业创新经济结构要素、企业创新经济活力要素、企业资源环境要素、企业创新地理结构要素、企业创新政治环境要素、企业创新法律环境要素和企业创新文化环境要素。

3.4.1　企业内生性创新要素

企业内生性创新要素分为企业自主性创新要素和企业外源性创新要素。关于企业自主性创新要素，主要包括：

①人才。②信息。③资本：在企业创新过程中，资本发挥着重要作用。其作用主要在保有创新人才、购置创新设施、获取信息与技术等方面得到体现。创新资本帮助企业获得创新过程中所需要的要素，为企业自主创新目标的实现奠定基础。创新的不确定性使得企业面临较大的研发风险，这些风险靠企业资金的长期支持，得以消化和化解。④自然资源：自然资源既影响着企业自主技术创新方式的选择，又对企业自主创新有重要影响。在自然资源缺乏的环境中，企业新战略和新项目的试验往往受到约束，企业要想在产品和服务、市场及技术方面实现突破，更是难上加难。如果企业存在自然资源冗余，那么企业便可以充分利用自然资源用于试验一些新的创新项目。⑤技术：技术是企业自

主创新的核心内容，有时也是企业自主创新的成果表现。企业创新不可能凭空产生，必须以一定的技术存量为基础。新技术是"旧"技术的升级，是存量技术的再创造和新组合。⑥管理：企业管理对于企业自主创新的影响，主要通过企业的知识管理来实现。将技术创新与知识管理相结合的方式，能为企业创新带来更多的机遇。一个拥有技术创新理念的企业，通过建立良好的知识激励机制和人才培训机制，形成高效的知识管理系统，才能促进企业不断推进科技创新，形成企业竞争力。

关于企业外源性创新要素，主要包括外部合作创新和引进创新两个方面。

合作创新与引进创新之间具有一定的联系。一方面，企业在引进创新的过程中，为了尽快吸收和积累相关技术和知识，往往会与高校或科研机构合作实现二次创新，此时合作创新就被包含在引进创新之中；另一方面，企业在合作创新过程中，往往高技术一方会将技术作为一项投入，相对于另一方而言，合作的过程相当于技术引进的过程，因而引进创新就被包含在合作创新之中。企业进行合作创新和引进创新的目的，既是想从外部取得技术，用来开发和生产高技术的产品，又是想在合作创新和引进创新的过程中向对方学习，促进技术转移速度，提高企业技术水平，加强企业自主性创新能力。企业的自主性创新是企业进行引进创新和合作创新的前提保障。一个企业只有持之以恒地从事自身的研究与开发，拥有较强的自主性创新能力，才能在合作创新和引进创新过程中进行高效率的吸收。

企业之所以要进行外源性创新，其动机不仅是为了获得技术和知识，也是为了在合作的过程中积累企业的自主创新能力。纳拉亚南（Narayanan，2017）认为，企业之间合作是否成功的关键就是信息和知识能否在各个合作企业之间进行有效的流动。外源性创新不仅受企业自身的组织特征的影响，也会受到其他各种因素的影响。赵兰香、乐惠兰认为，影响合作与引进创新过程中知识有效传递的因素主要包括：对合作方的信任程度；所传递的知识自身所拥有的属性；大学、企业、研究院等知识和技术提供方的转移意向；知识和技术的转移能力；技术提供方与接受方的知识梯度等。

综上所述，影响企业外源性创新的要素可概括为以下六个方面：被传递的知识本身所具有的属性；知识源的技术转移能力；大学、企业、研究院等知识和技术提供方的转移意向及对合作方的信任程度；技术提供方与接受方的知识梯度或者禀赋差距；接受方的知识能力；外源性单位的技术与知识产权保护力度。

3.4.2　企业创新的三维空间要素

根据前文分析，企业创新地理空间要素、经济空间要素、人文空间共同构成企业创新的三维空间。

一般来说，地理空间环境和经济空间环境属于"硬环境"，人文空间环境属于"软环境"。硬环境的状况直接影响企业的技术创新、产品创新、管理创新，直接关系到企业的生存和发展。软环境给企业带来的是创新成本费用的节约和创新安全保障，对企业创新的影响是长期性和根本性的。地理空间要素主要包括资源环境及地理结构等自然因素。经济空间是广义的，是指除自然因素外，影响经济发展的人工自然的所有要素，是企业创新环境中最重要、最直接的要素，包括经济发展、经济结构、经济活力三大子要素。人文空间，我们用政治环境、法律环境、文化环境表示。

第4章 企业创新能力完备评价指标体系的构建

4.1 开放条件下的企业创新能力评价体系构建原则

评价体系的构建需要遵循科学性、导向性、可比性、可操作性、渐进性原则。

基于上述原则，开放条件下的企业创新能力评价指标体系构建可分为两步。第一步：在现有研究的基础上，以科学性、导向性、渐近性原则为导向，放松可比性和可操作性原则，构建充分非必要条件下企业完备评价指标体系，尽可能全面地收集可用的指标，以供下一阶段的筛选；第二步，以企业现实数据为基础，通过专家审议、模型筛选及约简重构指标体系，得到充分必要条件下的企业创新能力评价指标体系。

4.2 开放条件下的企业创新能力完备评价指标体系

企业的创新能力是企业内生性创新要素和外部创新环境要素交互作用的结果。企业内生性创新能力包含企业自主性创新能力和企业外源性创新能力。企业外部创新环境，即企业创新三维空间，包括地理空间、经济空间和人文空间。具体到要素就是人才、信息、自然资源、资本、管理、技术，引进创新与合作创新以及资源环境、地理结构、经济活力、经济发展、经济结构、政治环境、文化环境等要素，如图4-1所示。

图4-1是企业创新能力评价指标体系的结构基础。企业创新能力体现的是一种综合能力，是评价指标体系的目标；一级指标层为企业内生性创新和企业创新三维空间，体现的是笔者构建指标体系的核心结构思想，定义为结构

层；二级指标层为企业自主性创新、企业外源性创新、地理空间、经济空间、人文空间，更多地涉及企业能力层面，所以定义为能力层指标；三级指标层为各要素指标，定义为要素层；四级指标层为要素指标层的具体观测指标。在遴选四级观测指标时有四个指标来源：第一，国家、地方、机构的现有统计指标；第二，学者文献中所提及的指标；第三，专家及企业家座谈过程中认为比较重要的指标；第四，笔者在研究中认为比较重要的指标。

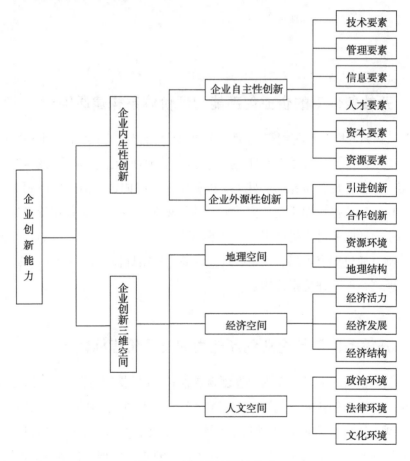

图4-1 企业创新能力构成

4.2.1 企业内生性创新指标体系构成

（1）企业内生性创新具体指标确定

企业创新能力的内生要素指标，可以分成若干级指标，二级指标包括企业自主性创新和企业外源性创新，三级指标包括技术、管理、信息、人才、资本、自然资源等。从我国企业的现状，以及现存的一些指标体系入手进行分析，对这些三级指标再进行细分，可分出四级指标，见表 4-1。

表 4-1　企业内生性创新能力指标体系

一级指标	二级指标	三级指标	四级指标	序号
结构层	能力层	要素层	观测指标层	
企业内生性创新（A）	企业自主性创新（A_1）	技术要素（A_{11}）	专利及科技成果相对数	IA-01
			获奖成果相对数	IA-02
			千人研发人员拥有专利数量	IA-03
			千人研发人员拥有论文数量	IA-04
			企业科技机构相对数	IA-05
			企业仪器设备采购强度	IA-06
			企业 R&D 项目相对数	IA-07
			新产品销售收入占比	IA-08
			理论与技术导入能力*（新聘员工培训时间）	IA-09*
			技术设备国际接轨情况*	IA-10
			工艺技术手段完备情况*（企业外包业务环节比重）	IA-11*
			自动化生产水平*（生产线员工比重）	IA-12*
			技术标准化通用化水平*	IA-13
		管理要素（A_{12}）	企业创新激励机制建设水平*（研发人员劳务支出比重）	IA-14
			管理工具和管理手段的创新情况*	IA-15
			企业管理费用比重	IA-16
			企业创新战略目标的清晰程度*（新产品研发成功率）	IA-17
			企业组织结构与创新战略的匹配程度*	IA-18
			创新战略有效性*（新产品企业市场份额）	IA-19
			创新机制的有效性*（新产品销售收入比重）	IA-20
			科技体系与创新载体情况*（负责创新的部门或机构经费比重）	IA-21

一级指标	二级指标	三级指标	四级指标	序号
结构层	能力层	要素层	观测指标层	
企业内生性创新（A）	企业自主性创新（A_1）	管理要素（A_{12}）	管理人员创新意识 *（企业管理制度变化频度）	IA－22
			信息采集和管理能力 *（企业管理信息系统费用支出比重）	IA－23
			创新战略管理能力 *	IA－24
			企业文化氛围 *	IA－25
			领导层创新欲望 *	IA－26
		信息要素（A_{13}）	企业人均邮电业务总量	IA－27
			企业人均移动电话数量	IA－28
			宽带覆盖率	IA－29
			微机覆盖率	IA－30
			信息技术投入增长率	IA－31
			情报部门投入经费比重	IA－32
		人才要素（A_{14}）	企业工程技术员工比重	IA－33
			企业大学本科以上学历比重	IA－34
			企业科技活动人员比重	IA－35
			员工培训和学习频度	IA－36
			研发人员的年总收入增长率	IA－37
			员工的信息技术水平 *	IA－38
			研发人员观念素质 *（本科学历人员比重）	IA－39
			研发人员忠诚度 *（年离职率）	IA－40 *
			员工学习能力 *	IA－41
			员工满意度 *（年收入增长率）	IA－42
			研发人员晋升制度的完善程度 *（管理层由企业自身培养的研发人员比重）	IA－43
			员工激励程度 *	IA－44

续表

一级指标	二级指标	三级指标	四级指标	序号
结构层	能力层	要素层	观测指标层	
企业内生性创新（A）	企业自主性创新（A_1）	资本要素（A_{15}）	企业研发支出经费比率	IA－45
			资本创新效率（专利产出效率）	IA－46
			研发人员投入比重	IA－47
			研发设备投入比重	IA－48
			外部科研经费筹集比重	IA－49
		资源要素（A_{16}）	企业的国家控制程度*（国有或者集体股份比重）	IA－50*
			企业资源禀赋优势*（企业资源占国家该资源总量的比重）	IA－51*
			市场准入门槛*（进入该资源市场所需政府批文数量）	IA－52*
			资源替代品多寡*（根据"很容易被替代、容易被替代、不容易被替代"，分别赋予1、0.5、0的数值）	IA－53*
			企业国际资源获取门槛*（资源进口单价年增长率）	IA－54*
	企业外源性创新（A_2）	引进创新（A_{21}）	企业技术引进费用占比	IA－55
			企业国内技术购买费用占比	IA－56
			企业技术引进合同金额占比	IA－57
		合作创新（A_{22}）	企业消化吸收经费占比	IA－58
			产、学、研合作比率	IA－59

注："序号"一列为企业创新能力完备指标体系中的具体指标序号。指标*为定性指标，序号*为反向指标。全章余表同。

（2）企业内生性创新具体指标说明

企业内生性创新能力的具体指标选取的目的、含义以及计算方法如下。

专利及科技成果相对数：正向指标，属于成果性指标，反映企业研发的产品或技术得到社会认可的程度。专利及科技成果相对数＝专利及科技成果数/企业总资产。

获奖成果相对数：正向指标，属于成果性指标，反映企业技术研究成果获得的奖项数量。企业研发的产品或技术成果的现实重要性和社会认可程度。

千人研发人员拥有专利数量：正向指标，属于成果性指标，反映企业人均创新成果存量。千人研发人员拥有专利数量＝专利数量/研发人员总数×1000。

千人研发人员拥有论文数量：正向指标，属于成果性指标，反映企业科学研究与技术开发创新的覆盖面与理论性。千人研发人员拥有论文数量＝论文数量/研发人员总数×1000。

企业科技机构相对数：正向指标，属于条件性指标，反映企业对于科技的重视度以及企业技术创新的组织条件。企业科技机构相对数＝企业科技机构数/企业总资产。

企业仪器设备采购强度：正向指标，属于条件性指标，反映企业对于技术设备的投入强度。企业仪器设备采购强度＝企业仪器设备采购额/企业总资产。

企业 R&D（研究与开发）项目相对数：正向指标，属于条件性指标，反映企业的技术创新过程完备性。企业 R&D 项目相对数＝企业 R&D 项目数/企业总资产。

新产品销售收入占比：正向指标，属于成果性指标，反映企业技术创新成果的市场化情况。

理论与技术导入能力：正向指标，软指标，属于条件性指标，考察企业的技术学习能力。企业理论与技术导入能力越强，其新聘员工培训时间相对越短，因此为了保证数据的可得性，以新聘员工培训时间度量。

技术设备国际接轨情况：正向指标，属于条件指标，考察企业的技术设备是否与国际接轨，以及与国际水平的差距。

工艺技术手段完备情况：正向指标，软指标，属于条件性指标，反映企业工艺技术手段等的先进水平，数据不可直接获得。工艺技术手段越完备，其外包业务环节就越少，因此以外包环节占企业生产工序比重替代，且为逆向指标。

自动化生产水平：正向指标，软指标，属于条件性指标，反映企业现代化生产条件的应用情况，数据不可直接获得。企业自动化生产水平越高，其一线车间生产线员工就会越少，因此以生产线员工占总员工比重替代，且为逆向指标。

技术标准化通用化水平：正向指标，属于条件性指标，反映企业技术的标准化和通用化水平。

企业创新激励机制建设水平：正向指标，软指标，属于条件性指标，考察企业是否建立了鼓励创新的激励机制，数据不可得。创新激励机制建设水平与研发人员劳务支出存在正相关关系，创新激励机制越健全，研发人员劳务支出就会越多。以研发人员劳务支出比重替代原指标，研发人员劳务支出比重 = 研发人员劳务支出/企业研发支出。

管理工具和管理手段的创新情况：正向指标，属于条件性指标，考察企业在管理上是否采用先进的管理工具和管理手段（如 BOSS、ERP、OA 系统等）。

管理工具和管理手段的创新情况：正向指标，属于成果性指标，对企业管理工具和管理手段进行外部对比，考察企业管理工具的先进性。

企业管理费用比重：正向指标，属于条件性指标，考察企业对于管理的重视程度。

企业创新战略目标的清晰程度：正向指标，软指标，属于条件性指标，考察企业有没有制定创新战略目标和创新战略目标是否清晰。企业创新战略目标定位的清晰程度与企业新产品研发成功存在强的相关性，用新产品研发成功率替代。

企业组织结构与创新战略的匹配程度：正向指标，属于成果性指标，考察企业制定的创新战略目标是否符合当时的社会、经济、人文环境，以及企业自身的特点，反映该企业是否具备明确的创新目标和企业的组织结构是否适合于企业的创新要求，该指标由企业自评。

创新战略有效性：正向指标，软指标，属于成果性指标，考察企业创新战略制定并实施后，对企业创新的成效如何，能否真正指导创新的实现，以新产品市场份额替代。新产品市场份额 = 本企业新产品销售额/市场同类产品销售额。

创新机制的有效性：正向指标，软指标，属于成果性指标，考察企业创新机制制定并实施后，对企业创新的保障如何，能否真正保障创新的实现，以企业新产品销售收入比重替代。企业新产品销售收入比重 = 企业新产品销售收入/企业销售收入总额。

科技体系与创新载体情况：正向指标，软指标，属于条件性指标，考察企业是否具备或者拥有完善的科技体系与创新载体，以企业负责创新的部门或机构的经费支出比重替代。企业负责创新的部门或机构的经费支出比重＝企业负责创新的部门或机构的经费支出/企业营业收入。

管理人员创新意识：正向指标，软指标，属于条件性指标，反映企业员工整体的创新主管需求程度，以及对企业创新的关心程度、重视程度。以企业管理制度变化频度表示。

信息采集和管理能力：正向指标，软指标，属于条件性指标，反映企业对信息的敏感性，以及对信息的管理能力，以企业信息管理系统费用支出比重替代。企业信息管理系统费用支出比重＝企业信息管理系统费用支出/企业管理费用。

创新战略管理能力：正向指标，属于条件性指标，考察企业有没有真正意义上的创新战略，以及与此匹配的组织结构、人员配备等状况。通过企业自评获取。

企业文化氛围：正向指标，属于条件性指标，考察企业文化氛围对企业创新的重要影响，着重考察企业是否存在适合创新的文化氛围，或者这种文化氛围的强弱。通过企业自评获取。

领导层创新欲望：正向指标，属于条件性指标。

企业人均邮电业务总量：正向指标，属于条件性指标，反映企业信息化水平，与企业创新的信息条件相关。企业人均邮电业务量＝企业邮电业务总量/企业员工总数。

企业人均移动电话数量：正向指标，属于条件性指标，反映企业信息化水平，与企业创新的信息条件相关。企业人均移动电话数量＝企业移动电话数量/企业员工总数。

宽带覆盖率：正向指标，属于条件性指标，反映企业信息化水平。宽带覆盖率＝接入宽带的微机数量/企业微机总量。

微机覆盖率：正向指标，属于条件性指标，反映企业信息化水平。微机覆盖率＝企业微机总量/企业员工总数。

信息技术投入增长率：正向指标，属于条件性指标，反映企业对于现代技术的重视程度与建设水平。

情报部门投入经费比重：正向指标，属于条件性指标，反映企业信息渠道、信息技术保障力、信息载体和信息存储管理以及对信息的分析利用能力的建设情况。情报部门投入经费比重＝情报部门投入经费/企业管理费用。

企业工程技术员工比重：正向指标，属于条件性指标。工程技术员工是企业技术创新的基层组成，工程技术员工的比重直接影响到企业创新的效率和规模。企业工程技术员工比重＝企业工程技术员工数量/企业员工总数。

企业大学本科以上学历比重：正向指标，属于条件性指标。一般而言，学历越高，学习能力越强，从而创新能力越强。

企业科技活动人员比重：正向指标，属于条件性指标。科技人员是企业技术创新的基层组成，其比重直接影响到企业创新的效率。企业科技活动人员比重＝企业科技活动人员数量/企业员工总数。

员工培训和学习频度：正向指标，属于条件指标。员工的再学习是其掌握学习新技术、新知识的主要途径。该指标用企业员工年度脱产学习和培训次数来反映。

研发人员的年总收入增长率：正向指标，属于条件性指标。研发人员是企业创新的主体和核心，研发人员收入增长是对研发人员最大的激励，该指标主要考察创新激励的程度。研发人员收入的平均年增长率＝研发人员收入年增长额/上年度研发人员收入总额。

员工的信息技术水平：正向指标，属于条件性指标。员工的信息技术水平直接影响其在创新过程中的作用，是其创新效率的具体体现之一。该指标由企业自评。

研发人员观念素质：正向指标，软指标，属于条件性指标，与企业创新存在正向关系，考察企业员工的整体素质，由本科学历人员比重来替代。

研发人员忠诚度：正向指标，软指标，属于条件性指标，考察企业员工的认可、归宿和忠诚。一般由研发人员年离职率来体现，而且是反向指标（对于替代指标与原指标相反的情况，操作过程中在获取替代指标数据后，取相反数，以此作为基础数据，下同）。研发人员年离职率＝年度离职研发人员数/研发人员总数。

员工学习能力：正向指标，属于条件性指标，与企业创新存在正向关系，学习能力越强则创新能力越强。该指标通过企业自评获取。

员工满意度：正向指标，软指标，属于条件性指标，反映企业员工对企业的认可和归宿感。稳定的收入增长是员工对企业满意与否的主要影响因素。因此，由员工的年收入增长率替代。员工的年收入增长率＝员工的年收入增长额/员工上年度收入。

研发人员晋升制度的完善程度：正向指标，软指标，属于条件性指标，考察企业是否拥有员工晋升制度，以及这种制度的完善性。可由管理层人员中由企业自身培养的研发人员比重来表示。管理层由企业自身培养的研发人员比重＝管理层中由企业自身培养的研发人员人数/企业管理层总人数。

员工激励程度：正向指标，属于条件性指标，是企业发展具有活力的保障，与企业创新存在正向关系，考察企业对员工的整体激励力度和效果。该指标通过企业自评获取。

企业研发支出经费比率：正向指标，属于条件性指标。企业研发支出经费比率＝R&D 经费/企业营业收入。

资本创新效率：正向指标，属于成果性指标。由专利产出效率替代。

研发人员投入比重：正向指标，属于条件性指标。研发人员投入比重＝企业研发人员投入经费/R&D 经费。

研发设备投入比重：正向指标，属于条件性指标。研发设备投入比重＝研发设备投入经费/R&D 经费。

外部科研经费筹集比重：正向指标，属于条件性指标，反映企业向组织外部筹措科研经费的能力。

企业的国家控制程度：反向指标，软指标，属于条件性指标，反映国家对于企业的生产资源的重视程度和控制程度。国家对资源的控制程度越高，国有股份所占比重就会越高，创新机制越不灵活。以国有或集体股份比重替代。国有股份所占比重＝国有股份额/企业股份总额。

企业资源禀赋优势：反向指标，软指标，属于条件性指标，反映企业在资源上的话语权或者控制力。控制力越弱，企业寻求创新的动力越强。由企业资源占国家该资源总量的比重替代。企业资源占国家该资源总量的比重＝企业拥有的资源总额/国家该资源总额。

市场准入门槛：反向指标，软指标，属于条件性指标，反映该行业的进入门槛高低。进入门槛低，行业竞争不充分，创新少。因此，由进入行业所需政府批文数量替代。

资源替代品多寡：反向指标，软指标，属于条件性指标，考察短期内企业生产的资源品有没有替代品，或者被替代的可能性。该指标由企业自身判定，选项有"很容易被替代""容易被替代""不容易被替代"。越是容易被替代的资源，则产品差异更重要，从而创新的动力越强。"很容易被替代"赋值1，"容易被替代"赋值0.5，"不容易被替代"赋值0。

企业国际资源获取门槛：反向指标，软指标，属于条件性指标，考察企业在国际市场上获取资源的难易程度。国际资源获取门槛越高，则资源获取成本高，不利于创新，由资源进口单价年增长率替代。资源进口单价年增长率=资源进口单价年增长额/上年度资源进口单价。

企业技术引进费用占比：正向指标，属于条件性指标。企业技术引进费用占比=企业技术引进费用/企业消化吸收经费。

企业消化吸收经费占比：正向指标，属于条件性指标。企业消化吸收经费占比=企业消化吸收经费/R&D经费。

企业国内技术购买费用占比：正向指标。企业国内技术购买费用占比=企业国内技术购买费用/R&D经费。

企业技术引进合同金额占比：正向指标，属于条件性指标。企业技术引进合同金额占比=企业技术引进合同金额/R&D经费。

产、学、研合作比率：正向指标，属于条件性指标。产学研合作比率=企业投入产学研R&D经费/企业R&D经费总额。

4.2.2　企业创新三维空间指标体系构成

（1）企业创新三维空间具体指标确定

企业创新三维空间指标体系主要包括企业环境的经济空间、人文空间和地理空间，可以分成若干级指标，从我国现存的一些指标体系入手进行分析，可对这些指标进行细分，得到三级指标、四级指标等，见表4-2。

表4-2 企业创新三维空间指标体系

一级指标	二级指标	三级指标	四级指标	序号
结构层	能力层	要素层	观测指标层	
企业创新三维空间（B）	经济空间（B_1）	经济发展（B_{11}）	地区人均国内生产总值	IB-01
			地区规模以上工业增加值增速	IB-02
			地区人均可支配收入	IB-03
			地区经济发展全国排名	IB-04
			地区经济发展潜力*（GDP增长率）	IB-05
		经济活力（B_{12}）	地区人均居民消费水平	IB-06
			地区全社会固定资产投资占GDP比重	IB-07
			地区对外直接投资与GDP之比	IB-08
			地区实际使用外资与GDP之比	IB-09
			地区生产资料价格指数	IB-10
			地区金融机构资金信贷合计与GDP之比	IB-11
			地区股票筹集资金与GDP之比	IB-12
			地区企业债券发行额与GDP之比	IB-13
			地区上市公司数量	IB-14
			地区社会零售商品总额与GDP之比	IB-15
			单位地区生产总值能耗（等价值）	IB-16
			地区创新型企业的发展程度*（高新技术企业产出占GDP比重）	IB-17
			地区创新产品市场容量	IB-18
		经济结构（B_{13}）	地区第二、三产业比	IB-19*
			地区城乡居民收入比	IB-20*
			地区经济集中程度*（各产业GDP贡献的离散程度，方差表示）	IB-21*
			地区贫富差距*（基尼系数）	IB-22*
			地区经济规模效应*（税收在100万元以上的企业在税收贡献中的比重）	IB-23

续表

一级指标	二级指标	三级指标	四级指标	序号
结构层	能力层	要素层	观测指标层	
企业创新三维空间（B）	地理空间（B_2）	地理结构（B_{21}）	地区人均公路里程	IB－24
			地区人均铁路营业里程	IB－25
			地区城市建设用地比重	IB－26
			地区高速公路比重	IB－27
			地区每万人拥有公共交通数量	IB－28
			地区城镇化发展水平（城镇人口比重）	IB－29
			地区地理区位优势*（所处地区档次分为东部、中部、西部，不同档次区位将被赋予3、2、1的数值）	IB－30
		资源环境（B_{22}）	地质灾害次数	IB－31
			地区突发环境事件次数	IB－32
			地区森林覆盖率	IB－33
			地区电力生产消费比	IB－34
			地区资源丰度（根据地区资源禀赋由笔者确定全国各省份资源丰度，以3、2、1量化表示）	IB－35
			地区人居自然环境*（人口密度）	IB－36
			地区金融支持环境*（地区金融机构贷款余额与GDP之比）	IB－37
	人文空间（B_3）	政策环境（B_{31}）	地区人均行政诉讼案件	IB－38
			地区人均财政税收	IB－39
			地区人均财政支出	IB－40
			地区金融机构资金贷款总额与GDP之比	IB－41
			地区政府廉洁水平*（"三公"经费比重）	IB－42*
		法律环境（B_{32}）	地区法院人均收案	IB－43
			地区刑事犯罪人数比重（每万人发案数）	IB－44
			地区万人拥有律师数	IB－45
			地区技术创新成果保护法的完善与实施情况*（知识产权收案占民事收案比重）	IB－46

一级指标	二级指标	三级指标	四级指标	序号
结构层	能力层	要素层	观测指标层	
企业创新三维空间（B）	人文空间（B_3）	文化环境（B_{33}）	地区万人高校在校生人数	IB－47
			地区万人科研机构数	IB－48
			地区教育经费占财政支出比重	IB－49
			当地人居社会环境情况*（一般公共服务经费支出占财政支出比重）	IB－50
			地区创新的文化发育程度*（地区科技经费支出比重）	IB－51
			地区文明程度*（每万人犯罪数）	IB－52*

（2）企业创新三维空间具体指标说明

表4－2已经将企业创新三维空间的具体指标列出。根据可操作性与数据可得性的原则，对指标选取的目的、含义以及计算方法阐述如下。

地区人均国内生产总值、地区规模以上工业增加值增速、地区人均可支配收入、地区经济发展全国排名：均为正向指标，各指标含义可参考国家统计局解释，主要考察地区经济发展规模。

地区经济发展潜力：正向指标，用 GDP 增长率表示。

地区人均居民消费水平、地区全社会固定资产投资占 GDP 比重、地区对外直接投资与 GDP 之比、地区实际使用外资与 GDP 之比、地区生产资料价格指数、地区金融机构资金信贷合计与 GDP 之比、地区股票筹集资金与 GDP 之比、地区企业债券发行额与 GDP 之比、地区上市公司数量、地区社会零售商品总额与 GDP 之比、单位地区生产总值能耗（等价值）：均为正向指标，各指标含义和数据可参考国家统计局解释，主要从量化的角度考察地区经济发展的活力。

地区创新型企业的发展程度：正向指标，反映一个地区创新型企业的发展程度，可通过它考察一个地区的创新型企业环境。用高新技术企业产出占 GDP 比重来表示。

地区创新产品市场容量：正向指标。创新产品市场容量＝新产品销售额/产品销售总额。

地区第二、三产业比、地区城乡居民收入比：各指标可参考国家统计局解释。反映地区经济结构的基本面。

地区经济集中程度：反映地区经济、产业的规模性和集群性，可以用各产业对 GDP 贡献的离散程度即方差表示，且为反向指标。

地区贫富差距：反向指标，反映地区收入分配的不平衡程度，用地区基尼系数表示。

地区经济规模效应：正向指标，反映地区经济的规模性，以税收在 100 万元以上的企业在税收贡献中的比重表示。

地区人均公路里程、地区人均铁路营业里程、地区城市建设用地比重、地区高速公路比重、地区每万人拥有公共交通数量、地区城镇化发展水平（城镇人口比重）：各指标来自各地方统计年鉴，用来反映地方与创新相关的地理结构。

地区地理区位优势：正向指标，软指标，反映地区创新的地理区位环境。所处地区档次分为东部、中部、西部，不同档次地区将分别被赋予 3、2、1 的数值。

地质灾害次数、地区突发环境事件次数、地区森林覆盖率、地区电力生产消费比：各指标来自各地方统计年鉴。

地区资源丰度：正向指标。资源储量是地区经济的发展基础，关系到地区的整个经济、金融、人居等环境。根据地区资源禀赋由笔者确定全国各省份资源丰度，以 3、2、1 量化表示。

地区人居自然环境：正向指标，软指标，包括气候、海拔、污染程度等人居住的自然环境要素。人居环境越好则地区人口聚集效应越大，因此可以人口密度替代。

地区金融支持环境：正向指标，软指标，反映政策环境是否有利于企业的创新活动，或者支持力度有多大，以地区贷款余额与 GDP 之比来测度。

地区人均行政诉讼案件、地区人均财政税收、地区人均财政支出、地区金融机构资金贷款总额与 GDP 之比：各指标可参考国家统计局解释。其中地区人均行政诉讼案件数为反向指标，反映地区的法制环境；地区人均税收收入为反向指标，反映地区的政策环境优劣；地区人均财政支出为正向指标，反映地区的政策环境优劣。

地区政府廉洁水平：反向指标，以"三公"经费比重替代。

地区法院人均收案数、地区刑事犯罪人数比重、地区万人拥有律师数：各指标可参考国家统计局解释，均为反向指标，用来反映地区的法制环境。

地区技术创新成果保护法的完善与实施情况：正向指标，反映当地对于知识产权保护的重视程度，以知识产权收案占民事收案比重替代。

地区万人高校在校生人数、地区万人科研机构数、地区教育经费占财政支出比重：各指标可参考国家统计局解释，反映地区文化创新的人才、机构等条件。

当地人居社会环境情况：正向指标，软指标，包括人居社会治安、尊重知识、尊重人才的风气、幸福指数等方面，考察当地是否具备适宜创新的人居环境，以一般公共服务经费支出占财政支出比重替代。

地区创新的文化发育程度：正向指标，软指标，考察当地是否拥有适宜创新的文化氛围，以地区科技经费支出比重表示。

地区文明程度：反映地区是否具备适宜创新的文明环境，以每万人犯罪数替代，且为反向指标。

4.3　基于粗糙集的企业创新能力完备评价指标体系约简

在现有文献研究的基础上，结合国家统计部门的指标设计，以及相关专家的建议，笔者构建了企业创新能力完备评价指标体系。之所以称之为"完备"评价指标体系，就是因为其具备的全面性、系统系、完整性和充分性，尽可能全面地包含企业创新能力的方方面面。但正是由于这种完备性，导致企业创新能力完备评价指标体系的具体操作性大打折扣。首先，整个指标体系所包含的具体指标太过繁杂，部分指标之间存在较强的相关性；其次，企业在进行评价应用的时候，会发现部分指标的数据可得性较差。因此，企业创新能力完备评价指标体系的可操作性需进一步提高，即可通过指标体系约简的方式实现。

如果把企业创新能力完备评价指标体系的具体指标看成一个集合的话，那么真正意义上的企业创新能力评价指标体系应该是企业创新能力完备评价指标体系的一个子集，即从评价结果来看，企业创新能力完备评价指标体系是企业创新能力评价指标体系的充分非必要条件。需要对企业创新能力完备评价指标体系进行化简，将其中多重共性较大、数据可得性较差等指标合并、删除、重组。为了达到这样一个目的，笔者引入了粗糙集理论方法。

4.3.1　粗糙集理论简述

通过前期的研究，我们发现企业创新能力评价指标体系的构建，满足粗糙集理论工具使用的条件，应用粗糙集方法可以解决上述指标体系不确定性问题。

（1）知识与划分

根据粗糙集理论，若给定一组数据（集合）U 和等价关系集合 R，在等价关系集合 R 下对数据集合 U 形成的划分，被称为知识，记为 U/R。一个划分 ι 定义为

$$\iota = \{X_1, X_2, \cdots, X_n\}; X_i \subseteq U, X_i \neq \varnothing, X_i \cap X_j = \varnothing \qquad (4-1)$$

其中，$i \neq j; i,j = 1,2,\cdots,n$；$\bigcup_{i=1}^{n} X_i = U$。

U 上的一簇划分（对 U 的分类）称为关于 U 的知识库，表示为 $K = (U, R)$。其中 K 也可以理解为一个关系系统，U 为论域，R 是 U 上的一簇等价关系，根据这些等价关系可以对 U 进行不同的划分，每种划分把 U 分为不同的子集。

（2）知识表达系统

本书用 $S = \langle U, R, V, f \rangle$（有时用省略式 $S = \langle U, R \rangle$）来表示知识表达系统，其中 U 是论域，R 是属性集合，V 是属性值的集合，$f: U \times R \to V$，称为信息函数，它为每个对象的每个属性赋予一个信息值，即 $\forall r \in R, x \in U, f(x,r) \in V_r$，$V_r$ 为属性值。

若 $R = C \cup D$，属性子集 C 和 D 分别是条件属性集和决策属性集，则称知识表达系统 $S = \langle U, R, V, f \rangle$ 为决策信息系统，决策信息系统是知识表达系统的一种特殊情况，对应的二维数据表称为决策表。

（3）属性约简与属性核

令 R 为一簇等价关系，$r \in R$，如果 $ind(R) = ind(R - \{r\})$，则称 r 为 R 中不必要的；否则称 r 为 R 中必要的。如果每一个 r 都为 R 中必要的，则称 R 为独立的；否则称 R 为可约简的。

R 中所有绝对必要属性组成的集合称为 R 的属性核，即 $core(R)$。

令 R 为所有的等价关系构成的集合，P 为 R 的一个子集，$P \subseteq R$，如果满足：

① $\text{ind}(P) = \text{ind}(R)$；② P 是独立的。

则称 P 是 R 的一个约简，记为 $\text{red}(P)$。

指标集约简的过程实际上就是粗糙集理论中的属性约简过程。本书所用的软件是 ROSSET 2.0。

4.3.2 样本选取

对完备指标体系进行约简的一个条件就是，必须在具有代表性意义的样本数据的基础上进行，否则将无法约简。在样本企业选择时，笔者以 A 股上市公司作为中国企业的代表。目前中国 A 股上市公司数目庞大，严格意义上的样本应以所有企业作为中国企业的代表，但在实际操作过程中这一点很难做到，也不现实。在企业创新能力未知的情况下，选择哪些企业进入笔者的样本，且这样一个精简的样本又能够代表中国企业是研究过程中面临的一大难题。笔者选择 A 股上市公司中的资源型企业作为研究样本（表4-3）。之所以选择资源型企业进行分析，主要考虑企业对地理空间的亲质性，至于人文空间、经济空间，几乎可以认可所有企业的亲质性是类似的。

表4-3　2018年中国资源型上市企业

公司代码	企业名称
600193	创兴资源
300191	潜能恒信
600988	赤峰黄金
000603	盛达矿业
600139	西部资源
000408	金谷源
000409	泰复实业
002428	云南锗业
600123	兰花科创
002128	露天煤业
300157	恒泰艾普

续表

公司代码	企业名称
000697	炼石有色
601808	中海油服
600395	盘江股份
601088	中国神华
603993	洛阳钼业
000780	平庄能源
300164	通源石油
600882	华联矿业
600366	宁波韵升
600111	包钢稀土
601918	国投新集
601101	昊华能源
000655	金岭矿业
002554	惠博普
000426	兴业矿业
600403	大有能源
000602	金马集团
002552	宝鼎重工
002167	东方锆业
600157	永泰能源
601699	潞安环能
002629	仁智油服
300340	科恒股份
002155	辰州矿业
002460	赣锋锂业
000552	靖远煤电
601899	紫金矿业
601898	中煤能源
002267	陕天然气
600508	上海能源
600188	兖州煤业

公司代码	企业名称
600971	恒源煤电
000937	冀中能源
300057	万顺股份
002378	章源钨业
600180	瑞茂通
000159	国际实业
000831	关铝股份
600888	新疆众和
000629	攀钢钒钛
002374	丽鹏股份
000975	银泰资源
002593	日上集团
601958	金钼股份
002478	常宝股份
600549	厦门钨业
002318	久立特材
000983	西山煤电
002540	亚太科技
002578	闽发铝业
601666	平煤股份
600338	西藏珠峰
600019	宝钢股份
601857	中国石油
601028	玉龙股份
600219	南山铝业
000962	东方钽业
601137	博威合金
600489	中金黄金
600547	山东黄金
600687	刚泰控股
600507	方大特钢

续表

公司代码	企业名称
600673	东阳光铝
603399	新华龙
600248	延长化建
600295	鄂尔多斯
002237	恒邦股份
600362	江西铜业
601011	宝泰隆
600348	阳泉煤业
000819	岳阳兴长
002443	金洲管道
002207	准油股份
601388	怡球资源
000096	广聚能源
000708	大冶特钢
600997	开滦股份
000060	中金岭南
600259	广晟有色
600497	驰宏锌锗
600028	中国石化
000778	新兴铸管
600311	荣华实业
600121	郑州煤电
600397	安源煤业
600721	百花村
600784	鲁银投资
002221	东华能源
002114	罗平锌电
002203	海亮股份
601677	明泰铝业
600652	爱使股份
600231	凌钢股份

公司代码	企业名称
000630	铜陵有色
002377	国创高新
600711	盛屯矿业
000758	中色股份
600408	安泰集团
600546	山煤国际
000825	太钢不锈
603003	龙宇燃油
000960	锡业股份
002423	中原特钢
600714	金瑞矿业
601001	大同煤业
600307	酒钢宏兴
600387	海越股份
000933	神火股份
600459	贵研铂业
000554	泰山石油
000637	茂化实华
600581	八一钢铁
002182	云海金属
600740	山西焦化
601005	重庆钢铁
600595	中孚实业
600005	武钢股份
600117	西宁特钢
600531	豫光金铅
000709	河北钢铁
600255	鑫科材料
600399	抚顺特钢
000761	本钢板材
600010	包钢股份

续表

公司代码	企业名称
002295	精艺股份
600456	宝钛股份
601168	西部矿业
000878	云南铜业
002075	沙钢股份
000985	大庆华科
000612	焦作万方
000807	云铝股份
600792	云煤能源
601003	柳钢股份
000698	沈阳化工
600688	上海石化
002171	精诚铜业
002110	三钢闽光
600282	南钢股份
600126	杭钢股份
000723	美锦能源
600782	新钢股份
000657	中钨高新
000835	四川圣达
002160	常铝股份
000959	首钢股份
600961	株冶集体
600808	马钢股份
600022	山东钢铁
000898	鞍钢股份
000932	华菱钢铁
601600	中国铝业
600339	天利高新
000762	西藏矿业
600331	宏达股份

续表

公司代码	企业名称
000717	韶钢松山
000968	煤气化
600381	贤成股份
600569	安阳钢铁
000751	锌业股份
600432	吉恩镍业

数据来源：RESSET 数据库。

这个大样本企业仍有精简的可能，基于以下假设进行精简，以便操作。

第一，假设企业创新能力与其利润率存在正相关关系。

在该假设基础上将企业按照利润率进行排序，并均匀选择若干企业，则所选的样本企业的创新能力也能够近似均匀分布，达到覆盖全集信息的要求。从而这种选择样本企业的方法是可信的，选出来的企业才能在一定意义上代表整个 A 股上市公司中的企业。

问题回到企业创新能力与其利润率存在正相关关系这一假设的论证。为了研究的严谨性，笔者以 A 股中上市的企业（刨除个别数据不全以及发生重大经营性变动的企业）为分析样本，通过样本的创新能力与利润率之间的数理统计分析，考察两者的相关性，并进一步通过回归模型验证该假设。

目前还没有一个成熟可靠，且为各界通用的企业创新能力综合指标（本书研究的宗旨就是构建这样一个综合评价体系）。企业创新能力与其利润率之间关系的考察需要从不同层面的单指标进行分析。从本书研究的一般性思维出发，将企业创新能力的测度指标分为条件性指标和成果性指标。条件性指标反映企业为获取创新能力而提供的条件；成果性指标反映企业通过创新投入而得到的创新结果。严格意义上，构成创新的条件应包含前面所提到的企业内生性创新的六个构成要素，但从知识生产函数的构成要素来看，又可以将条件性指标归为人力和资本的投入。创新的成果也就是创新的产出，从价值角度看就是企业创新资产的累积沉淀，即专利权；从实物角度看就是创新产品和技术成果。根据数据可得性和可比较原则，选择企业无形资产中的专利权作为企业创新的成果，相关数据见表 4 - 4。

表 4 – 4　2018 年 A 股上市企业人均创新投入、产出及利润

公司代码	利润总额 /万元	研发投入 /万元	研发人员 /个	专利权增加值 /万元	专利数 /项
C000552	56177.12	0.000	825	10.00000	7
C000655	27768.99	7813.000	304	6.68000	46
C000758	29644.51	1365.110	660	180.51610	422
C000762	– 18359.70	184.000	73	7.58622	4
C000937	318014.50	17740.000	3100	1878.42200	3
C000968	– 21515.60	389.030	1711	268.16050	50
C000983	280861.50	29590.000	1224	518.40970	8
C002128	182074.70	0.000	198	6.68000	7
C002155	62944.59	16873.120	459	52.13957	12
C002207	1401.27	2880.427	123	0.39300	6
C002340	16009.28	7159.000	335	1426.87200	212
C002353	75479.25	13294.950	592	24.26974	40
C002554	11375.93	2512.300	187	48.17794	35
C002629	9852.34	2637.641	435	12.05849	22
C002683	10191.28	5002.000	235	39.40197	40
C300084	1099.64	895.000	64	6.82200	25
C300157	15000.77	7065.000	439	1203.04700	14
C300191	9922.72	2162.000	105	2381.51900	2
C300309	12610.16	1202.000	54	7.58622	36
C600028	9010700.00	5840000.000	11829	643200.00000	15050
C600121	76184.63	338.000	2490	7.58622	31
C600123	230614.10	1684.000	7531	38638.48000	102
C600139	25505.85	1266.000	57	7.65500	18
C600259	13764.37	335.000	110	986.23570	59
C600348	314985.10	15664.000	734	7.65500	5
C600381	– 17386.80	20.000	120	1.50000	3
C600395	180291.40	5093.000	967	336.87490	113
C600403	240320.70	23594.000	2079	936.25490	110
C600489	288237.80	3185.000	2042	250.62820	2
C600497	41637.19	3234.000	903	196.48640	78

续表

公司代码	利润总额 /万元	研发投入 /万元	研发人员 /个	专利权增加值 /万元	专利数 /项
C600508	125298.20	9456.000	1777	7.65500	211
C600546	225919.80	6182.000	655	192.83250	26
C600547	291516.20	12958.000	1410	541.77430	1
C600583	104923.20	43863.000	2627	1038.55500	9
C600714	2678.63	103.000	62	16.00000	3
C600971	96473.09	28404.000	1590	16.00000	167
C600997	71126.61	5770.000	1077	648.05030	22
C601001	153359.40	49.450	986	16.00000	20
C601088	6724800.00	75500.000	8044	31700.00000	1518
C601101	123952.50	19091.000	835	478.00000	6
C601168	-12714.50	1108.000	1345	4652.42900	55
C601666	144164.90	59421.000	3861	344.33120	2
C601699	300532.10	79997.000	4980	0.37000	1518
C601808	543680.80	600800.000	5074	1355.91700	88
C601857	18427600.00	947293.400	65977	306400.00000	7107
C601898	1356246.00	105100.000	8967	7991.30000	2
C601899	855605.90	11395.820	3439	77.26496	96
C601918	183940.30	2346.000	1689	140.86230	7
C601958	63273.64	6056.514	483	77.26496	139
C603993	151191.70	11269.000	584	55.86179	124

注：表中研发投入、研发技术人员数据来自于 2018 年公司年报；专利权原始数据、利润总额来源于 RESSET 数据库，经计算得到 2018 年专利权增加值；专利数来源于中国专利查询系统。

根据表 4-4 的数据，通过计算各指标之间的相关系数（表 4-5）发现，企业创新投入和产出与企业利润之间存在明显的正相关关系，其中研发投入与企业利润之间的相关系数为 0.5291，研发人员与企业利润之间的相关系数为 0.9265，专利权增加值与企业利润之间的相关系数为 0.7413，专利数与企业利润之间的相关系数为 0.7471。也就是说企业创新能力越强，其盈利能力就越强。可见，笔者的假设是成立的。因此，在选择企业样本时可以近似地以企业利润率作为其创新能力的排序标准，进而选择具有代表性的企业进入样本，降低研究过程中实地考察企业的难度。

表4-5 企业创新能力与企业利润相关系数

相关系数	利润	研发人员	专利权	研发投入	专利
利润	1.0000	0.9265	0.7413	0.5291	0.7471
研发人员	0.9265	1.0000	0.5474	0.2917	0.5427
专利权	0.7413	0.5474	1.0000	0.9514	0.9930
研发投入	0.5291	0.2917	0.9514	1.0000	0.9487
专利	0.7471	0.5427	0.9930	0.9487	1.0000

第二，假设企业的创新能力的规模效应不变。

企业创新的规模效应一直是一个非常复杂的问题，目前还没有一个一致性的认识。在不同的环境中，不同企业的创新规模效应表现出异质性特点，有的企业的创新表现出规模效应递增，有的企业则表现出相反的特点。为了简化本项目的研究过程，笔者假定企业的创新规模效应不变。也只有在假定企业创新能力的规模效应不变的情况下，根据上述企业样本选择方法所选择出来的企业才能真正代表整个企业。这是一个近似，或者相对正确的假定。

和前一个假设一样，由于不存在可行的综合查询能力评价指标，仍然使用单指标分析，单指标构成与前一个假设一致。不同的是要测度不同企业规模下企业各创新指标所表现出来的趋势性。若表现出递增的趋势性则可近似认为存在规模递增；若表现出递减的趋势性则可近似认为存在规模递减；若表现出横向震荡趋势则可近似认为存在规模不变或者无法确定其规模效应。

笔者首先对企业规模大小进行排序，用以表示企业规模的指标为企业总资产，见表4-6；其次，通过数理统计分析，考察各不同规模企业的创新指标的表现状态；最后得出各创新指标的趋势性。

表4-6 2018年A股上市企业人均创新指标及总资产（按总资产大小排序）

公司代码	总资产/万元	研发投入/万元	研发人员/个	专利权增加值/万元	专利数/项
C002207	675751413	2880.43	123	0.393000	6
C300084	819555091	895.00	64	6.822000	25
C002629	1011×10^6	2637.64	435	12.058490	22

公司代码	总资产 /万元	研发投入 /万元	研发人员 /个	专利权增加值 /万元	专利数 /项
C300191	1154×10^6	2162.00	105	2381.519000	2
C300309	1301×10^6	1202.00	54	7.586217	36
C600714	1320×10^6	103.00	62	16.000000	3
C002554	1573×10^6	2512.30	187	48.177940	35
C002683	2069×10^6	5002.00	235	39.401970	40
C600139	2073×10^6	1266.00	57	7.655000	18
C300157	2254×10^6	7065.00	439	1203.047000	14
C600259	2513×10^6	335.00	110	986.235700	59
C000762	2517×10^6	184.00	73	7.586217	4
C000655	3336×10^6	7813.00	304	6.680000	46
C600381	4052×10^6	20.00	120	1.500000	3
C002155	4367×10^6	16873.12	459	52.139570	12
C002353	4684×10^6	13294.95	592	24.269740	40
C000552	5083×10^6	0.00	825	10.000000	7
C002340	6350×10^6	7159.00	335	1426.872000	212
C002128	8988×10^6	0.00	198	6.680000	7
C000968	9454×10^6	389.03	1711	268.160500	50
C600121	9767×10^6	338.00	2490	7.586217	31
C600508	1130×10^7	9456.00	1777	7.655000	211
C601101	1159×10^7	19091.00	835	478.000000	6
C600971	1345×10^7	28404.00	1590	16.000000	167
C600395	1396×10^7	5093.00	967	336.874900	113
C601958	1478×10^7	6056.51	483	77.264960	139
C000758	1560×10^7	1365.11	660	180.516100	422
C603993	1575×10^7	11269.00	584	55.861790	124
C600403	1655×10^7	23594.00	2079	936.254900	110
C600547	1746×10^7	12958.00	1410	541.774300	1
C600583	2037×10^7	43863.00	2627	1038.555000	9
C600123	2037×10^7	1684.00	7531	38638.480000	102
C601666	2086×10^7	59421.00	3861	344.331200	2
C600997	2105×10^7	5770.00	1077	648.050300	22
C600489	2150×10^7	3185.00	2042	250.628200	2

续表

公司代码	总资产 /万元	研发投入 /万元	研发人员 /个	专利权增加值 /万元	专利数 /项
C601001	2152×10^7	49.45	986	16.000000	20
C601857	2169×10^7	947293.40	65977	306400.000000	7107
C600497	2222×10^7	3234.00	903	196.486400	78
C601918	2509×10^7	2346.00	1689	140.862300	7
C601168	2615×10^7	1108.00	1345	4652.429000	55
C600348	3150×10^7	15664.00	734	7.655000	5
C601699	3961×10^7	79997.00	4980	0.370000	1518
C000937	4011×10^7	17740.00	3100	1878.422000	3
C000983	4513×10^7	29590.00	1224	518.409700	8
C600546	4534×10^7	6182.00	655	192.832500	26
C601899	6735×10^7	11395.82	3439	77.264960	96
C601808	7471×10^7	600800.00	5074	1355.917000	88
C601898	1839×10^8	105100.00	8967	7991.300000	2
C601088	4533×10^8	75500.00	8044	31700.000000	1518
C600028	1247×10^9	5840000.00	11829	643200.000000	15050

注：表中研发投入、研发技术人员数据来自于 2018 年公司年报；专利权原始数据、总资产来源于 RESSET 数据库，经计算得到 2018 年专利权增加值；专利数来源于中国专利查询系统。

　　根据表 4-6 中所列出的各项数据，可以按照企业总资产的大小对企业进行排序，同时以总资产为横坐标作各创新指标的趋势图，如图 4-2 ~ 图 4-5 所示。

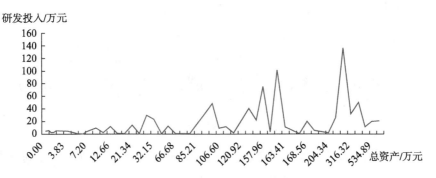

图 4-2　研发投入趋势

研发人员/个

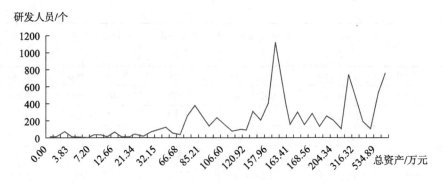

图 4-3　研发人员趋势

专利权增加值/万元

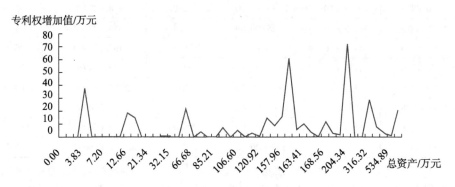

图 4-4　专利权增加值趋势

专利数/项

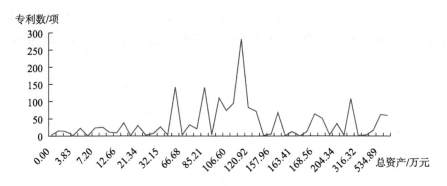

图 4-5　专利数趋势

从趋势图可发现，企业的创新指标，如研发人员、研发支出、专利权增加值、专利数等与各企业企业规模（总资产）存在正相关关系，但是这种正相关关系并不表现出某种趋势性，更普遍的状态是各创新指标以某种一般水平为中心进行震荡。根据前文的论述，我们可以得出企业创新的规模效应无法确定的结论，或者可以近似地认为是规模效应不变。

在两个假设条件成立的条件下，笔者以 A 股资源型上市公司作为中国企业的代表，将它们按照净利润率进行排名，并按照业绩按"优、良、中、差"等级进行区分（其净利润率排名在前 1/4 的企业为优质企业；排名在前 1/4 ~ 2/4 的为良质企业；排名在 2/4 ~ 3/4 的企业为中等企业；排名在最后 1/4 的企业为绩效较差企业），在各等级企业中再按照均匀分布选择 4 家企业作为该层次中国企业的分析样本。因此，一共筛选出 16 家企业，见表 4 - 7。

表 4 - 7　2018 年资源型样本企业

公司代码	企业名称	净利润率/%
600193	创兴资源	139.58
000697	炼石有色	22.01
601101	昊华能源	16.14
300340	科恒股份	12.12
000937	冀中能源	7.92
601958	金钼股份	6.09
601857	中国石油	5.25
600295	鄂尔多斯	3.38
600997	开滦股份	2.56
002221	东华能源	1.68
600546	山煤国际	0.89
002182	云海金属	0.58
000709	河北钢铁	0.42
002075	沙钢股份	- 0.11
601600	中国铝业	- 5.51
600432	吉恩镍业	- 25.10

数据来源：RESSET 数据库。

需要注意的是，随着样本的不同，最终约简得到的指标体系将会有所不同。理论上，应该以中国所有企业作为分析对象，但由于工作量以及数据收集的困难性，笔者按照上述方法筛选出一个替代样本，即上述 16 家企业作为样本，在很大程度上已可以约简得到可用的指标体系。笔者接下来的一个工作就是以指标体系为基础开发一个软件，供企业使用，届时将获取足够多的样本数据，对指标体系进行微调。

获得样本企业之后，笔者需要采集样本企业的创新能力完备评价指标体系的原始数据（见附录）。原始数据的采集应用如下方法：

1）企业内生性创新数据通过向企业管理层发放问卷，以及通过在公开信息中寻找获得。其中量化指标以年度实际发生额体现，软指标通过其替代指标获得。

2）企业外部环境指标数据来源于统计机构数据。对于量化指标数据，可根据企业所处地区，通过查询地方统计年鉴（若企业为集团公司，其子公司及业务涉及全国，则查询中国统计年鉴获得原始数据）得到。

3）为了方便起见，对 16 家企业进行无量纲处理，采用的方法是归一法，即

$$a_{ij} = \frac{a'_{ij} - \min|a'_{ij}|}{\max|a'_{ij}| - \min|a'_{ij}|} \qquad (4-2)$$

其中，a'_{ij} 为第 i 家企业第 j 项指标的原值；a_{ij} 为标准化之后的数值。

4）对于反向指标，需进行反向处理，即先在数据前加负号，然后再按照式（4-2）进行标准化处理。

4.3.3　企业创新能力完备评价指标信息表的设定

在模型构建之前，笔者将评价指标及其指标值汇总到一个信息表里，为下一步的约简奠定基础。汇总的信息表格式见表 4-8。

表 4-8　汇总的信息

指标	企业			
	x_1	x_2	...	x_i
r_1				
r_2				
⋮				
r_j				

表中 x_i 为第 i 个企业；r_j 为第 j 个指标。

上述的信息表用四元组 $S = \langle U, R, V, f \rangle$ 来表示。

其中，U 为论域，$U = \{x_1, x_2, \cdots, x_n\}$，在企业创新能力评价中指的是样本

企业的集合；R 为属性集合，$R = \{r_1, r_2, \cdots, r_n\}$，在本研究中，具体模型里的指标和属性理解为一个概念；V 为属性 r 的值域；f 为信息函数，它为每个属性赋予一个信息值。

4.3.4　数据离散

根据初始指标数据信息，笔者进行无量纲化处理，再根据无量纲化后的标准化数据进行离散化处理。之所以这样做，是因为指标体系约简只能对离散化数据进行运算，对于连续性数据无能为力。因此按照惯例，将所有指标数值按照等距离法划分为 4 个等级，分别赋值为 1、2、3、4，见表 4 - 9。

表 4 - 9　离散化处理信息

序号	创兴资源	炼石有色	昊华能源	科恒股份	冀中能源	金钼股份	中国石油	鄂尔多斯	开滦股份	东华能源	山煤国际	云海金属	河北钢铁	沙钢股份	中国铝业	吉恩镍业
IA - 01	1	1	1	1	1	1	4	1	1	1	1	1	2	1	3	1
IA - 02	1	1	2	1	1	1	1	1	1	1	1	2	2	4	3	1
IA - 03	2	0	0	4	2	1	1	1	1	1	1	1	1	1	1	1
IA - 04	1	2	4	4	3	3	1	2	2	1	1	2	1	1	1	1
IA - 05	1	1	1	1	1	1	4	1	1	1	1	1	2	1	1	1
IA - 06	1	1	1	1	1	1	4	1	1	1	1	1	1	1	1	1
IA - 07	1	1	2	1	1	1	4	1	1	1	1	1	1	1	1	1
IA - 08	1	1	1	1	1	1	2	1	1	1	1	1	1	1	4	1
IA - 09 *	4	2	4	4	3	3	4	3	2	3	3	3	2	1	1	2
IA - 10	3	1	4	4	4	4	3	1	1	3	1	1	1	1	1	3
IA - 11 *	3	2	4	3	3	2	4	3	2	2	2	3	1	1	2	2
IA - 12 *	3	3	4	3	3	3	3	3	2	2	2	3	2	1	1	2
IA - 13	3	1	3	3	3	4	3	4	1	3	1	1	1	1	1	1
IA - 14	1	1	1	1	1	1	1	1	1	1	1	1	1	1	1	1
IA - 15	3	1	4	4	2	2	2	2	1	2	1	1	2	3	1	2
IA - 16	1	1	1	1	1	1	1	1	1	1	1	1	1	1	1	1
IA - 17	4	2	4	4	3	3	3	3	2	2	3	2	1	2	2	3
IA - 18	4	2	4	4	3	3	2	2	2	2	2	2	1	2	2	3
IA - 19	4	3	4	4	3	3	3	3	3	3	3	1	1	1	1	4
IA - 20	4	3	4	4	4	4	4	3	3	4	3	3	4	1	1	4

续表

序号	创兴资源	炼石有色	昊华能源	科恒股份	冀中能源	金钼股份	中国石油	鄂尔多斯	开滦股份	东华能源	山煤国际	云海金属	河北钢铁	沙钢股份	中国铝业	吉恩镍业
IA－21	4	2	4	4	3	3	3	3	2	2	3	2	2	2	1	1
IA－22	4	2	4	4	3	3	3	3	2	2	3	2	2	1	1	2
IA－23	3	3	3	3	4	3	2	2	2	2	2	3	1	1	1	3
IA－24	3	3	4	3	3	3	3	1	1	3	1	1	1	1	1	1
IA－25	4	3	4	4	4	4	4	3	3	4	4	4	3	3	3	1
IA－26	4	4	4	4	4	4	4	4	3	4	4	4	4	1	3	3
IA－27	4	3	4	4	4	4	4	3	3	4	3	3	3	3	1	2
IA－28	4	3	4	4	3	4	3	3	3	3	3	3	3	1	2	2
IA－29	1	1	1	1	4	1	4	1	4	1	1	1	4	1	4	1
IA－30	3	1	3	3	4	2	4	2	4	3	3	2	3	1	4	1
IA－31	4	1	4	4	4	4	4	4	4	4	4	4	4	4	4	4
IA－32	4	3	4	4	4	4	4	4	4	4	4	4	4	4	2	4
IA－33	3	1	3	4	2	2	2	2	2	2	2	1	1	1	1	1
IA－34	3	2	4	3	2	3	2	2	2	2	3	2	1	1	1	3
IA－35	3	4	4	4	4	3	4	3	3	3	3	3	3	3	3	1
IA－36	3	3	4	4	3	3	3	3	3	3	1	3	3	1	1	1
IA－37	3	2	4	4	2	2	2	2	2	2	3	2	2	2	1	2
IA－38	4	1	4	4	2	2	3	2	2	2	3	2	3	1	3	1
IA－39	4	2	4	3	3	2	4	1	2	1	2	1	1	1	4	1
IA－40*	4	3	3	4	3	3	4	3	2	2	3	2	3	1	4	1
IA－41	2	2	4	3	2	2	2	2	1	1	1	1	1	1	1	1
IA－42	4	1	4	4	3	2	3	3	2	2	1	2	1	1	1	1
IA－43	3	1	4	3	3	3	3	3	1	1	1	1	1	1	1	3
IA－44	4	1	4	4	4	1	4	4	1	1	4	1	1	1	1	1
IA－45	3	3	4	3	2	3	2	2	2	2	2	2	1	2	2	2
IA－46	2	3	3	4	2	2	2	2	2	2	2	2	2	1	2	2
IA－47	3	2	4	4	2	2	2	2	2	2	2	2	2	2	2	1
IA－48	3	3	4	3	3	3	3	3	3	3	3	2	3	1	3	2
IA－49	3	3	4	4	3	3	3	3	3	3	1	3	3	1	3	3
IA－50*	4	4	4	4	3	4	3	4	3	3	3	3	3	1	3	3

续表

序号	创兴资源	炼石有色	昊华能源	科恒股份	冀中能源	金钼股份	中国石油	鄂尔多斯	开滦股份	东华能源	山煤国际	云海金属	河北钢铁	沙钢股份	中国铝业	吉恩镍业
IA－51*	3	3	4	4	3	3	3	3	3	4	3	3	3	3	3	1
IA－52*	3	3	4	4	2	2	2	3	2	2	2	2	2	1	1	2
IA－53*	1	1	1	1	1	1	1	1	1	1	1	1	3	1	1	1
IA－54*	4	1	3	4	3	3	3	1	2	2	3	2	3	1	3	1
IA－55	1	1	1	1	1	1	4	1	1	1	1	1	2	1	1	1
IA－56	4	1	4	4	4	1	3	2	2	1	3	1	2	4	1	1
IA－57	4	3	3	4	3	3	3	3	3	2	3	1	3	2	3	2
IA－58	2	1	4	2	1	1	1	2	1	1	1	1	1	1	1	1
IA－59	4	3	4	4	3	3	3	3	3	3	4	3	3	1	1	3
IB－01	1	1	1	1	1	1	4	1	1	1	1	1	2	1	1	1
IB－02	3	3	3	4	2	3	3	2	1	1	1	1	2	1	2	1
IB－03	1	1	3	1	1	1	4	2	2	1	2	1	4	1	4	1
IB－04	3	3	4	4	4	4	3	3	3	3	4	3	3	1	3	3
IB－05	3	3	4	4	3	4	3	4	1	3	3	3	3	1	1	1
IB－06	3	3	4	4	3	3	2	3	2	1	2	1	2	2	1	2
IB－07	2	2	3	4	2	3	2	3	2	2	1	1	2	1	2	1
IB－08	1	3	3	4	1	1	1	3	1	1	3	1	1	1	1	1
IB－09	3	4	4	4	3	4	3	3	3	3	3	3	3	1	3	3
IB－10	4	4	4	4	4	4	4	3	3	4	3	3	3	1	1	3
IB－11	1	1	1	1	1	1	4	1	1	1	1	1	2	1	1	1
IB－12	1	1	1	1	1	1	4	1	1	1	1	1	2	1	2	1
IB－13	1	1	1	1	1	1	4	1	1	1	1	1	2	1	1	1
IB－14	1	1	1	1	1	1	4	1	1	1	1	1	2	1	1	1
IB－15	4	3	4	4	3	4	3	3	1	3	4	3	3	1	1	3
IB－16	3	2	3	4	2	3	2	2	1	2	2	2	2	1	1	1
IB－17	3	2	3	4	3	3	3	2	2	2	3	2	3	1	2	2
IB－18	4	3	3	4	3	3	3	4	3	2	4	4	3	1	3	3
IB－19*	3	2	3	4	2	2	2	3	1	2	2	3	2	2	1	2
IB－20*	4	4	4	4	4	4	4	4	1	1	4	1	1	1	1	1
IB－21*	3	3	3	4	3	3	2	2	2	2	1	3	2	1	2	1

续表

序号	创兴资源	炼石有色	昊华能源	科恒股份	冀中能源	金钼股份	中国石油	鄂尔多斯	开滦股份	东华能源	山煤国际	云海金属	河北钢铁	沙钢股份	中国铝业	吉恩镍业
IB－22*	4	4	4	4	4	4	4	4	3	3	4	3	3	4	1	3
IB－23	3	3	3	4	3	3	3	3	3	3	3	3	3	1	1	1
IB－24	1	1	1	1	1	1	4	1	1	1	1	1	1	1	4	1
IB－25	1	1	1	1	1	1	4	1	1	1	1	1	1	1	4	1
IB－26	1	1	1	1	1	1	4	1	1	1	1	1	1	1	4	1
IB－27	4	1	4	2	1	1	3	2	1	2	2	2	1	2	3	1
IB－28	1	3	1	1	2	3	3	1	2	1	4	1	2	1	3	2
IB－29	4	1	4	4	3	1	1	1	3	3	1	3	3	3	1	1
IB－30	4	1	4	4	3	1	3	1	3	3	1	3	3	3	3	1
IB－31	4	1	4	4	1	1	2	2	1	2	2	2	1	2	2	1
IB－32	1	1	1	1	1	1	4	1	1	1	1	1	1	1	4	1
IB－33	1	1	1	1	1	1	4	1	1	1	1	1	1	1	4	1
IB－34	1	1	1	1	1	1	4	1	1	1	2	1	1	2	4	1
IB－35	3	4	3	1	2	4	2	4	2	3	4	3	2	3	2	3
IB－36	1	1	1	2	1	1	4	1	1	1	1	1	1	1	4	1
IB－37	4	1	1	1	1	1	1	1	1	1	1	1	1	1	1	1
IB－38	1	1	1	1	1	1	4	1	1	1	1	1	1	1	4	1
IB－39	1	1	1	1	1	1	4	1	1	1	2	1	1	1	4	1
IB－40	1	1	1	1	1	1	4	1	1	1	1	1	1	1	4	1
IB－41	3	1	4	4	1	1	1	3	1	3	3	3	1	3	1	1
IB－42*	3	1	4	4	1	1	1	3	1	3	3	3	1	3	1	1
IB－43	3	2	4	4	2	2	2	3	2	3	2	3	2	3	2	1
IB－44	3	1	4	4	3	1	3	3	3	3	1	3	3	3	3	1
IB－45	3	1	4	4	1	1	1	3	1	3	3	3	1	3	1	1
IB－46	3	2	4	3	3	2	3	3	3	3	1	3	3	3	3	2
IB－47	1	2	1	1	4	2	4	1	4	1	1	1	4	1	4	2

序号	创兴资源	炼石有色	昊华能源	科恒股份	冀中能源	金钼股份	中国石油	鄂尔多斯	开滦股份	东华能源	山煤国际	云海金属	河北钢铁	沙钢股份	中国铝业	吉恩镍业
IB-48	3	4	1	3	2	4	1	3	2	4	4	4	2	4	1	4
IB-49	3	1	4	2	1	1	2	3	1	2	1	2	1	2	2	1
IB-50	1	4	1	1	2	4	3	1	2	1	1	1	2	1	3	1
IB-51	2	4	1	3	2	4	4	2	2	2	3	2	2	2	4	1
IB-52 *	3	1	3	4	1	1	1	3	1	1	3	1	1	3	1	3

数据来源：在原始数据基础上，通过 Rosetta 2.0 计算得到。

4.3.5　基于属性重要度的约简

设 $S = (U, R)$ 为一知识表达系统，对于等价关系 $P \subseteq R$ 有分类 $U/\text{ind}(P) = \{X_1, X_2, \cdots, X_n\}$，则 P 的信息量记为

$$I(P) = \sum_{i=1}^{n} \frac{|X_i|}{|U|}\left(1 - \frac{|X_i|}{|U|}\right) = 1 - \frac{1}{|U|^2}\sum_{i=1}^{n}|X_i|^2 \qquad (4-3)$$

属性的重要度和属性的信息量的关系表示如下：

$$S_P(r_i) = I(P) - I(R - \{r_i\}) \qquad (4-4)$$

其中，r_i 为某个属性；$P \subseteq R$ 为等价关系集 R 中的一个等价子集。

式（4-4）表明，$r \in R$ 在 R 中的重要性由 R 中去掉 r 后引起的信息量变化大小来度量。当 $S_P(r_i)$ 值越大，说明 R 中去掉属性 r 的信息量变化越大，即该属性在属性集中的重要程度就越高。

经过约简，可得到指标体系的若干个核，这些核的并集则是最小的指标体系的核，表示如下：

$$\text{Red} = \text{Red}_1 \cup \text{Red}_2 \cup \cdots \cup \text{Red}_n \qquad (4-5)$$

约简后的指标体系，见表 4-10。

表 4 –10　约简之后的指标体系

一级指标	二级指标	三级指标	四级指标	序号
结构层	能力层	要素层	观测指标层	
企业内生性创新	企业自主性创新	技术要素	专利及科技成果相对数	CA – 01
			获奖成果相对数	CA – 02
			千人研发人员拥有专利数量	CA – 03
			千人研发人员拥有论文数量	CA – 04
			企业科技机构相对数	CA – 05
			企业仪器设备采购强度	CA – 06
			企业 R&D 项目相对数	CA – 07
			理论与技术导入能力*（新聘员工平均培训时间）	CA – 08 *
			工艺技术手段完备情况*（企业外包业务环节比重）	CA – 09 *
			自动化生产水平*（生产线员工比重）	CA – 10 *
		管理要素	企业创新激励机制建设水平（研发人员劳务支出比重）	CA – 11
			企业管理费用比重	CA – 12
			企业创新战略目标的清晰程度*（新产品研发成功率）	CA – 13
			创新战略有效性*（新产品企业市场份额）	CA – 14
			创新机制的有效性*（新产品销售收入比重）	CA – 15
			科技体系与创新载体情况*（负责创新的部门或机构经费比重）	CA – 16
			管理人员创新意识*（企业管理制度变化频度）	CA – 17
			信息采集和管理能力*（企业管理信息系统费用支出比重）	CA – 18
		信息要素	企业人均邮电业务总量	CA – 19
			企业人均移动电话数量	CA – 20
			宽带覆盖率	CA – 21
			微机覆盖率	CA – 22
			信息技术投入增长率	CA – 23
			情报部门投入经费比重	CA – 24

一级指标	二级指标	三级指标	四级指标	序号
结构层	能力层	要素层	观测指标层	
企业内生性创新	企业自主性创新	人才要素	企业工程技术员工比重	CA - 25
			企业科技活动人员比重	CA - 26
			员工培训和学习频度	CA - 27
			研发人员的年总收入增长率	CA - 28
			研发人员观念素质*（本科学历人员比重）	CA - 29
			研发人员忠诚度*（年离职率）	CA - 30 *
			员工满意度*（年收入增长率）	CA - 31
			研发人员晋升制度的完善程度*（管理层由企业自身培养的研发人员比重）	CA - 32
		资本要素	企业研发支出经费比率	CA - 33
			资本创新效率（专利产出效率）	CA - 34
			研发人员投入比重	CA - 35
			研发设备投入比重	CA - 36
			外部科研经费筹集比重	CA - 37
		资源要素	企业的国家控制程度*（国有或者集体股份比重）	CA - 38 *
			企业资源禀赋优势*（企业资源占国家该资源总量的比重）	CA - 39 *
			市场准入门槛*（进入该资源市场所需政府批文数量）	CA - 40 *
			资源替代品多寡*（根据"很容易被替代、容易被替代、不容易被替代"，分别赋予1、0.5、0的数值）	CA - 41 *
			企业国际资源获取门槛*（资源进口单价年增长率）	CA - 42 *
	企业外源性创新	引进创新	企业技术引进费用占比	CA - 43
			企业国内技术购买费用占比	CA - 44
			企业技术引进合同金额占比	CA - 45
		合作创新	企业消化吸收经费占比	CA - 46
			产、学、研合作比率	CA - 47

一级指标	二级指标	三级指标	四级指标	序号
结构层	能力层	要素层	观测指标层	
企业创新三维空间	经济空间	经济发展	地区人均国内生产总值	CB – 01
			地区规模以上工业增加值增速	CB – 02
			地区人均可支配收入	CB – 03
			地区经济发展全国排名	CB – 04
			地区经济发展潜力*（GDP 增长率）	CB – 05
		经济活力	地区人均居民消费水平	CB – 06
			地区全社会固定资产投资占 GDP 比重	CB – 07
			地区实际使用外资与 GDP 之比	CB – 08
			地区金融机构资金信贷合计与 GDP 之比	CB – 09
			地区上市公司数量	CB – 10
			地区社会零售商品总额与 GDP 之比	CB – 11
			单位地区生产总值能耗（等价值）	CB – 12
			地区创新型企业的发展程度*（高新技术企业产出占 GDP 比重）	CB – 13
			地区创新产品市场容量	CB – 14
		经济结构	地区第二、三产业比	CB – 15 *
			地区城乡居民收入比	CB – 16 *
			地区市场集中程度*（各产业 GDP 贡献的离散程度，方差表示）	CB – 17 *
			地区贫富差距*（基尼系数）	CB – 18 *
			地区经济规模效应*（税收在 100 万元以上的企业在税收贡献中的比重）	CB – 19
	地理空间	地理结构	地区人均公路里程	CB – 20
			地区人均铁路营业里程	CB – 21
			地区高速公路比重	CB – 22
			地区每万人拥有公共交通数量	CB – 23
			地区城镇化发展水平（城镇人口比重）	CB – 24
			地区地理区位优势*（所处地区档次分为东部、中部、西部，不同档次区位将被赋予 3、2、1 的数值）	CB – 25

一级指标	二级指标	三级指标	四级指标	序号
结构层	能力层	要素层	观测指标层	
企业创新三维空间	地理空间	资源环境	地区电力生产消费比	CB - 26
			地区资源丰度（根据地区资源禀赋由笔者确定全国各省份资源丰度，以 3、2、1 量化表示）	CB - 27
			地区人居自然环境*（人口密度）	CB - 28
			地区金融支持环境*（地区金融机构贷款余额与 GDP 之比）	CB - 29
	人文空间	政策环境	地区人均行政诉讼案件数	CB - 30
			地区人均财政税收	CB - 31
			地区人均财政支出	CB - 32
			地区政府廉洁水平*（"三公"经费比重）	CB - 33*
		法律环境	地区法院人均收案	CB - 34
			地区刑事犯罪人数比重（每万人发案数）	CB - 35
			地区万人拥有律师数	CB - 36
			地区技术创新成果保护法的完善与实施情况*（知识产权收案占民事收案比重）	CB - 37
		文化环境	地区万人高校在校生人数	CB - 38
			地区万人科研机构数	CB - 39
			地区教育经费占财政支出比重	CB - 40
			当地人居社会环境情况*（一般公共服务经费支出占财政支出比重）	CB - 41
			地区创新的文化发育程度*（地区科技经费支出比重）	CB - 42
			地区文明程度*（每万人犯罪数）	CB - 43*

需要注意的是，指标 CA - 39：企业资源禀赋优势和指标 CB - 33*：地区政府廉洁水平（"三公"经费比重），这两个指标目前还没有精确数据，由笔者根据实际情况进行推算得到的原始数据。笔者认为这两个数据对于企业的创新能力有着非常重要的影响，不能够剔除。所以，笔者建议企业及国家统计机构对这两项指标进行统计。

4.4 开放条件下的企业创新能力评价指标体系观测指标权重确定

4.4.1 熵值法的操作步骤

熵值法是一种根据各项指标观测值所提供的信息的大小来确定指标权重的方法。设 $a'_{ij}(i = 1,2,\cdots,n;j = 1,2,\cdots,m)$ 为第 i 个系统中的第 j 项观测数据。原矩阵为 $\boldsymbol{A'} = (a'_{ij})_{m\times n},(i = 1,2,\cdots,n;j = 1,2,\cdots,m)$。

（1）标准化数据

为消除指标间量纲的影响，对 a'_{ij} 进行标准化，得到各指标标准化矩阵。笔者采用极值法进行数据标准化。设标准化后的矩阵为 $\boldsymbol{A} = (a_{ij})_{m\times n},(i = 1,2,\cdots,n;j = 1,2,\cdots,m)$，标准化公式为

$$a_{ij} = \frac{a'_{ij} - \min|a'_{ij}|}{\max|a'_{ij}| - \min|a'_{ij}|} \times 10 \qquad (4-6)$$

（2）计算第 j 项指标下，第 i 个系统的特征比重

$$z_{ij} = \frac{x_{ij}}{\sum\limits_{i=1}^{n} x_{ij}} \qquad (4-7)$$

这里假定 $x_{ij} \geq 0$，且 $\sum\limits_{i=1}^{n} x_{ij} > 0$。

（3）计算第 j 项指标的熵值

$$b_j = -k\sum\limits_{i=1}^{n} z_{ij}\ln(z_{ij}) \qquad (4-8)$$

其中，$b_i > 0$，$k = \dfrac{1}{\ln(n)}$。

如果 x_{ij} 对于给定的 j 全部相等，

那么 $z_{ij} = \dfrac{1}{n}$，

此时 $b_j = k\ln(n)$。

（4）计算第 j 项指标的差异系数

$$\mathrm{h}_j = \frac{1 - b_j}{m - B_\varepsilon} \qquad (4-9)$$

其中, $B_\varepsilon = \sum_{j=1}^{m} b_j$。

（5）确定权数

$$w_j = \frac{h_j}{\sum_{j=1}^{m} h_j}, j = 1,2,\cdots,m \qquad (4-10)$$

很显然 $0 \leqslant w_j \leqslant 1, \sum_{j=1}^{m} w_j = 1$。

4.4.2　权重确定

根据熵值法的步骤，分别计算出这 16 家企业的 90 个指标的权重。由于在选择样本企业的时候已经考虑到企业的覆盖面和代表性（它们在中国企业中服从均匀分布），因此，只需要将各企业在各具体指标上的权重进行算术平均，即

$$m_j = \frac{\sum_{i=1}^{n} w_{ij}}{16}, j = 1,2,\cdots,m; i = 1,2,\cdots,n \qquad (4-11)$$

其中, j 为指标数；i 为企业数。

计算可得到想要的观测层指标权重。

在观测层指标权重的基础上，按照逆向指标集结法，逆推集结获得要素层指标权重；在要素层指标权重的基础上，按照逆向指标集结法，逆推集结获得能力层指标权重；在能力层指标权重的基础上，按照逆向指标集结法，逆推集结获得结构层指标权重；在结构层指标权重的基础上，按照逆向指标集结法，逆推集结获得综合层指标权重。

逐级叠加进行加权计算公式为

$$\text{INDEX}_j = \sum_{j=1}^{m} w_{j+1} \cdot x_{j+1} \qquad (4-12)$$

其中, j 为指标序号。

具体权重计算结果见表 4-11。

表4-11　企业创新能力评价指标体系观测指标权重　　　　单位:%

一级指标	二级指标	三级指标	四级指标	序号	权重
结构层	能力层	要素层	观测指标层		
企业内生性创新(45.05)	企业自主性创新(39.53)	技术要素(13.81)	专利及科技成果相对数	CA-01	2.15
			获奖成果相对数	CA-02	1.13
			千人研发人员拥有专利数量	CA-03	1.18
			千人研发人员拥有论文数量	CA-04	2.10
			企业科技机构相对数	CA-05	2.26
			企业仪器设备采购强度	CA-06	1.62
			企业R&D项目相对数	CA-07	0.69
			理论与技术导入能力*(新聘员工平均培训时间)	CA-08*	1.47
			工艺技术手段完备情况*(企业外包业务环节比重)	CA-09*	0.62
			自动化生产水平*(生产线员工比重)	CA-10*	0.59
		管理要素(8.23)	企业创新激励机制建设水平(研发人员劳务支出比重)	CA-11	1.26
			企业管理费用比重	CA-12	2.38
			企业创新战略目标的清晰程度*(新产品研发成功率)	CA-13	1.03
			创新战略有效性*(新产品企业市场份额)	CA-14	0.64
			创新机制的有效性*(新产品销售收入比重)	CA-15	0.89
			科技体系与创新载体情况*(负责创新的部门或机构经费比重)	CA-16	0.65
			管理人员创新意识*(企业管理制度变化频度)	CA-17	0.71
			信息采集和管理能力*(企业管理信息系统费用支出比重)	CA-18	0.67

一级指标 结构层	二级指标 能力层	三级指标 要素层	四级指标 观测指标层	序号	权重
企业内生性创新 （45.05）	企业自主性创新 （39.53）	信息要素 （4.40）	企业人均邮电业务总量	CA－19	0.42
			企业人均移动电话数量	CA－20	0.55
			宽带覆盖率	CA－21	0.52
			微机覆盖率	CA－22	0.55
			信息技术投入增长率	CA－23	0.55
			情报部门投入经费比重	CA－24	1.81
		人才要素 （5.41）	企业工程技术员工比重	CA－25	0.74
			企业科技活动人员比重	CA－26	0.48
			员工培训和学习频度	CA－27	0.53
			研发人员的年总收入增长率	CA－28	0.74
			研发人员观念素质*（本科学历人员比重）	CA－29	0.80
			研发人员忠诚度*（年离职率）	CA－30*	0.57
			员工满意度*（年收入增长率）	CA－31	0.70
			研发人员晋升制度的完善程度*（管理层由企业自身培养的研发人员比重）	CA－32	0.85
		资本要素 （4.56）	企业研发支出经费比率	CA－33	0.94
			资本创新效率（专利产出效率）	CA－34	0.60
			研发人员投入比重	CA－35	0.84
			研发设备投入比重	CA－36	0.74
			外部科研经费筹集能力	CA－37	1.44
		资源要素 （3.12）	企业的国家控制程度*（国有或集体股份比重）	CA－38*	0.60
			企业资源禀赋优势*（企业资源占国家该资源总量的比重）	CA－39*	0.70
			市场准入门槛*（进入该资源市场所需政府批文数量）	CA－40*	0.64

一级指标	二级指标	三级指标	四级指标	序号	权重
结构层	能力层	要素层	观测指标层		
企业内生性创新（45.05）	企业自主性创新（39.53）	资源要素（3.12）	资源替代品多寡*（根据"很容易被替代、容易被替代、不容易被替代"，分别赋予1、0.5、0的数值）	CA-41*	0.54
			企业国际资源获取门槛*（资源进口单价年增长率）	CA-42*	0.64
	企业外源性创新（5.52）	引进创新（3.95）	企业技术引进费用占比	CA-43	0.55
			企业国内技术购买费用占比	CA-44	0.73
			企业技术引进合同金额占比	CA-45	2.67
		合作创新（1.57）	企业消化吸收经费占比	CA-46	0.66
			产、学、研合作比率	CA-47	0.91
企业创新三维空间（54.95）	经济空间（23.11）	经济发展（6.46）	地区人均国内生产总值	CB-01	0.60
			地区规模以上工业增加值增速	CB-02	0.81
			地区人均可支配收入	CB-03	2.82
			地区经济发展全国排名	CB-04	0.75
			地区经济发展潜力*（GDP增长率）	CB-05	1.48
		经济活力（10.44）	地区人均居民消费水平	CB-06	0.57
			地区全社会固定资产投资占GDP比重	CB-07	0.89
			地区实际使用外资与GDP之比	CB-08	0.59
			地区金融机构资金信贷合计与GDP之比	CB-09	0.71
			地区上市公司数量	CB-10	1.86
			地区社会零售商品总额与GDP之比	CB-11	0.56
			单位地区生产总值能耗（等价值）	CB-12	0.55
			地区创新型企业的发展程度*（高新技术企业产出占GDP比重）	CB-13	2.77
			地区创新产品市场容量	CB-14	1.94

续表

一级指标	二级指标	三级指标	四级指标	序号	权重
结构层	能力层	要素层	观测指标层		
企业创新三维空间 (54.95)	经济空间 (23.11)	经济结构 (6.21)	地区第二、三产业比	CB-15*	2.72
			地区城乡居民收入比	CB-16*	0.77
			地区市场集中程度*（各产业 GDP 贡献的离散程度，方差表示）	CB-17*	0.93
			地区贫富差距*（基尼系数）	CB-18*	0.57
			地区经济规模效应*（税收在 100 万元以上的企业在税收贡献中的比重）	CB-19	1.22
	地理空间 (12.69)	地理结构 (7.59)	地区人均公路里程	CB-20	0.78
			地区人均铁路营业里程	CB-21	0.55
			地区高速公路比重	CB-22	2.12
			地区每万人拥有公共交通数量	CB-23	2.32
			地区城镇化发展水平（城镇人口比重）	CB-24	1.06
			地区地理区位优势*（所处地区档次分为东部、中部、西部，不同档次区位将被赋予不同的数值）	CB-25	0.76
		资源环境 (5.10)	地区电力生产消费比	CB-26	1.30
			地区资源丰度（根据地区资源禀赋由笔者确定全国各省份资源丰度，以3、2、1量化表示）	CB-27	1.01
			地区人居自然环境*（人口密度）	CB-28	0.89
			地区金融支持环境*（地区金融机构贷款余额与 GDP 之比）	CB-29	1.90
	人文空间 (19.15)	政策环境 (5.81)	地区人均行政诉讼案件	CB-30	1.68
			地区人均税收收入	CB-31	0.59
			地区人均财政支出	CB-32	1.30
			地区政府廉洁水平*（"三公"经费比重）	CB-33*	2.24

一级指标	二级指标	三级指标	四级指标	序号	权重
结构层	能力层	要素层	观测指标层		
企业创新三维空间 (54.95)	人文空间 (19.15)	法律环境 (7.56)	地区法院人均收案	CB－34	1.64
			地区刑事犯罪人数比重（每万人发案数）	CB－35	2.46
			地区万人拥有律师数	CB－36	2.00
			地区技术创新成果保护法的完善与实施情况*（知识产权收案占民事收案比重）	CB－37	1.46
		文化环境 (5.78)	地区万人高校在校生人数	CB－38	0.62
			地区万人科研机构数	CB－39	0.87
			地区教育经费占财政支出比重	CB－40	1.46
			当地人居社会环境情况*（一般公共服务经费支出占财政支出比重）	CB－41	1.12
			地区创新的文化发育程度*（地区研发资金支出比重）	CB－42	0.67
			地区文明程度*（每万人犯罪数）	CB－43*	1.04

注：一、二、三级指标下方数值为通过计算得出的权重。

4.5　企业创新能力评价指标体系权重验证

美国著名经济学家罗默（Paul M. Romer）提出了知识生产函数：

$$\frac{\dot{A}(t)}{A(t)^{\theta}} = B \left[a_k K(t) \right]^{\beta} \left[a_L L(t) \right]^{\gamma} \qquad (4-13)$$

其中，$B > 0, \beta \geq 0, \gamma \geq 0$ ，β，γ 为产出弹性，亦可理解为产出能力系数。

笔者所构建的企业创新能力评价指标体系，基于企业内生与外部环境创新要素而构建，与上式的创新效率有密切关系，但两者却并不完全等价。企业内生要素由企业控制，也就是企业的创新投入系统，而创新的外部环境要素则是企业创新的环境空间，对企业创新的支持或者约束系统。当企业能够充分地利用环境空间，按照环境空间的特点安排自身的要素投入，此时外部环境空间则对其创新起到支持作用；当企业无视环境空间的存在，自身的要素投入与环境空间特点不匹配，此时外部环境空间则对企业的创新作用很小。因此，必须将外部环境空间作为重要变量进行考量。企业的创新环境基本不由企业控制，企业所能控制的仅是其投入系统，因此环境因子是企业的外生系统。但若以要素的观点来看待企业的创新环境，环境因子又是企业创新的不可或缺的要素。

因此，根据知识生产函数的一般表达有：

$$C = E^A \times I^B \tag{4-14}$$

其中，C 代表创新产出，I 代表内生性创新要素（在笔者的指标体系中，其实创新投入就是内生性创新要素），A、B 表示创新能力，E 表示环境因子。若定义企业创新的内生要素函数和环境空间函数 I 和 E，则

$$I = I(h, t, c, r, i, m, y, g) \tag{4-15}$$

$$E = E(e, b, n) \tag{4-16}$$

其中，h 为人才要素；t 为技术要素；c 为资本要素；r 为自然资源要素；i 为信息要素；m 为管理要素；y 为合作创新要素；g 为引进创新要素。e 表示经济空间；b 表示地理空间；n 表示人文空间。

企业创新函数可以写成：

$$C = E(e, b, n)^A \times I(h, t, c, r, i, m, y, g)^B \tag{4-17}$$

本书研究的创新函数也可写成道格拉斯生产函数形式：

$$C = e^{\alpha_e} \cdot b^{\alpha_b} \cdot n^{\alpha_n} \times h^{\beta_h} \cdot t^{\beta_t} \cdot c^{\beta_c} \cdot r^{\beta_r} \cdot i^{\beta_i} \cdot m^{\beta_m} \cdot y^{\beta_y} \cdot g^{\beta_g} \tag{4-18}$$

其中，$\beta_h \geq 0, \beta_t \geq 0, \beta_c \geq 0, \beta_r \geq 0, \beta_i \geq 0, \beta_m \geq 0,$

$\beta_y \geq 0, \beta_g \geq 0, \alpha_e \geq 0, \alpha_b \geq 0, \alpha_n \geq 0$

需要说明的是，创新能力是一个复杂的系统，不可能以某一数值来替代，应是一个有方向有大小的矢量，且以矩阵元素形式与各要素结合形成产出。在计算创新能力系数的时候，需要进行数学变换，最简单的方式就是取对数，即

$$\ln C = \ln h^{\beta_h} \cdot t^{\beta_t} \cdot c^{\beta_c} \cdot r^{\beta_r} \cdot i^{\beta_i} \cdot m^{\beta_m} \cdot y^{\beta_y} \cdot g^{\beta_g} \cdot e^{\alpha_e} \cdot b^{\alpha_b} \cdot n^{\alpha_n}$$

$$= \beta_h \ln h + \beta_t \ln t + \beta_c \ln c + \beta_r \ln r + \beta_i \ln i + \beta_m \ln m +$$

$$\beta_y \ln y + \beta_g \ln g + \alpha_e \ln e + \alpha_b \ln b + \alpha_n \ln n \tag{4-19}$$

根据式 4-19，在数据可得的情况下，我们可以计算得出创新能力系数矩阵 χ，该矩阵中的元素分别代表着要素层的人才要素、技术要素、资本要素、资源要素、信息要素、管理要素、引进创新要素、合作创新要素，以及能力层

的经济空间、地理空间、人文空间的权重。各元素的值可以代表各要素的创新贡献，也就是部分要素层和能力层指标的权重。通过回归获取创新系数（权重），从而实现对通过熵值法和指标逆向集结获得的权重进行验证。

其中，h、t、c、r、i、m、y、g、e、b、n 分别代表样本企业新产品销售额，以及经熵值法所确定的权重加权获取的样本企业人才要素，技术要素、资本要素、资源要素、信息要素、管理要素、合作创新、引进创新，以及经济空间、地理空间、人文空间序列。

通过多元回归分析，可以得到企业创新能力系数矩阵（向量）χ 的各元素。

$$\chi = \begin{bmatrix} \beta_h \\ \beta_t \\ \beta_c \\ \beta_r \\ \beta_i \\ \beta_m \\ \beta_y \\ \beta_g \\ \alpha_e \\ \alpha_b \\ \alpha_n \end{bmatrix}, \cdots, n \qquad (4-20)$$

通过多元回归分析，可以得到各要素的创新能力系数，见表 4-12。

表 4-12　多元回归结果

变量	系数	标准误	t 值	P 值
LOG（t）	0.4089549	0.186643	2.191113	0.0477
LOG（m）	0.5655029	-0.180781	-3.128042	0.0324
LOG（i）	0.1932018	-0.054682	-3.533503	0.0020
LOG（h）	0.3090869	0.120608	2.562750	0.0436
LOG（c）	0.2876732	0.057163	5.032806	0.0154

变量	系数	标准误	t 值	P 值
LOG (r)	0.2323319	0.031437	7.390298	0.0062
LOG (g)	0.2234044	0.052918	4.221690	0.0154
LOG (y)	0.4796681	0.146059	3.284079	0.0304
LOG (e)	1.3996867	-0.408671	-3.425019	0.0327
LOG (b)	1.3406413	0.301236	4.450465	0.0105
LOG (n)	1.5011017	-0.246337	-6.093971	0.0097
R – squared	0.9701813	F – statistic	145.437500	—
Adjusted R – squared	0.9831856	Prob（F – statistic）	0.000249	—
Durbin – Watson stat	3.0575277	—	—	

由此可以写出创新能力系数向量χ。

$$\chi = \begin{bmatrix} 0.3091 \\ 0.4089 \\ 0.2876 \\ 0.2323 \\ 0.1932 \\ 0.5655 \\ 0.4797 \\ 0.2234 \\ 1.3997 \\ 1.3406 \\ 1.5011 \end{bmatrix}$$

创新能力系数向量表明各要素对于创新产出的弹性系数，也就是对创新产出的贡献度，可以将其理解为各要素在创新中的重要性。基于这样的思考，可以将向量χ中的各元素的百分比构成作为各要素的评价权重。

根据 $w_j = \dfrac{\alpha_j}{\sum \alpha_j}, j = h, t, \cdots, n$ 计算的评价权重表：

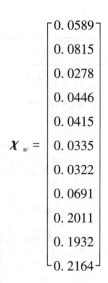

$$\boldsymbol{X}_w = \begin{bmatrix} 0.0589 \\ 0.0815 \\ 0.0278 \\ 0.0446 \\ 0.0415 \\ 0.0335 \\ 0.0322 \\ 0.0691 \\ 0.2011 \\ 0.1932 \\ 0.2164 \end{bmatrix}$$

在内生性创新子指标体系中，人才、信息、指标、管理、技术、引进创新、合作创新等要素属于要素指标层。根据对回归结果的百分化处理，其权重分别为5.89%、8.15%、2.78%、4.46%、4.15%、3.35%、3.22%、6.91%。在评价过程中需要得到能力层的指标权重，因此笔者在要素层指标权重的基础上以逆推指标集结法，计算其上一层指标权重，得到自主性创新能力和外源性创新能力的评价权重分别为28.79%和10.14%。

创新三维空间子指标体系中，经济空间、地理空间、人文空间属于能力层指标，其指标权重为20.11%、19.32%、21.64%。对于创新三维空间子指标体系中的三级指标（经济发展、经济活力、经济结构、地理结构、资源环境、法律环境、政策环境、文化环境）的权重，按照逆推指标集结法，由观测层指标权重直接获取，这与熵值法确定权重的方法和结果一致，见表4－13。

表4－13　多元回归计算得到的指标权重　　　　　　　单位:%

一级指标	二级指标	三级指标
结构层	能力层	要素层
企业内生性创新（38.93）	企业自主性创新（28.79）	技术要素（5.89）
		管理要素（8.15）
		信息要素（2.78）
		人才要素（4.46）
		资本要素（4.15）
		资源要素（3.35）

续表

一级指标	二级指标	三级指标
结构层	能力层	要素层
企业内生性创新（38.93）	企业外源性创新（10.14	引进创新（3.22）
		合作创新（6.91）
企业创新三维空间（61.07）	经济空间（20.11）	—
	地理空间（19.32）	—
	人文科技（21.64）	—

通过计算，笔者发现，最终内生性创新的贡献度为 38.93%，外部环境创新要素，即创新三维空间的贡献为 61.07%。比较发现，通过多元回归获取的指标权重绝大多数与通过熵值法获取的指标权重是一致的，这也证实了通过熵值法确定指标权重的科学性和正确性。但在个别指标上，两种方法的计算结果存在较大差异，主要体现在技术要素和合作创新两个指标上。通过回归方法获取的指标体系权重放大了合作创新的指标权重，缩小了技术要素、信息要素和地理空间的权重，从而导致在结构层内生性创新和创新三维空间的权重变成了 38.93% 和 61.07%。笔者认为这种差别可能来自回归模型设立过程中的随机干扰项和计算过程中的四舍五入。从企业创新发展的规律来看，技术、信息等要素的重要性应得到充分体现，而对于企业而言，地理空间的重要性也是不言而喻的。总体而言，用熵值法确定权重既符合企业内生性创新与环境之间的自由能流动规律，也符合客观赋权法的一般做法。

4.6　本章小结

本章首先在企业创新的内生要素和外部环境相关理论推导，以及企业创新系统结构的基础上，以科学性、导向性、渐近性原则为导向，放松可比性和可操作性原则，构建充分非必要条件下企业完备评价指标体系，尽可能全面地收集可用的指标，供下一阶段筛选；其次，以实际企业数据为基础，通过专家审议，模型筛选及约简重构指标体系，得到充分必要条件下的企业创新能力评价指标体系。

本章厘清了企业的创新能力的构成，即企业内生性创新能力和企业创新三维空间，具体到要素层上就是人才、信息、资源、资本、管理、技术能力，以及环境资源、地理气候、经济活力、经济发展、经济结构、政治环境、法律环境和文化环境要素。确定了企业的创新能力评价指标体系的指标层：一级指标层为企业内生性创新能力和企业创新三维空间，二级指标层为企业自主性创新、企业外源性创新、地理空间、经济空间、人文空间，三级指标层为各要素指标，四级指标层为要素指标层的具体观测指标。

在遴选四级观测指标时有四个指标来源：第一，国家、地方、机构的现有统计指标；第二，学者文献中所提及的指标；第三，专家及企业家座谈过程中认为比较重要的指标；第四，笔者在研究中认为比较重要的指标。甄选得到的指标集分别为企业内生性创新能力指标集和企业创新三维空间指标集，共计111项具体观测指标。

在此基础上，致力于约简后的指标体系各指标层指标的权重计算和验证。笔者采用的是客观赋权法。具体而言，又分为三种方法，即熵值法、指标逆向集结法和多元回归法。

1）样本企业是16家资源型上市公司，且平均分布在中国A股上市企业中。由于企业分布广，包含的信息较为全面，因此采用熵值法确定指标体系的权重是科学的。

2）企业内生要素由企业控制，也就是企业的创新投入系统，而创新的外部环境要素则是企业创新的环境空间，是企业创新的支持或者约束系统。笔者认为当企业能够充分地利用环境空间，按照环境空间的特点安排自身的要素投入，此时外部环境空间则对其创新起到支持作用；当企业无视环境空间的存在，自身的要素投入与环境空间特点不匹配，此时外部环境空间则对企业的创新作用很小。因此，必须将外部环境空间作为重要变量进行考量。企业的创新环境基本不由企业所控制，企业所能控制的仅是其投入系统，因此环境因子是企业的外生系统。但若以要素的观点来看待企业的创新环境，环境因子又是企业创新的不可或缺的要素。因此，笔者以罗默知识创新函数为基础，并加以修正，构建函数模型并进行数学变换，进行回归分析，获取企业要素创新能力贡献系数矩阵，也就是要素层指标的权重。对按熵值法确定的指标体系权重进行验证，结果显示，两种方法所确定的指标体系权重绝大多数出现高度的一致性，只有个别指标出现较大差别，究其原因，可能来自于回归模型设定时的随机干扰项，最终得到指标体系权重（表 4 – 11）。

第5章 开放条件下的企业创新能力评价指标体系的应用

5.1 评价等级标准的确定

一般而言,对于评价指标体系需要对其评价结果进行登记划分。其综合评价结果落在某一特定区域时,我们便认定其为某等级的综合评价。在本研究中,将所评价的企业的创新能力水平进行定性描述,按照综合评价结果的值域,以某种特定规则划分为若干个层次。通用的有九分法、五分法、四分法、三分法等。

评价等级标准划分的步骤:

1)综合评价值域的确定;

2)选择某种分布函数划分值域区间;

3)等级层次数量确定。

虽然,通过检索原始数据,可以获得每个指标的最大值和最小值,也就是最优和最差标杆指标值,将90个指标合起来,便可得到模拟的理想标杆企业。但是,在进一步获得综合得分和划分评价等级的时候,将遇到困难,由于各指标的单位不统一,无法获得有意义的综合得分,且等级也无从划分。因此,笔者将各观测指标的数值进行标准化去量纲,最后获得综合得分,并划分等级。

原始数据标准化:

$$x_{ij} = \frac{x'_{ij} - \min|x'_{ij}|}{\max|x'_{ij}| - \min|x'_{ij}|} \times 100 \qquad (5-1)$$

x_{ij} 的取值范围为 $0 \leqslant x_{ij} \leqslant 100$。

本书选择了16家企业作为中国企业的代表样本,获取了90个指标的原始数据，见表5-1及表5-2。

表5-1　各指标极小值及其对应的企业

序号	极小值	企业	序号	极小值	企业	序号	极小值	企业
CA-01	0.05	昊华能源	CA-31	8.00	河北钢铁	CB-14	—	—
CA-02	0.01	中国石油	CA-32	12.67	山煤国际	CB-15*	0.30	昊华能源
CA-03	5.00	开滦股份	CA-33	1.89	沙钢股份	CB-16*	2.12	创兴资源/东华能源/云海金属/沙钢股份
CA-04	315.00	中国铝业	CA-34	105.00	中国铝业	CB-17*	0.31	昊华能源
CA-05	0.01	吉恩镍业	CA-35	1.20	沙钢股份	CB-18	0.34	金钼股份
CA-06	0.04	中国铝业	CA-36	1.00	吉恩镍业	CB-19	10.00	鄂尔多斯
CA-07	0.02	中国石油	CA-37	17.00	云海金属	CB-20	0.00	创兴资源
CA-08*	13.40	创兴资源	CA-38	10.00	金钼股份/东华能源/云海金属/沙钢股份/吉恩镍业	CB-21	0.00	中国石油
CA-09	5.00	中国石油	CA-39	0.00		CB-22	1.79	鄂尔多斯
CA-10	26.00	沙钢股份	CA-40	15.00	科恒股份	CB-23	4.01	科恒股份
CA-11	14.00	开滦股份	CA-41	0.00	科恒股份/金钼股份/云海金属/中国铝业/吉恩镍业	CB-24	45.60	冀中能源/开滦股份/河北钢铁
CA-12	1.27	东华能源	CA-42	5.10	冀中能源	CB-25	1.00	炼石有色/金钼股份/鄂尔多斯/山煤国际
CA-13	8.20	金钼股份	CA-43	0.04	山煤国际	CB-26	0.57	冀中能源/中国石油/开滦股份/河北钢铁/中国铝业

序号	极小值	企业	序号	极小值	企业	序号	极小值	企业
CA-14	5.19	创兴资源	CA-44	0.02	山煤国际／云海金属	CB-27	1.00	创兴资源／昊华能源／科恒股份／冀中能源／开滦股份／东华能源／云海金属／河北钢铁／沙钢股份
CA-15	3.06	沙钢股份	CA-45	0.05	山煤国际	CB-28	20.00	鄂尔多斯
CA-16	5.43	金钼股份	CA-46	0.01	山煤国际	CB-29	0.34	鄂尔多斯
CA-17	4.00	创兴资源	CA-47	7.00	东华能源	CB-30	0.00	山煤国际
CA-18	1.09	金钼股份	CB-01	31357.00	山煤国际	CB-31	0.24	冀中能源／开滦股份／河北钢铁
CA-19	0.06	吉恩镍业	CB-02	7.30	昊华能源	CB-32	0.49	冀中能源／开滦股份／河北钢铁
CA-20	0.90	炼石有色／沙钢股份	CB-03	15411.00	吉恩镍业	CB-33*	—	—
CA-21	90.00	炼石有色	CB-04	1.00	创兴资源	CB-34	39.00	昊华能源
CA-22	94.00	炼石有色	CB-05	8.00	昊华能源	CB-35	11.00	昊华能源
CA-23	1.50	沙钢股份	CB-06	9551.00	冀中能源／开滦股份／河北钢铁	CB-36	1.17	吉恩镍业
CA-24	2.24	金钼股份	CB-07	25.85	创兴资源	CB-37	0.60	鄂尔多斯
CA-25	1.50	沙钢股份	CB-08	0.88	开滦股份	CB-38	100.00	中国石油
CA-26	2.80	沙钢股份	CB-09	0.68	鄂尔多斯	CB-39	0.12	冀中能源／鄂尔多斯／开滦股份／河北钢铁

序号	极小值	企业	序号	极小值	企业	序号	极小值	企业
CA－27	1.00	吉恩镍业	CB－10	24.00	鄂尔多斯	CB－40	11.26	创兴资源
CA－28	10.00	科恒股份	CB－11	0.28	鄂尔多斯	CB－41	6.03	创兴资源
CA－29	33.07	吉恩镍业	CB－12	0.46	昊华能源	CB－42	0.81	中国铝业
CA－30*	1.00	创兴资源/科恒股份/冀中能源/吉恩镍业	CB－13	2.27	鄂尔多斯	CB－43*	14.00	昊华能源

注：表中数据为根据原始数据进行标准化后的数据。指标*为定性指标，序号*为反向指标。全章余表同。

表5－1模拟了最差的标杆企业（在现有数据及样本条件下）。这个最差标杆企业的指标是根据笔者能够找到的若干企业的一个或数个最差指标集成的，或者说是理想中的最差企业；但又是可能存在的，当指标体系中的90个指标同时达到极小值（或者最差情况）时，这个企业就是所有企业中创新能力最差的一个，由它确定了企业创新能力的下限值。

同理，我们可以寻找最优模拟标杆企业，见表5－2。

表5－2　各指标极大值及其对应的企业

序号	极大值	企业	序号	极大值	企业	序号	极大值	企业
CA－01	4.54	科恒股份	CA－31	15.00	云海金属	CB－14	—	—
CA－02	3.98	科恒股份	CA－32	21.65	中国石油	CB－15*	1.6800	山煤国际
CA－03	47.00	科恒股份	CA－33	8.00	科恒股份	CB－16*	3.4500	炼石有色/金钼股份
CA－04	2450.00	昊华能源	CA－34	268.00	创兴资源/昊华能源/沙钢股份	CB－17*	0.7800	鄂尔多斯
CA－05	1.20	科恒股份	CA－35	4.00	创兴资源科恒股份	CB－18*	0.6500	科恒股份
CA－06	0.95	开滦股份	CA－36	6.00	昊华能源	CB－19	31.0000	创兴资源
CA－07	6.83	炼石有色	CA－37	36.00	中国石油	CB－20	0.0030	中国铝业
CA－08*	28.30	金钼股份	CA－38*	100.0	中国石油/河北钢铁/中国铝业	CB－21	0.0065	鄂尔多斯

序号	极大值	企业	序号	极大值	企业	序号	极大值	企业
CA-09*	14.00	吉恩镍业	CA-39*	—	—	CB-22	6.6700	创兴资源
CA-10*	47.20	开滦股份	CA-40*	26.00	中国石油	CB-23	21.2500	昊华能源
CA-11	35.00	科恒股份	CA-41*	1.00	昊华能源/冀中能源/开滦股份/东华能源/山煤国际/河北钢铁/沙钢股份	CB-24	89.3000	创兴资源
CA-12	8.97	冀中能源	CA-42*	20.60	科恒股份	CB-25	3.0000	创兴资源/昊华能源/科恒股份/冀中能源/开滦股份/东华能源/云海金属/河北钢铁/沙钢股份
CA-13	18.05	河北钢铁	CA-43	18.43	冀中能源	CB-26	1.3300	吉恩镍业
CA-14	25.01	中国石油	CA-44	7.75	河北钢铁	CB-27	3.0000	炼石有色/金钼股份/鄂尔多斯/山煤国际
CA-15	14.98	科恒股份	CA-45	19.90	冀中能源	CB-28	2640.0000	创兴资源
CA-16	15.28	河北钢铁	CA-46	4.31	科恒股份	CB-29	3.5300	昊华能源
CA-17	58.00	中国石油	CA-47	13.00	昊华能源/河北钢铁	CB-30	0.0112	创兴资源
CA-18	3.06	河北钢铁	CB-01	82560.00	创兴资源	CB-31	1.4900	昊华能源
CA-19	0.90	冀中能源/中国石油/中国铝业	CB-02	19.00	鄂尔多斯	CB-32	1.6700	创兴资源

序号	极大值	企业	序号	极大值	企业	序号	极大值	企业
CA - 20	1.50	冀中能源/ 中国石油/ 开滦股份/ 中国铝业/	CB - 03	31838.00	创兴资源	CB - 33 *	—	—
CA - 21	100.00	创兴资源/ 昊华能源/ 科恒股份/ 冀中能源/ 金钼股份/ 中国石油/ 鄂尔多斯/ 开滦股份/ 东华能源/ 云海金属/ 河北钢铁/ 沙钢股份/ 中国铝业	CB - 04	26.00	山煤国际	CB - 34	50.0000	科恒股份
CA - 22	100.00	创兴资源/ 昊华能源/ 科恒股份/ 冀中能源/ 金钼股份/ 中国石油/ 鄂尔多斯/ 开滦股份/ 东华能源/ 云海金属/ 河北钢铁/ 沙钢股份/ 中国铝业	CB - 05	15.00	鄂尔多斯	CB - 35	22.0000	科恒股份
CA - 23	7.90	科恒股份	CB - 06	35439.00	创兴资源	CB - 36	11.1000	冀中能源/ 开滦股份/ 河北钢铁

序号	极大值	企业	序号	极大值	企业	序号	极大值	企业
CA－24	4.21	河北钢铁	CB－07	76.11	炼石有色/金钼股份	CB－37	1.1500	科恒股份
CA－25	5.00	创兴资源/昊华能源/科恒股份	CB－08	3.66	东华能源/云海金属/沙钢股份	CB－38	291.2400	昊华能源
CA－26	9.00	创兴资源/中国石油	CB－09	7.06	昊华能源	CB－39	2.8700	昊华能源
CA－27	6.00	鄂尔多斯	CB－10	395.00	科恒股份	CB－40	15.9700	开滦股份
CA－28	16.00	河北钢铁	CB－11	0.42	昊华能源	CB－41	12.0300	科恒股份/东华能源/沙钢股份
CA－29	61.12	河北钢铁	CB－12	1.76	山煤国际	CB－42	5.6400	昊华能源
CA－30*	4.00	中国石油	CB－13	44.31	科恒股份	CB－43*	25.0000	科恒股份

注：表中数据为根据原始数据进行标准化后的数据。

表5-2模拟了最优的标杆企业（在现有数据及样本条件下）。这个最优标杆企业的指标是根据笔者能够找到的若干企业的最好的一个或数个最好指标集成的，或者说是理想中的最优企业；但又是可能实现的，当指标体系中的90个指标同时达到极大值（或者最好情况）时，这个企业就是所有企业中创新能力最强的一个，由它确定了企业创新能力的上限值。

采用归一法将原始数据标准化去量纲（放大100倍）。因此，表5-1中的极小值均为0；表5-2中的极大值为100.00。所有企业的原始数据通过标准化处理，变成可比较的序列，在单个指标上，各企业的标准化数据是连续的。对于极小值0，意味着在可比较情况下，某企业在该指标的数值最小，从而被抽象为在该指标上没有影响，这只是模拟标杆企业过程中的抽象处理，对于模拟标杆企业的构建具有积极意义（现实中，所有指标的数值均为0或者大部分指标数值为0的企业并不存在，否则其创新能力也没有必要去评价）。

将标准化后的数据与表4-11结合起来，便可以获得企业创新能力各级指标的综合指数极值。

5.1.1   观测层指标评价等级标准划分

若 x_j 为某企业第 j 项内生性创新指标的标准化值，按照标准化数据的处理，已知各指标的取值范围为 $0 \leqslant x_{ij} \leqslant 100$，即极大值为 100，极小值为 0，见表 5-3。

表 5-3   观测层指标值域

四级指标 观测层指标	序号	权重/%	值域
专利及科技成果相对数	CA-01	2.15	0~100
获奖成果相对数	CA-02	1.13	0~100
千人研发人员拥有专利数量	CA-03	1.18	0~100
千人研发人员拥有论文数量	CA-04	2.10	0~100
企业科技机构相对数	CA-05	2.26	0~100
企业仪器设备采购强度	CA-06	1.62	0~100
企业 R&D 项目相对数	CA-07	0.69	0~100
理论与技术导入能力*（新聘员工平均培训时间）	CA-08*	1.47	0~100
工艺技术手段完备情况*（企业外包业务环节比重）	CA-09*	0.62	0~100
自动化生产水平*（生产线员工比重）	CA-10*	0.59	0~100
企业创新激励机制建设水平（研发人员劳务支出比重）	CA-11	1.26	0~100
企业管理费用比重	CA-12	2.38	0~100
企业创新战略目标的清晰程度*（新产品研发成功率）	CA-13	1.03	0~100
创新战略有效性*（新产品企业市场份额）	CA-14	0.64	0~100
创新机制的有效性*（新产品销售收入比重）	CA-15	0.89	0~100
科技体系与创新载体情况*（负责创新的部门或机构经费比重）	CA-16	0.65	0~100
管理人员创新意识*（企业管理制度变化频度）	CA-17	0.71	0~100
信息采集和管理能力*（企业管理信息系统费用支出比重）	CA-18	0.67	0~100
企业人均邮电业务总量	CA-19	0.42	0~100
企业人均移动电话数量	CA-20	0.55	0~100
宽带覆盖率	CA-21	0.52	0~100
微机覆盖率	CA-22	0.55	0~100
信息技术投入增长率	CA-23	0.55	0~100
情报部门投入经费比重	CA-24	1.81	0~100
企业工程技术员工比重	CA-25	0.74	0~100

四级指标	序号	权重/%	值域
观测层指标			
企业科技活动人员比重	CA - 26	0.48	0 ~ 100
员工培训和学习频度	CA - 27	0.53	0 ~ 100
研发人员的年总收入增长率	CA - 28	0.74	0 ~ 100
研发人员观念素质*（本科学历人员比重）	CA - 29	0.80	0 ~ 100
研发人员忠诚度*（年离职率）	CA - 30 *	0.57	0 ~ 100
员工满意度*（年收入增长率）	CA - 31	0.70	0 ~ 100
研发人员晋升制度的完善程度*（管理层由企业自身培养的研发人员比重）	CA - 32	0.85	0 ~ 100
企业研发支出经费比率	CA - 33	0.94	0 ~ 100
资本创新效率（专利产出效率）	CA - 34	0.60	0 ~ 100
研发人员投入比重	CA - 35	0.84	0 ~ 100
研发设备投入比重	CA - 36	0.74	0 ~ 100
外部科研经费筹集比重	CA - 37	1.44	0 ~ 100
企业的国家控制程度*（国有或集体股份比重）	CA - 38 *	0.60	0 ~ 100
企业资源禀赋优势*（企业资源占国家该资源总量的比重）	CA - 39 *	0.70	0 ~ 100
市场准入门槛*（进入该资源市场所需政府批文数量）	CA - 40 *	0.64	0 ~ 100
资源替代品多寡*（根据"很容易被替代、容易被替代、不容易被替代"，分别赋予1、0.5、0的数值）	CA - 41 *	0.54	0 ~ 100
企业国际资源获取门槛*（资源进口单价年增长率）	CA - 42 *	0.64	0 ~ 100
企业技术引进费用占比	CA - 43	0.55	0 ~ 100
企业国内技术购买费用占比	CA - 44	0.73	0 ~ 100
企业技术引进合同金额占比	CA - 45	2.67	0 ~ 100
企业消化吸收经费占比	CA - 46	0.66	0 ~ 100
产、学、研合作比率	CA - 47	0.91	0 ~ 100
地区人均国内生产总值	CB - 01	0.60	0 ~ 100
地区规模以上工业增加值增速	CB - 02	0.81	0 ~ 100
地区人均可支配收入	CB - 03	2.82	0 ~ 100
地区经济发展全国排名	CB - 04	0.75	0 ~ 100
地区经济发展潜力*（GDP增长率）	CB - 05	1.48	0 ~ 100
地区人均居民消费水平	CB - 06	0.57	0 ~ 100

四级指标	序号	权重/%	值域
观测层指标			
地区全社会固定资产投资占 GDP 比重	CB－07	0.89	0～100
地区实际使用外资与 GDP 之比	CB－08	0.59	0～100
地区金融机构资金信贷合计与 GDP 之比	CB－09	0.71	0～100
地区上市公司数量	CB－10	1.86	0～100
地区社会零售商品总额与 GDP 之比	CB－11	0.56	0～100
单位地区生产总值能耗（等价值）	CB－12	0.55	0～100
地区创新型企业的发展程度*（高新技术企业产出占 GDP 比重）	CB－13	2.77	0～100
地区创新产品市场容量	CB－14	1.94	0～100
地区第二、三产业比	CB－15*	2.72	0～100
地区城乡居民收入比	CB－16*	0.77	0～100
地区市场集中程度*（各产业 GDP 贡献的离散程度，方差表示）	CB－17*	0.93	0～100
地区贫富差距*（基尼系数）	CB－18*	0.57	0～100
地区经济规模效应*（税收在 100 万元以上的企业在税收贡献中的比重）	CB－19	1.22	0～100
地区人均公路里程	CB－20	0.78	0～100
地区人均铁路营业里程	CB－21	0.55	0～100
地区高速公路比重	CB－22	2.12	0～100
地区每万人拥有公共交通数量	CB－23	2.32	0～100
地区城镇化发展水平（城镇人口比重）	CB－24	1.06	0～100
地区地理区位优势*（所处地区档次分为东部、中部、西部，不同档次区位将被赋予 3、2、1 的数值）	CB－25	0.76	0～100
地区电力生产消费比	CB－26	1.30	0～100
地区资源丰度（根据地区资源禀赋由笔者确定全国各省份资源丰度，以 3、2、1 量化表示）	CB－27	1.01	0～100
地区人居自然环境*（人口密度）	CB－28	0.89	0～100
地区金融支持环境*（地区金融机构贷款余额与 GDP 之比）	CB－29	1.90	0～100
地区人均行政诉讼案件	CB－30	1.68	0～100

续表

四级指标 观测层指标	序号	权重/%	值域
地区人均税收收入	CB-31	0.59	0~100
地区人均财政支出	CB-32	1.30	0~100
地区政府廉洁水平*（"三公"经费比重）	CB-33*	2.24	0~100
地区法院人均收案	CB-34	1.64	0~100
地区刑事犯罪人数比重（每万人发案数）	CB-35	2.46	0~100
地区万人拥有律师数	CB-36	2.00	0~100
地区技术创新成果保护法的完善与实施情况*（知识产权收案占民事收案比重）	CB-37	1.46	0~100
地区万人高校在校生人数	CB-38	0.62	0~100
地区万人科研机构数	CB-39	0.87	0~100
地区教育经费占财政支出比重	CB-40	1.46	0~100
地区人居社会环境情况*（一般公共服务经费支出占财政支出比重）	CB-41	1.12	0~100
地区创新的文化发育程度*（地区科技经费支出比重）	CB-42	0.67	0~100
地区文明程度*（每万人犯罪数）	CB-43*	1.04	0~100

按照惯例，我们将各创新能力指标划分为 4 个档次，即优、良、中、差，并且假设各档次在企业创新能力指数值域上服从均匀分布。将企业创新能力指数值域划分为四个区间，落在第四个区间（75，100］的为优，落在第三个区间（50，75］的为良，落在第二个区间（25，50］的为中，落在第一个区间（0，25］的为差，划分标准见表 5-4。

表 5-4　观测层指标等级划分

四级指标 观测层指标	序号	差	中	良	优
专利及科技成果相对数	CA-01	（0，25］	（25，50］	（50，75］	（75，100］
获奖成果相对数	CA-02	（0，25］	（25，50］	（50，75］	（75，100］
千人研发人员拥有专利数量	CA-03	（0，25］	（25，50］	（50，75］	（75，100］
千人研发人员拥有论文数量	CA-04	（0，25］	（25，50］	（50，75］	（75，100］
企业科技机构相对数	CA-05	（0，25］	（25，50］	（50，75］	（75，100
企业仪器设备采购强度	CA-06	（0，25］	（25，50］	（50，75］	（75，100］
企业 R&D 项目相对数	CA-07	（0，25］	（25，50］	（50，75］	（75，100］

续表

四级指标 观测层指标	序号	差	中	良	优
理论与技术导入能力*（新聘员工平均培训时间）	CA-08*	(0, 25]	(25, 50]	(50, 75]	(75, 100]
工艺技术手段完备情况*（企业外包业务环节比重）	CA-09*	(0, 25]	(25, 50]	(50, 75]	(75, 100]
自动化生产水平*（生产线员工比重）	CA-10*	(0, 25]	(25, 50]	(50, 75]	(75, 100]
企业创新激励机制建设水平（研发人员劳务支出比重）	CA-11	(0, 25]	(25, 50]	(50, 75]	(75, 100]
企业管理费用比重	CA-12	(0, 25]	(25, 50]	(50, 75]	(75, 100]
企业创新战略目标的清晰程度*（新产品研发成功率）	CA-13	(0, 25]	(25, 50]	(50, 75]	(75, 100]
创新战略有效性*（新产品企业市场份额）	CA-14	(0, 25]	(25, 50]	(50, 75]	(75, 100]
创新机制的有效性*（新产品销售收入比重）	CA-15	(0, 25]	(25, 50]	(50, 75]	(75, 100]
科技体系与创新载体情况*（负责创新的部门或机构经费比重）	CA-16	(0, 25]	(25, 50]	(50, 75]	(75, 100]
管理人员创新意识*（企业管理制度变化频度）	CA-17	(0, 25]	(25, 50]	(50, 75]	(75, 100]
信息采集和管理能力*（企业管理信息系统费用支出比重）	CA-18	(0, 25]	(25, 50]	(50, 75]	(75, 100]
企业人均邮电业务总量	CA-19	(0, 25]	(25, 50]	(50, 75]	(75, 100]
企业人均移动电话数量	CA-20	(0, 25]	(25, 50]	(50, 75]	(75, 100]
宽带覆盖率	CA-21	(0, 25]	(25, 50]	(50, 75]	(75, 100]
微机覆盖率	CA-22	(0, 25]	(25, 50]	(50, 75]	(75, 100]
信息技术投入增长率	CA-23	(0, 25]	(25, 50]	(50, 75]	(75, 100]
情报部门投入经费比重	CA-24	(0, 25]	(25, 50]	(50, 75]	(75, 100]
企业工程技术员工比重	CA-25	(0, 25]	(25, 50]	(50, 75]	(75, 100]
企业科技活动人员比重	CA-26	(0, 25]	(25, 50]	(50, 75]	(75, 100]
员工培训和学习频度	CA-27	(0, 25]	(25, 50]	(50, 75]	(75, 100]
研发人员的年总收入增长率	CA-28	(0, 25]	(25, 50]	(50, 75]	(75, 100]
研发人员观念素质*（本科学历人员比重）	CA-29	(0, 25]	(25, 50]	(50, 75]	(75, 100]

四级指标 观测层指标	序号	差	中	良	优
研发人员忠诚度*（年离职率）	CA-30*	(0, 25]	(25, 50]	(50, 75]	(75, 100]
员工满意度*（年收入增长率）	CA-31	(0, 25]	(25, 50]	(50, 75]	(75, 100]
研发人员晋升制度的完善程度*（管理层由企业自身培养的研发人员比重）	CA-32	(0, 25]	(25, 50]	(50, 75]	(75, 100]
企业研发支出经费比率	CA-33	(0, 25]	(25, 50]	(50, 75]	(75, 100]
资本创新效率（专利产出效率）	CA-34	(0, 25]	(25, 50]	(50, 75]	(75, 100]
研发人员投入比重	CA-35	(0, 25]	(25, 50]	(50, 75]	(75, 100]
研发设备投入比重	CA-36	(0, 25]	(25, 50]	(50, 75]	(75, 100]
外部科研经费筹集比重	CA-37	(0, 25]	(25, 50]	(50, 75]	(75, 100]
企业的国家控制程度*（国有或集体股份比重）	CA-38*	(0, 25]	(25, 50]	(50, 75]	(75, 100]
企业资源禀赋优势*（企业资源占国家该资源总量的比重）	CA-39*	(0, 25]	(25, 50]	(50, 75]	(75, 100]
市场准入门槛*（进入该资源市场所需政府批文数量）	CA-40*	(0, 25]	(25, 50]	(50, 75]	(75, 100]
资源替代品多寡*（根据"很容易被替代、容易被替代、不容易被替代"，分别赋予1、0.5、0的数值）	CA-41*	(0, 25]	(25, 50]	(50, 75]	(75, 100]
企业国际资源获取门槛*（资源进口单价年增长率）	CA-42*	(0, 25]	(25, 50]	(50, 75]	(75, 100]
企业技术引进费用占比	CA-43	(0, 25]	(25, 50]	(50, 75]	(75, 100]
企业国内技术购买费用占比	CA-44	(0, 25]	(25, 50]	(50, 75]	(75, 100]
企业技术引进合同金额占比	CA-45	(0, 25]	(25, 50]	(50, 75]	(75, 100]
企业消化吸收经费占比	CA-46	(0, 25]	(25, 50]	(50, 75]	(75, 100]
产、学、研合作比率	CA-47	(0, 25]	(25, 50]	(50, 75]	(75, 100]
地区人均国内生产总值	CB-01	(0, 25]	(25, 50]	(50, 75]	(75, 100]
地区规模以上工业增加值增速	CB-02	(0, 25]	(25, 50]	(50, 75]	(75, 100]
地区人均可支配收入	CB-03	(0, 25]	(25, 50]	(50, 75]	(75, 100]
地区经济发展全国排名	CB-04	(0, 25]	(25, 50]	(50, 75]	(75, 100]
地区经济发展潜力*（GDP增长率）	CB-05	(0, 25]	(25, 50]	(50, 75]	(75, 100]

续表

四级指标 观测层指标	序号	差	中	良	优
地区人均居民消费水平	CB – 06	(0，25〕	(25，50〕	(50，75〕	(75，100〕
地区全社会固定资产投资占 GDP 比重	CB – 07	(0，25〕	(25，50〕	(50，75〕	(75，100〕
地区实际使用外资与 GDP 之比	CB – 08	(0，25〕	(25，50〕	(50，75〕	(75，100〕
地区金融机构资金信贷合计与 GDP 之比	CB – 09	(0，25〕	(25，50〕	(50，75〕	(75，100〕
地区上市公司数量	CB – 10	(0，25〕	(25，50〕	(50，75〕	(75，100〕
地区社会零售商品总额与 GDP 之比	CB – 11	(0，25〕	(25，50〕	(50，75〕	(75，100〕
单位地区生产总值能耗（等价值）	CB – 12	(0，25〕	(25，50〕	(50，75〕	(75，100〕
地区创新型企业的发展程度＊（高新技术企业产出占 GDP 比）	CB – 13	(0，25〕	(25，50〕	(50，75〕	(75，100〕
地区创新产品市场容量	CB – 14	(0，25〕	(25，50〕	(50，75〕	(75，100〕
地区第二、三产业比	CB – 15＊	(0，25〕	(25，50〕	(50，75〕	(75，100〕
地区城乡居民收入比	CB – 16＊	(0，25〕	(25，50〕	(50，75〕	(75，100〕
地区市场集中程度＊（各产业 GDP 贡献的离散程度，方差表示）	CB – 17＊	(0，25〕	(25，50〕	(50，75〕	(75，100〕
地区贫富差距＊（基尼系数）	CB – 18＊	(0，25〕	(25，50〕	(50，75〕	(75，100〕
地区经济规模效应＊（税收在 100 万元以上的企业在税收贡献中的比重）	CB – 19	(0，25〕	(25，50〕	(50，75〕	(75，100〕
地区人均公路里程	CB – 20	(0，25〕	(25，50〕	(50，75〕	(75，100〕
地区人均铁路营业里程	CB – 21	(0，25〕	(25，50〕	(50，75〕	(75，100〕
地区高速公路比重	CB – 22	(0，25〕	(25，50〕	(50，75〕	(75，100〕
地区每万人拥有公共交通数量	CB – 23	(0，25〕	(25，50〕	(50，75〕	(75，100〕
地区城镇化发展水平（城镇人口比重）	CB – 24	(0，25〕	(25，50〕	(50，75〕	(75，100〕
地区地理区位优势＊（所处地区档次分为东部、中部、西部，不同档次区位将被赋予 3、2、1 的数值）	CB – 25	(0，25〕	(25，50〕	(50，75〕	(75，100〕
地区电力生产消费比	CB – 26	(0，25〕	(25，50〕	(50，75〕	(75，100〕
地区资源丰度（根据地区资源禀赋由笔者确定全国各省份资源丰度，以 3、2、1 量化表示）	CB – 27	(0，25〕	(25，50〕	(50，75〕	(75，100〕
地区人居自然环境＊（人口密度）	CB – 28	(0，25〕	(25，50〕	(50，75〕	(75，100〕

四级指标 观测层指标	序号	差	中	良	优
地区金融支持环境*（地区金融机构贷款余额与GDP之比）	CB-29	(0, 25]	(25, 50]	(50, 75]	(75, 100]
地区人均行政诉讼案件	CB-30	(0, 25]	(25, 50]	(50, 75]	(75, 100]
地区人均税收收入	CB-31	(0, 25]	(25, 50]	(50, 75]	(75, 100]
地区人均财政支出	CB-32	(0, 25]	(25, 50]	(50, 75]	(75, 100]
地区政府廉洁水平*（"三公"经费比重）	CB-33*	(0, 25]	(25, 50]	(50, 75]	(75, 100]
地区法院人均收案	CB-34	(0, 25]	(25, 50]	(50, 75]	(75, 100]
地区刑事犯罪人数比重（每万人发案数）	CB-35	(0, 25]	(25, 50]	(50, 75]	(75, 100]
地区万人拥有律师数	CB-36	(0, 25]	(25, 50]	(50, 75]	(75, 100]
地区技术创新成果保护法的完善与实施情况*（知识产权收案占民事收案比重）	CB-37	(0, 25]	(25, 50]	(50, 75]	(75, 100]
地区万人高校在校生人数	CB-38	(0, 25]	(25, 50]	(50, 75]	(75, 100]
地区万人科研机构数	CB-39	(0, 25]	(25, 50]	(50, 75]	(75, 100]
地区教育经费占财政支出比重	CB-40	(0, 25]	(25, 50]	(50, 75]	(75, 100]
地区人居社会环境情况*（一般公共服务经费支出占财政支出比重）	CB-41	(0, 25]	(25, 50]	(50, 75]	(75, 100]
地区创新的文化发育程度*（地区科技经费支出比重）	CB-42	(0, 25]	(25, 50]	(50, 75]	(75, 100]
地区文明程度*（每万人犯罪数）	CB-43*	(0, 25]	(25, 50]	(50, 75]	(75, 100]

5.1.2　要素层指标评价等级标准划分

将观测层指标的指数最大值与其权重相乘，并逆推集结便可得到要素层指标的最大值，即若 x_j 为某企业第 j 项内生性创新指标的标准化值，则有：

$$\max(\text{INDEX}_t) = \sum_{j=1}^{m} w_j \cdot x_j = 13.81, j = 1, 2, \cdots, 11$$

$$\max(\text{INDEX}_m) = \sum_{j=1}^{m} w_j \cdot x_j = 8.23, j = 12, 13, \cdots, 18$$

$$\max(\text{INDEX}_i) = \sum_{j=1}^{m} w_j \cdot x_j = 4.4, j = 19, 20, \cdots, 24$$

$$\max(\mathrm{INDEX}_h) = \sum_{j=1}^{m} w_j \cdot x_j = 5.41, j = 25,26,\cdots,32$$

$$\max(\mathrm{INDEX}_c) = \sum_{j=1}^{m} w_j \cdot x_j = 4.56, j = 33,34,\cdots,37$$

$$\max(\mathrm{INDEX}_r) = \sum_{j=1}^{m} w_j \cdot x_j = 3.12, j = 38,39,\cdots,42$$

$$\max(\mathrm{INDEX}_g) = \sum_{j=1}^{m} w_j \cdot x_j = 3.95, j = 43,44,45$$

$$\max(\mathrm{INDEX}_y) = \sum_{j=1}^{m} w_j \cdot x_j = 1.57, i = 46,47$$

若 x_i 为某企业第 i 项外部环境创新要素指标的标准化值，有：

$$\max(\mathrm{INDEX}_{经济发展}) = \sum_{i=1}^{m} w_i \cdot x_i = 6.46, i = 1,2,\cdots,5$$

$$\max(\mathrm{INDEX}_{经济活力}) = \sum_{i=1}^{m} w_i \cdot x_i = 10.44, i = 6,7,\cdots,14$$

$$\max(\mathrm{INDEX}_{经济结构}) = \sum_{i=1}^{m} w_i \cdot x_i = 6.21, i = 15,16,\cdots,19$$

$$\max(\mathrm{INDEX}_{地理结构}) = \sum_{i=1}^{m} w_i \cdot x_i = 7.59, i = 20,21,\cdots,25$$

$$\max(\mathrm{INDEX}_{环境资源}) = \sum_{i=1}^{m} w_i \cdot x_i = 5.1, i = 26,27,\cdots,29$$

$$\max(\mathrm{INDEX}_{政策环境}) = \sum_{i=1}^{m} w_i \cdot x_i = 5.81, i = 30,31,\cdots,33$$

$$\max(\mathrm{INDEX}_{法律环境}) = \sum_{i=1}^{m} w_i \cdot x_i = 7.56, i = 34,35,\cdots,37$$

$$\max(\mathrm{INDEX}_{文化环境}) = \sum_{i=1}^{m} w_i \cdot x_i = 5.78, i = 38,39,\cdots,43$$

因此，可计算要素层指标的值域，见表 5 - 5。

表 5 - 5 要素层指标值域

三级指标 要素层指标	权重/%	值域
技术要素	13.81	0 ~ 13.81
管理要素	8.23	0 ~ 8.23
信息要素	4.40	0 ~ 4.40

三级指标 要素层指标	权重/%	值域
人才要素	5.41	0 ~ 5.41
资本要素	4.56	0 ~ 4.56
资源要素	3.12	0 ~ 3.12
引进创新	3.95	0 ~ 3.95
合作创新	1.57	0 ~ 1.57
经济发展	6.46	0 ~ 6.46
经济活力	10.44	0 ~ 10.44
经济结构	6.21	0 ~ 6.21
地理结构	7.59	0 ~ 7.59
资源环境	5.10	0 ~ 5.10
政策环境	5.81	0 ~ 5.81
法律环境	7.56	0 ~ 7.56
文化环境	5.78	0 ~ 5.78

按照惯例，笔者将企业创新能力要素层指标也划分为 4 个档次，即优、良、中、差，并且假设各档次在要素层指数值域上服从均匀分布，划分标准见表 5 - 6。

表 5 - 6　要素层指标等级划分

三级指标 要素层指标	等级区分			
	差	中	良	优
技术要素	(0, 3.45]	(3.45, 6.91]	(6.91, 10.36]	(10.36, 13.81]
管理要素	(0, 2.06]	(2.06, 4.12]	(4.12, 6.17]	(6.17, 8.23]
信息要素	(0, 1.10]	(1.10, 2.20]	(2.20, 3.30]	(3.30, 4.40]
人才要素	(0, 1.35]	(1.35, 2.71]	(2.71, 4.06]	(4.06, 5.41]
资本要素	(0, 1.14]	(1.14, 2.28]	(2.28, 3.42]	(3.42, 4.56]
资源要素	(0, 0.78]	(0.78, 1.56]	(1.56, 2.34]	(2.34, 3.12]
引进创新	(0, 0.99]	(0.99, 1.98]	(1.98, 2.96]	(2.96, 3.95]
合作创新	(0, 0.39]	(0.39, 0.79]	(0.79, 1.18]	(1.18, 1.57]
经济发展	(0, 1.62]	(1.62, 3.23]	(3.23, 4.85]	(4.85, 6.46]
经济活力	(0, 2.61]	(2.61, 5.22]	(5.22, 7.83]	(7.83, 10.44]

续表

三级指标	等级区分			
要素层指标	差	中	良	优
经济结构	(0, 1.55]	(1.55, 3.11]	(3.11, 4.66]	(4.66, 6.21]
地理结构	(0, 1.90]	(1.90, 3.80]	(3.80, 5.69]	(5.69, 7.59]
资源环境	(0, 1.28]	(1.28, 2.55]	(2.55, 3.83]	(3.83, 5.10]
政策环境	(0, 1.45]	(1.45, 2.91]	(2.91, 4.36]	(4.36, 5.81]
法律环境	(0, 1.89]	(1.89, 3.78]	(3.78, 5.67]	(5.67, 7.56]
文化环境	(0, 1.45]	(1.45, 2.89]	(2.89, 4.34]	(4.34, 5.78]

对于技术要素，落在区间（10.36, 13.81] 的为优，落在区间（6.9, 10.36] 的为良，落在（3.45, 6.91] 区间的为中，落在区间（0, 3.45] 的为差；

对于管理要素，落在区间（6.17, 8.23] 的为优，落在区间（4.12, 6.17] 的为良，落在（2.06, 4.12] 区间的为中，落在区间（0, 2.06] 的为差；

对于信息要素，落在区间（3.30, 4.40] 的为优，落在区间（2.20, 3.30] 的为良，落在（1.10, 2.20] 区间的为中，落在区间（0, 1.10] 的为差；

对于人才要素，落在区间（4.06, 5.41] 的为优，落在区间（2.71, 4.06] 的为良，落在（1.35, 2.71] 区间的为中，落在区间（0, 1.35] 的为差；

对于资本要素，落在区间（3.42, 4.56] 的为优，落在区间（2.28, 3.42] 的为良，落在（1.14, 2.28] 区间的为中，落在区间（0, 1.14] 的为差；

对于资源要素，落在区间（2.34, 3.12] 的为优，落在区间（1.56, 2.34] 的为良，落在（0.78, 1.56] 区间的为中，落在区间（0, 0.78] 的为差；

对于引进创新，落在区间（2.96, 3.95] 的为优，落在区间（1.98, 2.96] 的为良，落在（0.99, 1.98] 区间的为中，落在区间（0, 0.99] 的为差；

对于合作创新，落在区间（1.18，1.57］的为优，落在区间（0.79，1.18］的为良，落在（0.39，0.79］区间的为中，落在区间（0，0.39］的为差；

对于经济发展，落在区间（4.85，6.46］的为优，落在区间（3.23，4.84］的为良，落在（1.62，3.23］区间的为中，落在区间（0，1.62］的为差；

对于经济活力，落在区间（7.83，10.44］的为优，落在区间（5.22，7.83］的为良，落在（2.61，5.22］区间的为中，落在区间（0，2.61］的为差；

对于经济结构，落在区间（4.66，6.21］的为优，落在区间（3.11，4.66］的为良，落在（1.55，3.11］区间的为中，落在区间（0，1.55］的为差；

对于地理结构，落在区间（5.69，7.59］的为优，落在区间（3.80，5.69］的为良，落在（1.90，3.80］区间的为中，落在区间（0，1.90］的为差；

对于资源环境，落在区间（3.83，5.10］的为优，落在区间（2.55，3.83］的为良，落在（1.28，2.55］区间的为中，落在区间（0，1.28］的为差；

对于政策环境，落在区间（4.36，5.81］的为优，落在区间（2.91，4.36］的为良，落在（1.45，2.91］区间的为中，落在区间（0，1.45］的为差；

对于法律环境，落在区间（5.67，7.56］的为优，落在区间（3.78，5.67］的为良，落在（1.89，3.78］区间的为中，落在区间（0，1.89］的为差；

对于文化环境，落在区间（4.34，5.78］的为优，落在区间（2.89，4.34］的为良，落在（1.45，2.89］区间的为中，落在区间（0，1.45］的为差。

5.1.3　能力层指标评价等级标准划分

将要素层指标的指数最大值与其权重相乘，并逆推集结，便可得到能力层指标的最大值：

$$\max(\text{INDEX}_{\text{自主性创新}}) =$$

$$[\text{INDEX}_t, \text{INDEX}_m, \text{INDEX}_i, \text{INDEX}_h, \text{INDEX}_c, \text{INDEX}_r] \times \begin{bmatrix} 0.1381 \\ 0.0823 \\ 0.0440 \\ 0.0541 \\ 0.0456 \\ 0.0312 \end{bmatrix} = 3.38$$

$$\max(\text{INDEX}_{\text{外源性创新}}) = [\text{INDEX}_g, \text{INDEX}_y] \times \begin{bmatrix} 0.0395 \\ 0.0157 \end{bmatrix} = 0.18$$

$$\max(\text{INDEX}_e) = [\text{INDEX}_{\text{经济发展}}, \text{INDEX}_{\text{经济活力}}, \text{INDEX}_{\text{经济结构}}] \times \begin{bmatrix} 0.0646 \\ 0.1044 \\ 0.0621 \end{bmatrix} = 1.89$$

$$\max(\text{INDEX}_b) = [\text{INDEX}_{\text{地理结构}}, \text{INDEX}_{\text{资源环境}}] \times \begin{bmatrix} 0.0759 \\ 0.0510 \end{bmatrix} = 0.84$$

$$\max(\text{INDEX}_n) = [\text{INDEX}_{\text{法律环境}}, \text{INDEX}_{\text{政策环境}}, \text{INDEX}_{\text{文化环境}}] \times \begin{bmatrix} 0.0581 \\ 0.0756 \\ 0.0578 \end{bmatrix} = 1.24$$

因此，可计算能力层指标的值域，见表 5 – 7。

表 5 – 7 能力层指标值域

二级指标 能力层指标	权重/%	值域
企业自主性创新	28.79	0 ~ 3.38
企业外源性创新	10.14	0 ~ 0.18
经济空间	20.11	0 ~ 1.89
地理空间	19.32	0 ~ 0.84
人文空间	21.64	0 ~ 1.24

同要素层一样，将企业创新能力层指标也划分为 4 个档次，即优、良、中、差，并且假设各档次在能力层指数值域上服从均匀分布，划分标准见表 5 – 8。

表 5 - 8　能力层指标等级划分

二级指标	等级划分			
能力层指标	差	中	良	优
企业自主性创新	(0, 0.84]	(0.84, 1.69]	(1.69, 2.53]	(2.53, 3.38]
企业外源性创新	(0, 0.05]	(0.05, 0.09]	(0.09, 0.14]	(0.14, 0.18]
经济空间	(0, 0.47]	(0.47, 0.95]	(0.95, 1.42]	(1.42, 1.89]
地理空间	(0, 0.21]	(0.21, 0.42]	(0.42, 0.63]	(0.63, 0.84]
人文空间	(0, 0.31]	(0.31, 0.62]	(0.62, 0.93]	(0.93, 1.24]

对于自主性创新能力，落在区间（2.53, 3.38]的为优，落在区间（1.69, 2.53]的为良，落在（0.84, 1.69]区间的为中，落在区间（0, 0.84]的为差；

对于外源性创新能力，落在区间（0.14, 0.18]的为优，落在区间（0.09, 0.14]的为良，落在（0.05, 0.09]区间的为中，落在区间（0, 0.05]的为差；

对于经济空间，落在区间（1.42, 1.89]的为优，落在区间（0.95, 1.42]的为良，落在（0.47, 0.95]区间的为中，落在区间（0, 0.47]的为差；

对于地理空间，落在区间（0.63, 0.84]的为优，落在区间（0.42, 0.63]的为良，落在（0.21, 0.42]区间的为中，落在区间（0, 0.21]的为差；

对于人文空间，落在区间（0.93, 1.24]的为优，落在区间（0.62, 0.93]的为良，落在（0.31, 0.62]区间的为中，落在区间（0, 0.31]的为差。

5.1.4　结构层指标评价等级标准划分

已知能力层指标值域（表 5 - 7），再向上逆推一层，可得到内生性创新和创新三维空间两个指标的最大值：

$$\max(INDEX_{内生性创新}) = [INDEX_{自主性创新}, INDEX_{外源性创新}] \times \begin{bmatrix} 0.3953 \\ 0.0552 \end{bmatrix} = 1.34$$

$$\max\left(\mathrm{INDEX}_{创新三维空间}\right) =$$

$$[\mathrm{INDEX}_{经济空间}, \mathrm{INDEX}_{地理空间}, \mathrm{INDEX}_{人文空间}] \times \begin{bmatrix} 0.2311 \\ 0.1269 \\ 0.1915 \end{bmatrix} = 0.76$$

因此，企业内生性创新指数值域为[0，1.34]；企业创新三维空间指数值域为[0，0.76]。

同要素层一样，将企业创新能力结构层指标也划分为 4 个档次，即优、良、中、差，并且假设各档次在结构层指数值域上服从均匀分布，可以将企业创新能力指标体系的结构层指标值域划分为四个区间，如下：

企业内生性创新指数等级区分：[0，0.34]，(0.34，0.67]，(0.67，1.01]，(1.01，1.34]。

企业创新三维空间指数等级区分：[0，0.20]，(0.20，0.39]，(0.39，0.59]，(0.59，0.78]。

落在第四个区间的为优，落在第三个区间的为良，落在第二个区间的为中，落在第一个区间的为差。

5.1.5　创新能力综合指数评价等级标准划分

创新能力综合指数是我们需要的最终结果，用来将不同企业的创新能力进行比较，反映出来的最终结果就是一个指数。不同层级上的指标指数，具有综合汇集性质。企业创新能力综合指数同样具有这样的性质，我们可以按照前面不同层级指标指数等级区分的方法确定综合指数的评价等级标准。

已知企业内生性创新指数值域为[0，1.34]，以及企业创新三维空间指数值域为[0，0.76]，我们可以计算出企业创新能力综合指数的最大值：

$$\max\left(\mathrm{INDEX}_{资源型企业创新指数}\right) =$$

$$[\mathrm{INDEX}_{内生性创新}, \mathrm{INDEX}_{创新三维空间}] \times \begin{bmatrix} 0.4505 \\ 0.5495 \end{bmatrix} = 1.04$$

另外，企业在各指标上的最低得分为 0，因此，企业创新能力指数的值域为[0，1.04]。将企业创新能力综合指数划分为 4 个档次，即优、良、中、差，并且假设各档次在综合指数值域上服从均匀分布。企业创新能力综合指数值域被区分为四个区间：[0，0.26]，(0.26，0.52]，(0.52，0.78]，(0.78，

1.04」，落在第四个区间的为优，落在第三个区间的为良，落在第二个区间的为中，落在第一个区间的为差。

5.1.6　基于逆推集结的等级区分验证

在指标体系权重设定时，笔者在获取观测层指标的基础上，按照逆向集结的办法获取各指标层的上层指标权重。根据这个思路，各指标层的等级划分也应可通过逆向集结的办法得以实现。表5-4给出了观测层指标优、良、中、差四个等级的量化区分。在表5-4的基础上，通过加权，逆推获取要素层指标的优、良、中、差四个等级的量化区分结果与表5-6一致；在表5-6的基础上，通过加权，逆推获取要能力层指标的优、良、中、差四个等级的量化区分结果与表5-8一致。通过用不同的方法进行等级划分测算，从侧面证实了笔者等级划分方法的科学性。

5.2　企业创新能力评价指标体系应用与验证

为了检验企业创新能力评价指标体系的实用性、科学性、可操作性、可比较性等性能，笔者将本研究中所采集的企业样本作为评价对象，进行企业创新能力评价指标体系应用验证。企业创新能力评价指标体系实践应用分为以下三个步骤。

5.2.1　企业样本数据的收集和处理

在进行评价之前，首先需要做的一项工作就是采集企业指标数据，在之前的研究中，我们已经采集过16家资源型代表性企业的90个指标的原始数据（见附录）。

通过对16家样本企业进行指标数据梳理和处理，将这些元素数据以归一法进行无量纲处理，这样做是为了让90个指标数据都处于同一个可比较的标准下。无量纲处理后，每个指标数据都处于0~100之间，见表5-9。

表 5－9　样本企业指标数据（无量纲处理后）

序号	创兴资源	炼石有色	昊华能源	科恒股份	冀中能源	金钼股份	中国石油	鄂尔多斯	开滦股份	东华能源	山煤国际	云海金属	河北钢铁	沙钢股份	中国铝业	吉恩镍业
CA－01	15.2	10.0	0.0	100.0	3.2	16.3	1.6	6.7	8.1	3.9	3.4	18.0	10.9	60.1	20.9	4.2
CA－02	29.8	83.7	13.4	100.0	1.6	4.9	0.0	3.3	1.0	21.0	0.3	65.6	1.0	51.7	1.8	0.6
CA－03	35.7	9.5	59.5	100.0	26.2	14.3	23.8	4.8	0.0	9.5	21.4	0.0	14.3	2.4	19.1	4.8
CA－04	22.7	32.1	100.0	96.7	69.6	74.2	69.4	21.0	27.4	41.5	48.4	13.4	31.1	4.0	0.0	10.5
CA－05	45.4	96.9	10.3	100.0	11.8	4.0	0.8	1.7	7.4	14.9	0.0	17.4	5.9	27.1	3.2	0.4
CA－06	37.7	62.6	86.4	36.9	17.2	69.6	50.5	29.9	100.0	74.2	1.1	39.0	57.5	54.1	0.0	3.0
CA－07	34.8	100.0	19.5	48.7	1.6	6.0	0.0	1.6	0.7	10.3	0.3	9.8	1.2	8.4	0.7	1.0
CA－08 *	0.0	16.1	74.5	24.8	85.2	100.0	67.1	61.1	92.6	40.9	82.6	26.2	87.9	44.3	42.3	97.3
CA－09 *	88.9	66.7	77.8	77.8	55.6	22.2	0.0	44.4	77.8	33.3	66.7	44.4	55.6	44.4	88.9	100.0
CA－10 *	34.9	22.6	40.1	52.4	94.8	58.0	44.3	77.8	100.0	16.5	92.9	6.1	49.5	0.0	26.9	32.6
CA－11	28.6	28.6	42.9	100.0	23.8	38.1	66.7	47.6	66.7	71.4	14.3	66.7	28.6	76.2	33.3	4.8
CA－12	2.8	16.0	57.1	23.9	100.0	19.7	33.7	18.9	36.1	0.0	18.2	40.5	31.3	15.5	3.8	1.7
CA－13	20.2	82.6	74.6	89.2	69.8	0.0	79.3	19.7	18.7	47.1	49.0	75.3	100.0	59.5	90.2	28.8
CA－14	0.0	31.0	47.2	59.5	49.9	15.2	100.0	25.0	19.5	38.6	9.2	52.6	64.9	44.8	60.0	24.4
CA－15	1.1	35.8	20.8	100.0	0.0	9.6	16.3	42.6	33.4	65.3	16.5	88.6	25.1	0.0	17.0	8.2
CA－16	20.2	82.6	74.6	89.2	69.8	0.0	79.3	19.7	18.7	47.1	49.0	75.3	100.0	59.5	90.2	28.8
CA－17	0.0	1.9	7.4	1.9	7.4	18.5	100.0	31.5	20.4	13.0	18.5	11.1	42.6	29.6	44.4	13.0
CA－18	20.2	82.6	74.6	89.2	69.8	0.0	79.3	19.7	18.7	47.1	49.0	75.3	100.0	59.5	90.2	28.8
CA－19	14.3	6.0	20.2	10.7	100.0	10.7	100.0	7.1	78.6	7.1	6.0	3.6	88.1	2.4	100.0	0.0
CA－20	66.7	0.0	66.7	50.0	100.0	33.3	100.0	33.3	100.0	50.0	50.0	33.3	50.0	0.0	100.0	16.7
CA－21	100.0	0.0	100.0	100.0	100.0	100.0	100.0	100.0	100.0	30.0	100.0	100.0	100.0	100.0	100.0	50.0
CA－22	100.0	0.0	100.0	100.0	100.0	100.0	100.0	100.0	100.0	66.7	100.0	100.0	100.0	100.0	100.0	50.0
CA－23	68.8	9.4	73.4	100.0	46.9	31.3	46.9	48.4	15.6	26.6	35.9	21.9	20.3	0.0	15.6	26.6
CA－24	20.2	82.6	74.6	89.2	69.8	0.0	79.3	19.7	18.7	47.1	49.0	75.3	100.0	59.5	90.2	28.8
CA－25	100.0	14.3	100.0	100.0	42.9	42.9	71.4	42.9	42.9	42.9	65.7	40.0	71.4	0.0	71.4	14.3
CA－26	100.0	51.6	67.7	83.9	67.7	67.7	100.0	51.6	35.5	35.5	51.6	32.3	51.6	0.0	83.9	19.4
CA－27	60.0	60.0	80.0	80.0	60.0	60.0	60.0	100.0	60.0	20.0	20.0	40.0	40.0	40.0	20.0	0.0
CA－28	0.0	22.2	33.3	11.1	50.0	66.7	50.0	33.3	66.7	50.0	27.8	84.4	100.0	77.8	55.6	16.7
CA－29	20.1	75.6	64.3	84.8	57.6	30.9	70.9	19.3	21.6	25.8	28.3	65.3	100.0	43.2	86.2	0.0
CA－30 *	0.0	33.3	66.7	0.0	0.0	33.3	100.0	33.3	33.3	33.3	33.3	66.7	66.7	33.3	66.7	0.0

序号	创兴资源	炼石有色	昊华能源	科恒股份	冀中能源	金钼股份	中国石油	鄂尔多斯	开滦股份	东华能源	山煤国际	云海金属	河北钢铁	沙钢股份	中国铝业	吉恩镍业
CA－31	42.9	57.1	42.9	71.4	42.9	14.3	28.6	57.1	42.9	85.7	42.9	100.0	0.0	85.7	57.1	28.6
CA－32	78.2	49.2	37.4	36.5	19.3	24.9	100.0	35.2	37.5	8.5	0.0	16.2	30.1	60.0	38.0	93.0
CA－33	83.6	18.2	64.0	100.0	67.3	50.9	67.3	18.2	34.5	26.4	50.9	31.3	67.3	0.0	67.3	18.2
CA－34	100.0	3.1	100.0	79.8	76.7	12.3	73.6	49.7	46.0	12.9	50.3	4.9	36.8	100.0	0.0	6.1
CA－35	100.0	64.3	64.3	100.0	64.3	64.3	64.3	64.3	64.3	28.6	64.3	21.4	28.6	64.3	64.3	28.6
CA－36	40.0	20.0	100.0	40.0	20.0	20.0	20.0	40.0	20.0	10.0	20.0	18.0	20.0	6.0	20.0	0.0
CA－37	21.1	36.8	47.4	31.6	52.6	15.8	100.0	42.1	42.1	21.1	42.1	100.0	63.2	15.8	73.7	31.6
CA－38*	0.0	4.4	58.1	0.0	24.3	0.0	100.0	44.4	44.4	0.0	44.4	0.0	100.0	0.0	100.0	0.0
CA－39*	—	—	—	—	—	—	—	—	—	—	—	—	—	—	—	—
CA－40*	9.1	27.3	18.2	0.0	36.4	18.2	100.0	63.6	18.2	27.3	36.4	54.6	0.0	18.2	72.7	9.1
CA－41*	50.0	50.0	100.0	0.0	100.0	0.0	50.0	50.0	100.0	100.0	100.0	0.0	100.0	100.0	0.0	0.0
CA－42*	18.1	22.6	7.1	100.0	0.0	31.6	11.6	21.3	0.7	3.2	2.6	7.7	10.3	8.4	23.2	19.4
CA－43	12.3	2.5	5.7	43.5	100.0	1.6	12.9	1.0	46.4	10.2	0.0	15.1	78.8	21.2	7.6	0.2
CA－44	11.6	10.6	11.6	3.9	95.1	5.9	12.3	1.0	61.3	2.6	0.0	2.4	100.0	30.0	7.2	0.1
CA－45	12.2	0.6	7.8	27.3	100.0	0.3	12.9	0.5	64.5	3.8	0.0	4.5	80.1	6.2	4.9	0.1
CA－46	12.6	11.4	8.5	100.0	10.1	12.4	1.5	5.5	6.4	29.1	0.0	13.5	9.4	38.7	10.2	0.2
CA－47	66.7	50.0	100.0	16.7	33.3	66.7	50.0	16.7	16.7	0.0	50.0	33.3	100.0	50.0	66.7	33.3
CB－01	100.0	4.1	98.2	38.0	5.1	4.1	7.5	52.0	5.1	60.4	0.0	60.4	5.1	60.4	7.5	13.9
CB－02	0.9	90.6	0.0	45.3	74.4	90.6	29.1	100.0	74.4	55.6	90.6	55.6	74.4	55.6	29.1	98.3
CB－03	100.0	17.3	83.2	51.7	5.2	17.3	39.0	13.9	5.2	45.9	1.4	45.9	5.2	45.9	39.0	0.0
CB－04	0.0	52.0	8.0	24.0	44.0	52.0	36.0	20.0	44.0	12.0	100.0	12.0	44.0	12.0	36.0	40.0
CB－05	2.9	82.9	0.0	28.6	42.9	82.9	17.1	100.0	42.9	42.9	71.4	42.9	42.9	42.9	17.1	85.7
CB－06	100.0	1.9	70.3	38.7	0.0	1.9	10.6	14.4	0.0	29.4	0.8	29.4	0.0	29.4	10.6	4.9
CB－07	0.0	100.0	16.9	12.4	81.6	100.0	79.6	92.2	81.6	56.7	73.8	56.7	81.6	56.7	79.6	88.7
CB－08	14.2	1.5	66.8	61.2	0.0	1.5	23.2	28.9	0.0	100.0	10.0	100.0	0.0	100.0	23.2	11.5
CB－09	54.2	22.7	100.0	33.6	19.9	22.7	49.9	19.9	25.6	20.7	25.6	19.9	25.6	49.9	1.4
CB－10	60.1	5.1	71.2	100.0	6.7	5.1	13.2	0.0	6.7	50.4	2.4	50.4	6.7	50.4	13.2	5.1
CB－11	52.6	19.0	100.0	70.6	34.0	19.0	56.0	0.0	34.0	32.5	47.3	32.5	34.0	32.5	56.0	76.3
CB－12	12.3	30.0	0.0	7.7	64.6	30.0	21.2	73.1	64.6	10.8	100.0	10.8	64.6	10.8	21.2	35.4
CB－13	81.6	15.0	37.0	100.0	4.0	15.0	39.1	0.0	4.0	89.0	1.3	89.0	4.0	89.0	39.1	17.6

序号	创兴资源	炼石有色	昊华能源	科恒股份	冀中能源	金钼股份	中国石油	鄂尔多斯	开滦股份	东华能源	山煤国际	云海金属	河北钢铁	沙钢股份	中国铝业	吉恩镍业
CB-14	—	—	—	—	—	—	—	—	—	—	—	—	—	—	—	—
CB-15 *	29.7	94.0	0.0	57.9	90.7	94.0	56.3	94.7	90.7	66.0	100.0	66.0	90.7	66.0	56.3	89.0
CB-16 *	0.0	100.0	6.0	85.0	75.9	100.0	91.0	81.2	75.9	0.0	28.6	0.0	75.9	0.0	91.0	18.8
CB-17 *	6.4	89.4	0.0	25.5	63.8	89.4	58.5	100.0	63.8	51.1	78.7	51.1	63.8	51.1	58.5	85.1
CB-18 *	74.2	0.0	29.0	100.0	12.9	0.0	43.2	32.3	12.9	61.3	41.9	61.3	12.9	61.3	43.2	3.2
CB-19	100.0	14.3	81.0	71.4	28.6	14.3	47.6	0.0	28.6	90.5	19.1	90.5	28.6	90.5	47.6	23.8
CB-20	0.0	3.0	1.4	0.2	1.7	3.0	100.0	11.5	1.7	0.3	2.8	0.3	1.7	0.3	100.0	4.1
CB-21	6.9	62.2	15.4	27.2	32.7	62.2	0.0	100.0	32.7	29.0	57.4	29.0	32.7	29.0	0.0	50.9
CB-22	100.0	14.7	50.9	17.7	25.5	14.7	5.8	0.0	25.5	18.9	24.3	18.9	25.5	18.9	5.8	13.7
CB-23	27.9	2.2	100.0	0.7	0.7	2.2	13.1	5.5	0.7	6.8	1.3	6.8	0.7	6.8	13.1	4.4
CB-24	100.0	3.9	92.9	47.8	0.0	3.9	12.4	25.2	0.0	37.3	9.3	37.3	0.0	37.3	12.4	17.8
CB-25	100.0	0.0	100.0	100.0	100.0	0.0	50.0	0.0	100.0	100.0	0.0	100.0	100.0	100.0	50.0	50.0
CB-26	26.2	81.9	33.8	14.0	0.0	81.9	0.0	26.2	0.0	29.4	13.9	29.4	0.0	29.4	0.0	100.0
CB-27	0.0	100.0	0.0	0.0	0.0	100.0	50.0	100.0	0.0	0.0	100.0	0.0	0.0	0.0	50.0	50.0
CB-28	100.0	6.3	26.9	17.6	12.8	6.3	4.6	0.0	12.8	26.9	7.3	26.9	12.8	26.9	4.6	5.0
CB-29	67.3	22.7	100.0	33.6	19.9	22.7	49.9	0.0	19.9	25.6	20.7	25.6	19.9	25.6	49.9	1.4
CB-30	100.0	45.9	78.7	18.6	11.1	45.9	31.9	33.9	11.1	18.9	0.0	18.9	11.1	18.9	34.5	33.6
CB-31	97.7	12.9	100.0	22.8	0.0	12.9	42.5	24.6	0.0	33.0	7.8	33.0	0.0	33.0	42.5	5.5
CB-32	100.0	25.0	94.9	12.8	0.0	25.0	27.3	60.7	0.0	25.4	14.4	25.4	0.0	25.4	27.3	26.5
CB-33 *	—	—	—	—	—	—	—	—	—	—	—	—	—	—	—	—
CB-34	72.7	63.6	0.0	100.0	63.6	63.6	52.0	72.7	63.6	18.2	54.6	18.2	63.6	18.2	81.0	54.6
CB-35	72.7	63.6	0.0	100.0	63.6	63.6	52.0	72.7	63.6	18.2	54.6	18.2	63.6	18.2	81.0	54.6
CB-36	46.3	1.1	98.5	8.9	100.0	1.1	36.6	43.2	100.0	4.9	2.7	4.9	100.0	4.9	36.6	0.0
CB-37	77.6	1.9	73.2	100.0	35.1	1.9	41.7	0.0	35.1	63.2	3.6	63.2	35.1	63.2	41.7	30.5
CB-38	61.6	82.5	100.0	23.7	30.7	82.5	0.0	28.7	30.7	57.5	34.2	57.5	30.7	57.5	0.0	54.7
CB-39	88.5	3.4	100.0	9.4	0.1	3.4	19.8	0.0	0.1	18.6	5.7	18.6	0.1	18.6	21.5	10.1
CB-40	0.0	33.9	97.1	91.4	100.0	33.9	64.6	15.6	100.0	76.2	78.0	76.2	100.0	76.2	64.6	25.9
CB-41	0.0	93.6	33.7	100.0	95.0	93.6	67.1	69.3	95.0	100.0	76.9	100.0	95.0	100.0	67.1	74.7
CB-42	98.8	3.7	100.0	46.1	2.7	3.7	2.8	2.7	2.7	54.2	7.0	54.2	2.7	54.2	0.0	3.2
CB-43 *	72.7	63.6	0.0	100.0	63.6	63.6	45.5	72.7	63.6	18.2	54.6	18.2	63.6	18.2	45.5	54.6

注：CA-39 *、CB-14、CB-33 * 三个指标数据不可得，在计算过程中忽略不计，对最终结果的影响非常有限。

5.2.2 各级指标指数的计算

在前文的研究中已经获得了指标体系每一层每一项指标的权重。笔者的评价思路是，从观测指标开始，将指标标准化数据与其对应的权重加权求和，获取上一级指标的指数，通过这样的办法逐级向上逆推集结，最终获取企业创新能力综合指数，计算过程如下：

$$INDEX_{ij} = \sum_{j=1}^{m} w_j \cdot x_j, j = 1,2,\cdots,90 \qquad (5-2)$$

其中，i 为样本企业。

经过计算，可以得到样本企业除观测指标层以外的各级指标层的指数，见表 5-10 ~ 表 5-13。

表 5-10　样本企业要素层指标指数

三级指标	创兴资源	炼石有色	昊华能源	科恒股份	冀中能源	金钼股份	中国石油	鄂尔多斯	开滦股份	东华能源	山煤国际	云海金属	河北钢铁	沙钢股份	中国铝业	吉恩镍业
技术要素	4.56	6.98	7.08	12.10	4.87	5.82	4.70	3.45	4.99	4.72	3.72	4.04	4.43	5.42	2.52	2.74
管理要素	0.55	2.85	3.65	3.95	4.39	0.78	4.16	1.68	1.87	2.03	1.92	3.94	4.04	2.26	3.06	1.04
信息要素	2.24	1.57	3.28	3.55	3.56	1.47	3.73	1.91	2.37	2.37	1.91	2.75	3.64	2.16	3.76	1.29
人才要素	2.66	2.45	3.25	3.14	2.26	2.20	3.88	2.34	2.28	2.03	1.76	3.03	3.16	2.43	3.24	1.31
资本要素	2.83	1.41	3.16	3.01	2.54	1.47	3.20	1.91	1.89	0.94	2.07	0.64	2.15	0.87	2.38	0.90
资源要素	0.44	0.62	1.05	0.64	0.92	0.32	1.58	1.49	0.93	0.74	1.06	0.40	1.21	0.71	1.21	0.18
引进创新	0.48	0.11	0.32	1.00	3.91	0.06	0.51	0.03	2.42	0.18	0.00	0.22	3.30	0.50	0.23	0.00
合作创新	0.69	0.53	0.97	0.81	0.37	0.69	0.46	0.19	0.19	0.46	0.39	0.97	0.71	0.67	0.30
经济发展	3.47	2.86	3.00	2.66	1.74	2.86	1.90	3.14	1.74	2.83	2.58	2.83	1.74	2.83	1.90	2.45
经济活力	4.78	1.85	4.56	6.00	1.65	1.48	1.65	1.76	5.09	1.65	5.09	3.02	2.10
经济结构	2.51	4.33	1.20	3.91	4.07	4.33	3.60	4.32	4.07	3.72	4.14	3.72	4.07	3.72	3.60	3.67
地理结构	4.63	0.77	5.24	1.79	1.51	0.77	1.72	1.03	1.51	1.88	0.98	1.88	1.51	1.88	1.72	1.27
资源环境	2.51	2.56	2.58	0.98	0.49	2.56	1.49	1.35	0.49	1.11	1.65	1.11	0.49	1.11	1.49	1.88
政策环境	3.56	1.17	3.15	0.61	0.19	1.14	1.50	0.84	0.23	0.84	0.19	0.84	1.19	0.94
法律环境	5.04	2.66	3.04	5.74	5.12	2.66	3.47	3.84	5.12	1.77	2.35	1.77	5.12	1.77	4.66	2.68
文化环境	2.57	2.77	3.96	4.00	3.39	2.77	2.34	1.91	3.30	2.88	3.30	3.39	3.30	2.35	2.23

根据计算结果可知，要素层指标指数得分表现出较大的离散性，证明整套指标体系的构建及其评价方法等，均是有效的。从单指标分析，在技术要素方

面，得分最高的是科恒股份，得分最低的是中国铝业；在管理要素方面，得分最高的是冀中能源，得分最低的是创兴资源；信息要素方面得分最高的是中国铝业，得分最低的是吉恩镍业；人才要素方面得分最高的是中国石油，得分最低的是吉恩镍业；资本要素方面，得分最高的是中国石油，得分最低的是云海金属；资源要素方面得分最高的是中国石油，得分最低的是吉恩镍业；引进创新方面得分最高的是冀中能源，得分最低的是山煤国际（数值是 0，原因在于计算过程中的四舍五入）；合作创新方面，得分最高的是昊华能源和河北钢铁，得分最低的是鄂尔多斯、开滦股份和东华能源；剩下的企业创新三维空间的得分主要考察的是企业所处空间的真实情况，若不同企业其空间相同，则得分相同。经济发展方面得分最高的是创兴资源，得分最低的是冀中能源、开滦股份、河北钢铁；经济活力方面得分最高的是科恒股份，得分最低的是鄂尔多斯；经济结构方面得分最高的是炼石有色、金钼股份，得分最低的是昊华能源；地理结构方面得分最高的是昊华能源，得分最低的是炼石有色和金钼股份；资源环境方面得分最高的是昊华能源，得分最低的是冀中能源、开滦股份、河北钢铁；政策环境方面得分最高的是创兴资源，得分最低的是冀中能源、开滦股份、河北钢铁；法律环境方面得分最高的是科恒股份，得分最低的是东华能源、云海金属、沙钢股份；文化环境方面得分最高的是科恒股份，得分最低的是鄂尔多斯。

表 5 – 11　样本企业能力层指标指数

能力层指标	创兴资源	炼石有色	昊华能源	科恒股份	冀中能源	金钼股份	中国石油	鄂尔多斯	开滦股份	东华能源	山煤国际	云海金属	河北钢铁	沙钢股份	中国铝业	吉恩镍业
企业自主性创新	1.06	1.48	1.77	2.48	1.46	1.13	1.56	0.95	1.19	1.10	0.98	1.21	1.41	1.22	1.09	0.64
企业外源性创新	0.03	0.01	0.03	0.05	0.16	0.01	0.03	0.00	0.10	0.01	0.01	0.01	0.15	0.03	0.02	0.00
经济空间	0.88	0.65	0.74	1.04	0.54	0.65	0.66	0.63	0.54	0.95	0.61	0.95	0.54	0.95	0.66	0.60
地理空间	0.48	0.19	0.53	0.19	0.14	0.19	0.21	0.15	0.14	0.20	0.16	0.20	0.14	0.20	0.21	0.19
人文空间	0.74	0.43	0.64	0.70	0.59	0.43	0.46	0.49	0.59	0.37	0.36	0.37	0.59	0.37	0.56	0.39

从单指标分析，在自主性创新能力方面，得分最高的是科恒股份，得分最低的是吉恩镍业；在外源性创新能力方面，得分最高的是冀中能源，得分最低

的是鄂尔多斯；在经济空间方面，得分最高的是科恒股份，得分最低的是技术要素方面，得分最高的是科恒股份，得分最低的是冀中能源、开滦股份、河北钢铁；地理空间方面，得分最高的是昊华能源，得分最低的是冀中能源、开滦股份、河北钢铁；在人文空间方面，得分最高的是创兴资源，得分最低的是山煤国际。

表5－12　样本企业结构层指标指数

结构层指标	创兴资源	炼石有色	昊华能源	科恒股份	冀中能源	金钼股份	中国石油	鄂尔多斯	开滦股份	东华能源	山煤国际	云海金属	河北钢铁	沙钢股份	中国铝业	吉恩镍业
企业内生性创新	0.42	0.59	0.70	0.98	0.58	0.45	0.62	0.37	0.47	0.43	0.39	0.48	0.57	0.49	0.43	0.25
企业创新三维空间	0.40	0.26	0.36	0.40	0.26	0.26	0.27	0.26	0.26	0.32	0.23	0.32	0.26	0.32	0.29	0.24

表5－13　样本企业综合层指标指数

综合层指标	创兴资源	炼石有色	昊华能源	科恒股份	冀中能源	金钼股份	中国石油	鄂尔多斯	开滦股份	东华能源	山煤国际	云海金属	河北钢铁	沙钢股份	中国铝业	吉恩镍业
综合指数	0.41	0.41	0.52	0.66	0.40	0.34	0.43	0.31	0.35	0.37	0.30	0.39	0.40	0.39	0.35	0.24

内生性创新能力方面得分最高的是科恒股份，得分最低的是吉恩镍业；企业创新三维空间方面得分最高的是创兴资源，得分最低的是山煤国际。最后，反映到综合指数上，综合得分最高的是科恒股份，得分最低的是吉恩镍业。

从企业得分情况来看，与在企业调查阶段所发现的企业现实表现出很高的吻合度，能够真实地反映企业的现实情况。因此可以说，本书的指标体系是科学的、可行的。

5.2.3　评价结果与等级划分

通过计算，我们已经获取了16家企业各级指标层的指数得分，根据前文中对要素层指标等级划分的标准，我们可以确定各样本企业要素层指标所处的等级，具体等级区分见表5－14。

表 5 – 14 样本企业要素层指标等级区分

要素层指标	创兴资源	炼石有色	昊华能源	科恒股份	冀中能源	金钼股份	中国石油	鄂尔多斯	开滦股份	东华能源	山煤国际	云海金属	河北钢铁	沙钢股份	中国铝业	吉恩镍业
技术要素	中	良	良	优	中	中	中	中	中	中	中	中	中	差	差	差
管理要素	差	中	中	中	良	差	良	差	差	差	差	中	中	中	中	差
信息要素	良	中	良	优	优	中	优	中	良	中	良	优	中	优	中	中
人才要素	中	中	良	良	中	中	中	中	中	中	中	良	中	差	良	中
资本要素	良	中	中	中	中	中	中	中	中	中	中	中	中	中	中	中
资源要素	差	差	中	差	中	差	中	差	差	差	差	中	差	中	中	中
引进创新	差	差	中	中	优	中	中	差	中	差	差	中	中	优	中	中
合作创新	中	中	中	良	差	中	中	中	中	中	中	中	中	中	中	中
经济发展	良	中	中	中	中	中	中	中	中	中	中	中	中	中	中	中
经济活力	中	差	中	中	差	中	中	中	中	中	中	中	中	差	中	中
经济结构	中	良	差	中	良	中	良	中	良	中	中	中	中	良	中	良
地理结构	良	中	中	差	差	中	中	中	中	中	中	中	中	中	中	中
资源环境	中	良	中	差	差	中	中	差	差	差	差	差	差	差	差	中
政策环境	中	中	中	差	差	中	中	中	差	中	中	中	中	中	中	中
法律环境	良	中	中	良	良	中	中	中	差	中	中	中	差	中	中	中
文化环境	中	中	良	中	良	中	中	中	中	中	中	中	中	中	中	中

根据前述对能力层指标等级划分的标准，我们可以确定各样本企业能力层指标所处的等级，具体等级区分见表 5 – 15。

表 5 – 15 样本企业能力层指标等级区分

能力层指标	创兴资源	炼石有色	昊华能源	科恒股份	冀中能源	金钼股份	中国石油	鄂尔多斯	开滦股份	东华能源	山煤国际	云海金属	河北钢铁	沙钢股份	中国铝业	吉恩镍业
自主性创新能力	中	中	良	良	中	中	中	中	中	中	中	中	中	中	中	差
外源性创新能力	差	差	差	中	优	差	差	差	良	差	差	差	优	差	差	差
经济空间	中	中	中	中	中	中	中	中	中	中	中	中	中	良	中	中
地理空间	良	差	中	差	差	中	中	中	中	中	中	中	中	中	中	中
人文空间	良	中	良	良	中	中	中	中	中	中	中	中	中	中	中	中

根据结构层指标等级划分的标准，我们可以确定各样本企业的结构层指标所处的等级，具体等级区分见表5－16。

表5－16　样本企业结构层指标等级区分

结构层指标	创兴资源	炼石有色	昊华能源	科恒股份	冀中能源	金钼股份	中国石油	鄂尔多斯	开滦股份	东华能源	山煤国际	云海金属	河北钢铁	沙钢股份	中国铝业	吉恩镍业
内生性创新能力	中	中	良	良	中	中	中	中	中	中	中	中	中	中	中	差
企业创新三维空间	良	中	中	良	中	中	中	中	中	中	中	中	中	中	中	中

根据企业创新能力综合指数评价划分的标准，我们可以确定各样本企业创新能力综合指数的等级和排名，见表5－17。

表5－17　样本企业创新能力综合评价指数等级区分及排名

公司	综合指数	排名	等级
科恒股份	0.66	1	良
昊华能源	0.52	2	良
中国石油	0.43	3	中
创兴资源	0.41	4	中
炼石有色	0.41	5	中
冀中能源	0.4	6	中
河北钢铁	0.4	7	中
云海金属	0.39	8	中
沙钢股份	0.39	9	中
东华能源	0.37	10	中
开滦股份	0.35	11	中
中国铝业	0.35	12	中
金钼股份	0.34	13	中
鄂尔多斯	0.31	14	中
山煤国际	0.3	15	中
吉恩镍业	0.24	16	差

5.3　本章小结

企业创新能力考核的难点是考核标准的制定，一般情况是依据国家有关规定，制定企业的考核标准。由于国家还没有制定相关的规定，也没有相应的指标体系可以参考。本书的研究方法就是对全国的创新型典型企业进行重点调查，把企业在某些指标上能够达到的最高指标要求作为标杆企业的最好指标。若干个企业最好指标的集合，就是理想中的最好创新型企业指标，或称为模拟的最好创新标杆企业的最高指标；同理，若干个企业最差指标的集合就作为考核标杆企业的最低指标。将最优企业与最差企业的总分按照等分法分成若干等级，便可将连续的得分值划分成若干个离散的档次，从而起到直观评价的目的。按照惯例，我们采取四分法，将企业创新能力分成优、良、中、差四个等级。

本书的研究成果，基于 3 个假设条件：企业创新能力与其利润率存在正相关关系；所选择的企业的创新能力是规模效应不变的；指标体系中的观测指标具有相对静止性。其中，企业创新能力与其利润率存在正相关关系；指标体系中的观测指标具有相对静止性，不难被证明。经过证明同样可以近似认为企业的创新能力是规模效应不变的。在满足这些假设条件的基础上，将样本企业指标原始数据进行标准化处理，从而得到样本企业在各指标上的极值，再以指标逆推集结的方法，获取综合指数的极大值和极小值，从而模拟最优和最差标杆企业。

从应用的情况看，计算得到样本企业创新能力指数的值域为[0，1.04]。若将样本企业创新能力划分为优、良、中、差四个档次，企业创新能力指数值域被划分为四个区间：[0，0.26]，(0.26，0.52]，(0.52，0.78]，(0.78，1.04]，落在第四个区间的为优，落在第三个区间的为良，落在第二个区间的为中，落在第一个区间的为差。

从评价结果看（表 5 - 17），样本企业创新能力普遍偏低，所选 16 家企业中有 2 家企业的创新能力为良（科恒股份、昊华能源），1 家企业的创新能力为差（吉恩镍业），其余企业为中。通过对科恒股份、昊华能源、创兴资源等16 家企业进行实证分析，可以看出此指标体系对于不同规模企业的创新能力的评价基本上是可行的，得出的企业创新能力的分值评价基本符合企业创新能力的实际情况。而且根据对企业各个要素指标的评分，可以找出企业在创新中的优势和不足之处，有利于企业加强改善创新组织结构，提高企业创新能力。由此，可以说，此指标体系具备了科学性、导向性、可比性、可操作性和渐进性的原则，用此方法去分析评价企业创新能力是可行并具有现实推广意义的。

第6章 企业创新的知识流
空间耦合及其假说

前文提出了开放条件下的企业创新能力评价指标体系与评价方法。可以明确地发现，创新空间与创新能力有着天然的影响。这种影响通过何种机制进行，是本书后续研究的重点。笔者认为，知识流的耗散在这一过程中起到中介耦合的作用。耦合效应（Coupling Induction），也称互动效应、联动效应，是指两个或两个以上要素或系统之间发生相关联系的子系统通过中介环节的关联和相互作用而形成更大系统的现象。根据前文的分析，我们认为创新三维空间、知识流及企业内生性创新三者之间的相互关联和联动，即为一种抽象空间范畴下的耦合效应。

6.1 知识流空间耦合的理论分析

6.1.1 企业创新的知识流空间耦合过程

知识流是对知识流动、知识转移等影响创新活动的系统性过程的总体概括。对知识流过程的分解和解析，是深入研究知识流的发生机制及其运动过程，以及对企业创新活动的影响机制等的核心问题。目前关于该问题的研究，基本上可以分为基于价值链的知识流解析、基于供应链的知识流解析以及基于知识演化的知识流探索。

无论是从价值链或供应链视角来看，还是从知识演化的视角来看，空间中的知识识别、获取、开发、分解、储存、传递、共享、运用、创新的动态流程都是一致的且都具有虚拟性、动态性、增值性的特征。从企业内生性创新的角度看，知识流的内化过程局限于空间系统的创新知识，但却以非排他的形式增大企业内生性创新的知识存量。创新三维空间的知识存量越大，向企业的创新知识流动就会越强烈，若企业能够积极地吸收并消化来自空间的知识流，知识流内化就会越强烈，企业内部的创新知识存量也会增加；反之亦然（相对于三维空间对企业的影响而言，单个企业对三维空间的逆向知识流溢出非常弱，难以估计和观察，但全部企业的逆向知识流溢出集合却是三维空间知识存量的基础）。三维空间与企业内生性创新之间的知识流内化和外化过程，最终将以系统动力学动态平衡的形式呈现，符合耗散结构的一般性发展规律。

假设创新空间 S_{t_1} 在 t_1 时点为"自由能"，即创新空间知识资源或知识存量为 G_{t_1}，经过时间 Δt，在 t_2 时点的企业创新空间 S_{t_2} 的知识存量为 G_{t_2}，空间知识存量的变化量（也可理解为空间知识流量）为 ΔG，则 $\Delta G = G_{t_2} - G_{t_1}$，由此可作图 6 – 1（空间知识增量 ΔG，源于空间中个体知识创造，或者知识资源流动过程中的无序叠加，或者空间组织创造的新知识的渗透和溢出）。

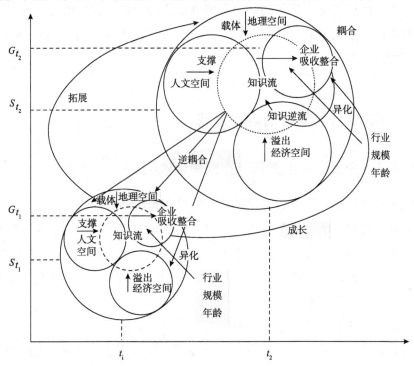

图 6 – 1　企业创新的知识流空间耦合过程

在初始状态下，三维空间 S_{t_1} 中存在企业 G_{t_1}，由于存在 $\Delta G>0$，三维空间向企业传递的创新知识为正，假定企业内生性创新系统完备，且能够积极地吸收来自空间系统的知识溢出，从而企业的创新效率得到提升，企业创新能力将会增强，进而在 t_2 时间，企业内部储备的"自由能"增加，即可控的企业内生性创新知识存量增大，最终表现出来的就是企业的高速成长。此时，三维空间 S_{t_1} 的知识资源或创新知识存量，就知识的动态性而言，通过溢出和被学习后，其使用价值降低，创新空间的自由能下降，熵在变大。在 t_2 时间，企业的自由能扩张之后，伴随企业的高速成长，知识流或创新知识向创新空间进行逆向的自由能转化，从而三维空间的自由能增加，表现出来的就是三维空间的扩张。

在企业创新的知识流空间耦合过程中，散布于企业三维空间的知识性要素密集分布于企业创新的时空维度中，并以知识流的形式在企业创新的三维空间中流动、变化。与此同时，以产权界定的严格企业边界在知识耗散结构和知识熵的实践冲击下变得模糊。企业边界外的知识元以"无主"要素的形式被企业以非耗散的形式加以有效利用。这一过程即知识流的内化过程。知识流的内化过程在无形之间加大了企业创新的杠杆，并进一步拓展了企业资源配置的边界。这一过程即企业边际成长过程。由于知识耗散结构的作用，企业与三维空间之间的知识流存在动态反馈的机制。知识流的方向依据企业与三维空间的知识资源自由能高低发生变化。在三维空间自由能没有新的增量发生的假设下，在知识流内化过程发生后，创新空间的自由能将减少，而企业通过资源配置进行创新，将带来新的知识、技术、产品，知识流存量将增加；此时，企业将向空间释放自由能，知识流自发流向三维空间。这一过程与企业的知识溢出同质，企业的知识产权保护只能减缓知识流的速度，而不能从根本上杜绝知识资源的外化过程。单个企业的知识资源外化过程似乎并不能改变系统的任何过程，但三维空间内无数企业的外化集合则是整个经济社会"核裂变式"发展的必要条件。

6.1.2　熵增原理在知识流空间耦合中的应用

"熵"是经典热力学中的一个重要概念。德国数学家鲁道夫·克劳修斯（Rudolf Julius Emanuel Clausius，1865）通过长时间对热能转换的观察研究，在 1865 年通过熵的概念成功地对热力学第二定律进行了数学表达：任何孤立系统（系统绝热）由一状态达到另一状态，熵值不减少——熵增原理。对于熵的理解，最简单直接的表述是：熵的增加表示热能转变为功的可能性降低，即熵是热能转化为功的程度的度量。熵越小，可转变的程度就越高；熵越大，已转变的程度越高，做功越大，可转变的程度越低。系统的熵变可以用下式表达：

$$S = \int_{T_1}^{T_2} \frac{\mathrm{d}Q}{T} \geq 0 \qquad (6-1)$$

其中，S 为系统熵；T_1 为初始温度；T_2 为末态温度；$\mathrm{d}Q$ 为过程中的能量变化；T 为系统温度。

熵增原理建立在对系统内外转化规律的认识基础上。系统与其之外的组织发生能量转化分为两种：一种是自然、自发、自觉的运动过程，这个过程中，无须借助系统之外的任何力量和引导，系统会自发地向组织进行能力释放，比如热水逐渐冷却，被称为正转变；另一种是非自然、非自发、非自觉的运动过程，这个过程中能量的转化需要借助系统之外的力量才能实现能力的转化，比如冷水需要加热才能变成热水，被称为负转变。对于一个封闭孤立的系统，负转变不能自发产生，正转变不可能自动复原，即熵增原理所谓的不可逆性。

熵增原理的两条重要法则如下。

1）系统必须是绝热的，即孤立封闭的。只有在孤立封闭的系统中，负转变才能被严格剔除。

2）对于非绝热的开放系统，可以将其与其外的系统看成一个总系统。总系统总是绝热、孤立的，因此总系统的熵一直增加。

熵增原理提出至今，已被广泛应用到各个学科领域的系统研究中。需要指出的是，熵增原理必然以系统研究出发点为基础。

企业创新包含三个维度，即企业创新空间维度、知识流维度和企业创新内生维度。熵增原理能否在企业创新系统维度中得到应用，取决于企业创新系统是否具备熵增原理所要求的基础条件——系统转化的不可逆性。从前面的研究看，显然不成立，因为企业创新是一个开放系统。但是，若将企业创新的三个维度分割开来看的话，熵增原理仍旧存在拟合的可能性。

企业创新的本质是要素与知识在企业管理机制的协调下形成新的价值存

在。从价值交换的角度看，企业的边界是严格、明确的。企业的创新产出通过市场机制实现价值。在创新产出的生产过程中，知识流即企业创新的熵流。企业通过合理运用知识流，从而达到创新产出并通过交换实现市场价值的目的。从熵增原理看，在企业创新活动的过程中，知识流应随之发生变化。根据能量守恒定律，企业向外部系统做功必然伴随企业内部创新能量的衰减。这一过程可以理解为企业知识流向其边界之外的系统做功。但在现实中，笔者并没有发现创新型企业因为其创新活动而衰亡的客观事实。产生这一矛盾的根源在于企业所拥有的知识流可以被无限次叠加组合使用，企业的创新知识流似乎是一个永不枯竭的创新源（以至于不少学者认为企业内生知识是企业创新的 DNA）。这种认识建立在对企业创新活动的短期考察之上。长期而言，一个不崇尚知识更新和再学习的企业，衰亡是必然的。若假设在足够长的一段时期内，企业无动力或者没能力从系统外获取新的知识，抑或外部系统无法提供企业所需知识，那么企业就是一个孤立的系统。伴随企业创新活动的展开，企业以其自有的创新要素投入为代价，实现创新产出价值的再造和转移。企业内部的知识流通过各种知识流载体向外扩散，并以隐性知识流的形式被外部企业吸收，企业的创新位势差被逐步削弱，企业所具备的存量知识流将逐渐老化和衰减，失去其初始状态的高能要素属性，进而失去活力及其市场竞争优势。企业创新活动的价值差，或者说投入产出之差与企业知识流的关系可以用下式进行表达：

$$dV = -\mu dT \qquad (6-2)$$

其中，dV 是企业创新价值增量；dT 是企业为获取创新价值增量导致的知识流变化量；为了研究的方便，我们假设 μ 是独立于 dT 的外生变量。

从上述分析看，企业创新系统与熵增原理存在拟合基础。但企业创新空间与热力学系统仍存在不一致的地方。企业创新系统与物质系统最大的区别在于企业创新要素中的人的因素。人才是企业最核心的富有主观能动性的创新要素，其主导了系统内外新知识的产生。物质系统是一个无源系统，而企业创新系统则是一个有源系统，有源系统区别于无源系统的核心在于在假定企业边界严格的基础上，在特定的时空环境下，在不接受外部系统知识流输入的前提下，企业特殊人才能够自行创造出新知识，进而使得负转变产生可能，即熵增为负成为可能。

因此，在企业创新边界单向严格（单向模糊）的框架内，控制企业外部系统的知识流输入，企业内生性创新维度分析与熵增原理的拟合需要进行修正。

假设，企业创新的系统熵变为 dH，T_1 为初始知识流，T_2 为末态知识流，dV 为创新价值增量。则，企业在进行一次创新活动之后的总熵 H 可以用下式表示：

$$H = \int_{T_1}^{T_2} \mathrm{d}H = \int_{T_1}^{T_2} \frac{\mathrm{d}V}{T} \qquad (6-3)$$

在不考虑企业创新的有源特性时，企业创新的系统熵值可由式（6-3）进行测算和评估。假设，企业创新要素投入价值为 V_1，企业创新产出的价值为 V_2，企业初始知识流为 T_1，企业末态知识流为 T_2，且则企业创新的系统熵变计算过程如下：

$$\because H = \int_{T_1}^{T_2} \mathrm{d}H = \int_{T_1}^{T_2} \frac{\mathrm{d}V}{T}; \mathrm{d}V = -\mu \mathrm{d}T$$
$$\therefore H = \int_{T_1}^{T_2} \frac{-\mu \mathrm{d}T}{T} = -\mu \int_{T_1}^{T_2} \frac{\mathrm{d}T}{T} = -\mu \ln \frac{T_2}{T_1} \qquad (6-4)$$

在 $\frac{T_2}{T_1} \leqslant 1$ 的条件下，有：

$$H \geqslant 0 \qquad (6-5)$$

即企业创新的系统熵增成立。

当考虑企业创新的有源特性时，上面的核算就不再适用于企业创新的系统熵变测度，当企业创新为有源系统时，企业知识流在耗散过程中还会自动产生新的知识流，即企业的末态知识流 T_2 是企业的初始知识流 T_1 与创新知识流耗散 $\Delta T'$、有源系统知识流增量 $\Delta T''$ 的和：

$$T_2 = T_1 + \Delta T' + \Delta T'' \qquad (6-6)$$

将式（6-6）代入式（6-3），得到：

$$H = \int_{T_1}^{T_2} \mathrm{d}H = \int_{T_1}^{T_2} \frac{\mathrm{d}V}{T} = \int_{T_1}^{T_1+\Delta T'+\Delta T''} \frac{\mathrm{d}V}{T} \qquad (6-7)$$

$$\because H = \int_{T_1}^{T_2} \mathrm{d}H = \int_{T_1}^{T_2} \frac{\mathrm{d}V}{T} = \int_{T_1}^{T_1+\Delta T'+\Delta T''} \frac{\mathrm{d}V}{T}; \mathrm{d}V = -\mu \mathrm{d}T$$

$$\therefore H = \int_{T_1}^{T_1+\Delta T'+\Delta T''} \frac{-\mu \mathrm{d}T}{T} = -\mu \int_{T_1}^{T_1+\Delta T'+\Delta T''} \frac{\mathrm{d}T}{T} = -\mu \ln \frac{T_1 + \Delta T' + \Delta T''}{T_1} \qquad (6-8)$$

$$\text{又} \because \frac{T_1 + \Delta T' + \Delta T''}{T_1} = 1 + \frac{\Delta T' + \Delta T''}{T_1} \qquad (6-9)$$

$$\therefore \begin{cases} \text{若} \dfrac{\Delta T' + \Delta T''}{T_1} \geq 0, \text{则} \dfrac{T_1 + \Delta T' + \Delta T''}{T_1} \geq 1, \text{有 } H \leq 0; \\[3mm] \text{若} \dfrac{\Delta T' + \Delta T''}{T_1} \leq 0, \text{则} \dfrac{T_1 + \Delta T' + \Delta T''}{T_1} \leq 1, \text{有 } H \geq 0 \end{cases} \qquad (6-10)$$

因此可知，当企业创新系统为有源系统时，企业创新活动导致的企业熵变只有在其有源知识系统自发产生的知识流能够弥补其因创新活动导致的知识流耗散程度时，企业的熵增才为负；若企业有源知识系统自发产生的知识流不能弥补其因创新活动导致的知识流耗散程度时，仍旧满足熵增原理，企业的熵增才为正。在一个假设为长期条件下孤立封闭的不可逆系统中，作为有源系统的企业，其自发产生的知识流是微乎其微的，对企业熵增的负向影响可以忽略不计。

企业创新的空间维度与熵增原理同样存在拟合的可能。企业创新的空间维度由外源空间组织和空间耦合机制组成。外源空间组织包括外源企业、中介机构、金融机构、政府机构、公共研发机构和个人。这六种组织或个体在假设其为孤立封闭系统时，同样满足不可逆假设。在不可逆假设下，外源空间组织缺乏向企业进行知识流主动溢出的动力机制。知识流的流动完全处于自发状态。在短期，外源空间组织都不会因为知识流的自发流动而导致熵增，原因在于相对于单个企业而言，外源空间组织的边界接近无穷大。外源空间组织整体的熵增效应可以视为无穷多个类似于企业组织熵增的包络。在长期，外源空间组织与其内含的企业之间的知识流处于此消彼长的过程态，企业的熵增意味着外源空间组织的熵减。经过长时间的相互作用，企业通过创新活动得以成长，外源空间组织被企业逐渐吞噬，企业的边界逐渐扩展，在最为极端的情况下，企业与外源空间组织趋同，企业将取代外源空间组织，形成对经济空间的绝对垄断（当然，这是最为极端的理论状态，现实中几乎不可能发生）。

将企业创新的空间维度和企业内生维度作为一个物质总系统进行考查，笔者发现，系统的熵将保持不变，即

$$\begin{cases} H = \mu \displaystyle\int_{T_1}^{T_2} \frac{\mathrm{d}T}{T} = \mu \ln \frac{T_2}{T_1}; S = \mu \displaystyle\int_{T_2}^{T_1} \frac{\mathrm{d}T}{T} = \mu \ln \frac{T_1}{T_2} \\[3mm] A = H + S = 0 \end{cases} \qquad (6-11)$$

其中，H 为企业创新的系统熵；S 为外源空间组织的系统熵；A 为创新空间的系统熵。

由于创新系统是一个有别于物质系统的有源系统，富有主观能动性的创新要素——人才在大量的创新实践中会对客观存在产生新的认识，形成新的知识和知识流，进而使得长期内创新空间的系统熵增为负，即

$$A = H + S \leqslant 0 \qquad\qquad (6-12)$$

6.1.3 耗散结构理论在知识流空间耦合中的应用

熵增原理适用于不可逆系统的能量单方向转化和释放。在放松不可逆假设之后，熵增原理在分析动态、非线性、开放系统的再平衡时，缺乏有效的理论支持。1969 年，比利时物理学家普瑞高津（Prigogine）基于对熵增原理的延伸研究，提出了耗散结构理论的概念，并在一次"理论物理与生物学"国际会议上公开阐述。耗散结构理论认为，开放系统在负熵的作用下，形成系统内部的微小涨落和突变，在非线性运动机制的作用下，这种涨落和突变被放大，进而使非平衡的系统有序化得到进化，实现系统总熵的降低。

耗散结构理论解释了物质系统在可逆与不可逆条件下，内在无序结构和有序结构的自组织转变机理与条件，揭示了物质系统由平衡到不平衡、线性互动到非线性交互的矛盾现象，以及动态演化过程和规律。系统的耗散结构存在，需要具备 4 个先决条件。

（1）耗散结构产生于开放系统

熵增原理认为一个孤立封闭系统的熵随着时间的推移而趋于熵增，并最终趋于死寂的平衡态。开放系统可以从外界引入足够的负熵来抵消这种熵增，使系统总熵减少，进入一个有序态，即系统与外界进行物质、能量的交换，并逐渐有序化。这表明，耗散结构的产生必须在一个开放系统中，一个孤立或封闭系统不会出现耗散结构。

（2）产生耗散结构的系统要远离平衡态

一个绝热的孤立系统，遵循不可逆能量转化规律，系统末态相对于初态只能熵增。原因在于绝热孤立系统与外界进行的能量转化是单向不可逆的，系统自身并不吸收来自外部的物质与能量。系统在位势差的作用下，自发地进行均匀的能量输出。当系统与外界之间的位势差达到新的平衡后，系统就进入一种

类似于死寂的平衡态，且不再离开。这种系统无法产生耗散结构。存在另一种与孤立系统相似的开放系统。内部要素在外界刺激下，进行缓慢的运动，同样通过自发的能力扩散达到死寂的平衡态。整个过程中，虽然存在物质与能力的输入，但远没有达到原理平衡态的阈值，耗散结构也不会产生。

（3）系统内部存在非线性的相互作用

线性的相互作用会因为系统内部主体的共线关系而弱化，进而无法形成远离平衡态的系统状态。因此，非线性的相互作用，是耗散结构得以维系的一个先决条件。

（4）系统内存在涨落突变

耗散结构的形成取决于系统运动相对临界值的激烈程度。只有系统内外能量转化达到一定临界值时，耗散结构才出现。系统内各部分之间通过非线性作用将微小的涨落放大，使得系统离开初始的非平衡无序态而进入新的有序态。而涨落之所以发挥出如此巨大的作用，是因为系统内非线性机制的存在。因此，涨落起到了触发的作用。

企业创新的各个维度在系统动力学规律的作用下进行循环累积、互为因果、交叉互动的自组织过程，并最终以有序的耗散结构呈现。企业创新系统中的某一系统、维度、元素发生变化时，系统内的其他子系统、子维度、子元素也随之发生变化，且这种变化沿着特定的反馈回路再次叠加到其自身的变化上。耗散结构原理与企业创新的系统拟合研究，不仅要考虑系统中各子系统之间的物质、能力、知识的输入输出，还要考虑因为这种输入输出所导致的内在关系、机理、逻辑的变化。

1）企业创新的开放性。基于外源空间组织构成的属性与组织方式，构成企业创新空间维度的六大节点组织：企业、中介机构、金融机构、政府机构、公共研发机构和个人，可被归为三大类，即企业、公共机构与个人。为了研究的针对性，笔者将第一视角企业从企业创新的空间维度中进行抽象剥离。企业创新的空间维度是企业创新与竞争优势的现实载体，反过来又是企业创新空间维度的构成形式和动态变化基础。从经济发展的角度看，企业仍旧是社会创新的主要力量，创新活动最终要以企业为行为载体。从开放式创新的理论视角看，在现代经济条件下，非竞争性、非排他性、高渗透性"知识元"对现代企业理论所强调的企业严格边界的持续冲击，导致了企业创新资源配置的开放性。创新并非企业的排他性内部行为，而是一种进化的、非线性的、企业和空间系统交互作用的过程。企业可以同时利用内部和外部有价值的知识来加快内部创新，内部创意同样能够通过外部渠道进入市场，从而产生外部有效性。企业创新要素的跨组织边界配置，是企业满足耗散结构理论要求的开放性条件的基础和核心。

公共机构包括两类，即政府机构和公共研发机构，两者均具有公共属性。政府机构本质上是与企业具有显著不同的组织方式和目标诉求的客观存在。任何时代、任何空间中的任何经济和创新关系，都离不开对于两者的研究。一个经济体的经济现实就是政府与企业组织经济关系平衡的结果。公共研发机构作为知识流的重要创造、重组、整合、传递的组织形式，为企业的创新提供重要的公共知识服务。如果说政府机构与企业的关系是一种带有管控的服务，那么公共研发机构与企业的关系，乃至全社会的关系则是一种带有普惠性的服务关系，是纯粹的公共机构。如果说企业创新系统是否具有开放性还需要分析和讨论的话，公共机构则由于其存在形式和存在价值的公共属性导致其以开放性参与市场的必然。公共机构对于区划内的所有企业而言都是均质的。政府关于经济发展的规划与设计对于所有企业都是公开的，也许存在某项产业政策对于某类或某几个企业有利，但也只是针对这些企业的特定发展状态和具体政策安排。政府机构并不存在将这些知识性要素、信息、知识流阻隔于异质企业之外的动机和机制。公共机构的边界不同于企业组织边界的单向通过性，从公共机构的资源、物质、能力、知识的输入看，公共机构以服务宏观经济社会发展大局为宗旨，从社会经济发展的全方位吸收知识流。因此，公共机构也符合耗散结构理论要求的开放性条件。

个人是企业创新空间中一个特殊的存在。个人无所谓组织边界，但其对空间系统中的企业与公共机构的影响却是至关重要的。人是社会发展的最微观的驱动元素。企业与公共机构都是由个体组成的。社会发展赖以延续的知识之源也来自个体对客观事物的分析、认识和运用。当个体进入组织，其个体运动规则将被组织规则包含但不覆盖（在组织中个体仍然表现出私有的个体异质性）。个体除了进入企业和公共机构之外，还存在大量的游离于这两大组织之外且富有创造力的个体。人是社会动物，就算其游离于政府、企业与公共研发机构之外，但其必然归宿于某一种社会组织，或与某一种社会组织产生密切关系。在发生关系的过程中，其知识流就有可能溢出，被空间系统中的其他组织吸收。因此，在更加宽泛的社会组织视角下，具有私密性的异质个体在知识与思想流动的层面仍旧是开放的。

由此可见，企业创新的空间构成组织，在知识流的作用下均可被视为开放性的组织和个体。企业创新的系统开放性可视为各类组织开放性的包络函数，其开放性并不亚于各类组织的开放性，在系统的非线性互动机制的作用下，在某种意义上可能比各类组织更具开放性。

2）企业创新的远离平衡态。企业创新的系统状态量永远非空，且随着系统内各组成部分的活动产生变化，是个发展不平衡的动态系统。空间维度系统中各外源组织由于状态变量和组织方式的不同而造成的巨大技术和知识位势差导致系统内知识扩散和合作成为常态。这种动态的轻质要素（技术、信息、管理）和非轻质要素（资源、资金、人力）在知识落差与利益落差的原动力策动下，导致系统远离平衡态。企业创新作为耗散系统的状态演变即从它子系统之间的层次差异性、知识异质性、发展不平衡性开始。

从企业创新效率看，其作为企业创新活动的一种量化评价，是企业在激烈的市场竞争中保持持续的竞争优势的关键，是企业创新管理、决策的基础，也是企业创新能力保持和发展的前提条件。空间经济系统中不可能存在完全同质的企业，即空间中的企业都是异质的，反映在状态变量上就是企业创新效率的差异。有差距就会有竞争，有竞争就会有动力。巨大的创新效率落差，刺激了企业之间的创新竞争程度，使得空间系统中的企业永远处于一种非平衡的动态竞争过程中。从企业创新要素使用价值量看，企业创新效率差异源于企业产业属性、规模结构、内生能力、要素配置、生命周期、地理区位等内外生变量的不同，归根结底在于创新要素在不同企业节点上的价值量不同。创新能力强、效率高的企业，对于创新要素的发掘和利用能力更强，相同创新要素的使用价值量更大，知识流的更迭速度更快，新知识的产生也更加频繁，企业在市场活动中根据竞争优势，也最有可能成为系统中的创新高能区，从而产生知识位势差。从不同企业的知识禀赋看，不同企业拥有的知识结构、规模和属性存在巨大的差异性。异质的创新知识的相互融合是新知识产生的基础，是所有企业追求差异性竞争优势的源泉。因此，企业间的知识合作、嫁接、融合是系统内创新活动的动态常量。从单个企业内部各组成要素来看，不同的职能部门的功能定位、业务组成、人员构成、组织方式、管理制度均有所差别，部门间的协作和竞争是企业赖以生存的基础。相同部门内人员素质、知识储备也存在巨大差异，导致了部门内部的持续动态和活力。由此可见，企业创新永远处于一种远离平衡的状态中。

3）企业创新的非线性。企业创新的不平衡性在价值链和知识链的共同作用下形成相互联系、互为因果、动态交互的非线性作用机制。现实中很少有企业能够完全覆盖完整的一条产业价值链。企业生产的产品在绝大多数情况下是其他企业的投入要素，即产业链上的上下游承接。在产业价值链上，不同企业的功能定位和产业区位不尽相同，各类企业子系统在生产方式和价值形态的多样化方面表现为产业横截面上的相互交合而形成的非线性动态网络价值链。非线性的动态网络价值链是企业知识链的基础。在企业非线性动态网络价值链的各个环节，需要企业各种知识要素的承载和配合。根据企业价值目标，创新知识要素通过催化与自催化产生非线性耦合与放大效应，进而形成网络化的知识流态。

4）企业创新的涨落突变。企业创新具有相对独立的经营边界、研究领域、创新规划、行为模式、要素配置方式、技术标准等，并根据这些异质性形成对企业创新的独特判断，做出个体利益最大化的创新决策。外界任何微小的创新知识随机扰动，例如，一种新理论的探索诞生，一项新技术的实验应用，一种新模式的市场推广等，对于创新主体的影响都是巨大的。或许这种新的创新知识扰动与创新主体行为和活动在短期内并无直接关联，但在动态非线性网络互动机制的作用下，其对于创新主体的间接影响以空间系统叠加的方式出现，最终的影响可能表现为杠杆乘数倍增效应。对于处于平衡态和近平衡态的企业创新主体而言，这种随机创新知识扰动并不能带来改变实质的巨涨落，因为在平衡态和近平衡态时，创新主体趋于"死寂"结构，知识流、熵流动态变化的知识位势差基础不存在。当企业创新主体处于开放的远离平衡态时，外部知识流输入会激烈地刺激和破坏原有的平衡，在非线性网络价值链和知识链的共同作用下，知识流被不断叠加、重组、改写，促使空间知识的非稳定性不断激化，当这种非稳定性达到系统运动的临界点时，新的有序结构就会产生，企业创新会从初始的无序结构跃迁到新的有序结构。例如，国家关于全面放开"单独二孩"政策的推出，这一关于人口政策的局部调整在原有婴孕用品行业产生微小的涨落，打破了原有婴孕用品行业的竞争态势。为迎合这一政策，产业链上的企业与根据自身的资源优势和市场定位做出创新决策，以迎接市场的挑战。这一政策的信息流在行业内被不断挖掘、重组、改写，导致原来相对稳定的市场供需矛盾被激化，最终形成新的竞争格局。

6.1.4　知识流空间耦合的动力机制

根据熵增原理与耗散结构理论与知识流空间耦合的系统拟合来看，决定知识流空间耦合的动力机制是知识耗散结构和知识熵。

知识熵的动态变化实际上就是经济区域系统内的知识流，知识流的内化过程趋向于减少企业创新的自由能，增大企业创新的知识熵。自由能越大知识流内化就会越强烈。企业创新的自由能（也可以理解成空间中的创新知识）越大，空间向企业的创新知识流动就会越强烈，若企业能够积极地吸收并消化来自空间的"自由能"（或者"知识流"），企业内部的创新知识存量也会增加，当空间中的企业规模、数量以及知识流储备达到一定的阈值，企业或者企业集群就成为空间中的新的有序结构，同样具备能够向空间释放"自由能"的可能，这种释放是企业向空间的知识流外化过程。以知识耗散结构和知识熵为主要特征的企业创新系统可以在没有任何外力的作用下，自发地与另一经济系统进行知识交换，最后趋向于动态平衡状态。

在整个过程中，知识流的非线性耦合机制起决定性作用，各要素始终因知识流的动态变化而发生变化。无论知识流的内化、企业边际的扩展、知识流的外化还是三维空间的拓展，在大多数时候仍以满足和维持企业现有市场需求为目标，即突破性创新阶段。当知识流通过运动、融合的耦合机制与消费市场的细分和挖掘联系在一起时，知识流的质性价值将得到体现，新的技术、新的模式将引致新的需求，市场的竞争规则以及相关的制度规则将被迫修正，新的行业和市场被创造出来，即耗散结构新的有序化过程。

6.2　企业创新的知识流空间耦合效应及其假说

企业本质上是一种通过管理和协调参与者的活动，逐步实现资源配置和资源整合逼近帕累托最优的持续经营过程组织，其中企业资源包括了自然资源、人力资源以及资本、技术、管理、信息等生产要素，也包括由这些资源要素组成的要素结合体。同时，企业创新的过程与企业的生产过程密不可分，由于现代社会的广泛联系而使企业的边界得以扩展，进而造成企业创新行为不再是企业自身的独立行为，其不仅受到企业内部创新要素集聚和合理配置的影响，也受到来自企业空间维度以及知识流维度的耦合影响。企业内生性创新与创新三维空间的关系如图 6-2 所示。

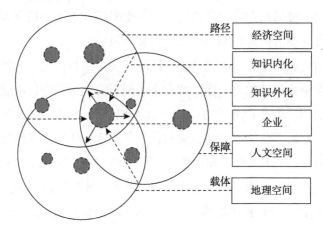

图 6-2　企业内生性创新与创新三维空间的关系

6.2.1　经济空间的知识流溢出效应及其假设

经济空间具体表现为产业的构成、要素的结构比例以及要素密集度等。经济空间的合理搭配有助于企业寻求创新所需的各类经济要素（Katharina Manderscheid，2011）。在经济空间维度下，企业的研发投入为创新的要素配置提供了初始的储备；市场的竞争、开放以及创新性需求，为企业提供了创新的利益驱动条件和原动力；知识服务中介、科技金融体系是经济空间内知识流得以高效流转的中介机构，其存在的目的在于服务企业创新的知识流通。上述条件共同维护了耗散结构熵增的路径，以及知识流空间聚散效应的基础。管理者可以研究多数组织成员的习惯，然后利用经济聚集效应拓展特定知识在经济空间边界内部传播和共享的深度和广度，使得"知识流"能够在经济空间边界内的企业之间迅速流动（Grant，1996）。这种"知识流"通常包含着同行企业以往创新成功与失败的经验以及解决各类问题的成功方案等。通过这些知识流，企业可以有效地确定创新的科学方案，提高企业创新的成功概率（赵立雨，2016）。

企业存在的必要性就在于合理配置资源，以最小的投入实现最大的产出，以满足人民日益增长的物质文化需要，这一资源配置过程是以市场为出发点和落脚点的，从原料采购到产品销售，无一不是在市场上完成的，市场需求是企业创新的原始动力，资源配置实现帕累托最优的过程是一个渐进的过程，可以源源不断地推动企业进行技术创新。纯粹意义上的研发中心或者综合技术创新发展体系并不能带来利润。企业的技术创新体系只有与市场接轨，在市场的发展方向上，推陈出新，将技术产业化，才能实现有效的创新。

知识流的高渗透性、非耗散性、可叠加性、无限增殖性是经济空间与企业创新过程交互耦合的具体实现路径。知识流的耦合机制源于经济空间的知识溢出和企业创新主体的知识内化两个动态过程。

在开放创新条件下，企业创新要素的配置边界得到了极大的扩张，并且在知识流的作用下，这种边界变得越来越模糊和富有弹性。在企业可配置的知识流中，一部分是企业通过产权内部化得到的自主知识流，另一部分则是经济空间因外生组织创新活动形成"知识势能"通过知识溢出效应而自发存在（相对于企业本身而言）的"无主"知识流。吸收能力是对外部有价值的新信息进行识别、消化吸收，并将之用于商业化的能力（Wesley，Daniel，1990），包含四个维度：获取能力、消化能力、转化能力与应用能力。当企业能够充分地利用环境空间接收来自于三维空间的知识溢出时，三维空间则对内生性创新起到积极作用；当企业无视三维空间的存在，或者自身吸收能力无法支持其接受来自三维空间的知识溢出时，三维空间则对企业的创新作用很小。企业通过自身的吸收能力，吸收来自其组织边界之外的经济空间的知识流外部性，并作为重要的创新要素投入生产。反过来，企业的创新活动最终也会以产品、服务抑或信息、技术等形式构筑新的知识流，并反馈到经济空间中，形成新的反馈可能回路。整个过程中，知识流以桥梁的存在形式通过复杂的非线性耦合机制将封闭的企业组织与经济空间联系在一起。

从创新的本源视角出发，企业创新三维空间唯一抽象不变的态变量是系统的自由能——知识流。知识流是企业创新三维空间具体化元素的抽象表达形式。企业创新三维空间异质源于抽象的知识流差异，即知识流的载体、比例、结构不同，具体到企业创新三维空间元素上，即是企业创新三维空间元素的创新知识使用价值量的矢量叠加。

企业创新三维空间的知识流态函数由式（2-2）表示。知识流态在企业创新三维空间中是一个矢量，有大小，有方向，是三维空间维度具体构成元素在创新知识使用价值量上的矢量叠加。从三维空间维度具体构成元素到三维空间的知识流态，中间包含了复杂的具体元素知识使用价值量转换过程，且每一元素由于其属性、结构、规模、密度以及作用方式的不同，转换效率也不同。通过三维空间维度具体构成元素在创新知识使用价值量上的矢量叠加运算，可得到三维空间维度的知识流态函数，见式（2-6）所示。

式（2-6）中，g_i, e_j, h_m 为三维空间各元素的知识流转换效率，且有 $g_i > 0, e_j > 0, h_m > 0$。

式（2-6）反映的是知识流与三维空间的关系，对经济空间各元素求偏导，即可知地理空间及其各元素与知识流的关系：

$$\frac{\partial F(t)}{\partial p_{e_j}} = \frac{\partial F_e(t)}{\partial p_{e_j}} = e_j > 0 \qquad (6-13)$$

由此可见，经济空间对知识流具有正向的促进作用，即

H1：经济空间对知识流有显著的溢出影响。

6.2.2 人文空间的知识流支撑效应及其假设

企业创新活动总是在一定的人文空间中由人来完成。人文空间所蕴含的各种创新激励在内的政策体系、社会服务体系，乃至人文精神体系，在能动的人的要素的反馈作用下，衍生为具体的知识与信息流，以及维持这些知识与信息流动的复杂动态机制，对企业创新活动产生直接的影响。

人文空间具体体现为政策机制、法律制度、文化习俗等，例如，政府创新投入、政府对创新的制度支持、完善的企业创新引导机制、完善的知识产权保护法规和机制、系统、全面、高质量的公共科研机构，以及尊重知识产权的社会风气和"鼓励探索，容忍失败"的社会氛围等。事实上，人文空间为企业向空间存储各类知识提供了激励机制的安排，一个政策机制合理、法律制度完善和文化习俗良好的人文空间有助于企业之间的彼此信任和互惠共赢，进而促进企业间交换关键的显性知识和隐性知识，增进知识交换的深度、宽度和效

率，促进知识流在空间上的传输。

从知识流的角度看，政府的产业、科技、财税等相关政策激励，包括企业制度、专利制度等，正是以知识、信息流的形式为企业营造了极其宽松的制度环境，引导和激发企业的创新活动，引导创新要素向企业集聚，不仅可以增强企业创新要素，提高企业科技创新的积极性，而且能够引导企业增强自主创新能力。从企业创新的实际看，在相关主管部门的引导下建立创新中心、生产力发展中心和技术推广中心，发展创新孵化器、创新科技园区与技术开发转移技术中心等社会服务机构，促进了创新知识的聚集，并通过知识流的形式为企业的创新提供了专业化的服务，提供了创新信息交流平台，开发了公共创新资源，实现了创新合作推动，提高了创新的成功率，加速了技术与研究成果的尽快产业化。人文精神体系的本质是作用于能动的人的要素的内心世界的思想元、价值元的知识元矢量叠加，通过知识流的形态与人文空间中的组织体系和个人产生共鸣，其对企业创新系统既有促进的作用又有约束的作用，它框定了企业创新的行为与价值规范，对研发人员的创新激励和价值取向选择及对企业家精神和行为方式的选择等，都体现出强大的作用。

从式（2-6）来看，其反映的是知识流与三维空间的关系，对人文空间各元素求偏导，即可知人文空间及其各元素与知识流的关系：

$$\frac{\partial F(t)}{\partial p_{h_j}} = \frac{\partial F_h(t)}{\partial p_{h_j}} = h_j > 0 \qquad (6-14)$$

由此可见，人文空间对知识流具有正向的促进作用，即

H2：人文空间对知识流有显著的支撑影响。

6.2.3 地理空间的知识流载体效应及其假设

在现代经济条件下，随着信息技术与网络经济的发展，地理维度在经济维度中的贡献度和重要性被人文空间、知识要素等变量的重要影响所覆盖。有的学者甚至抛出"地理不再重要""地理已死"的论断。笔者认为，地理维度在经济维度中的重要性被覆盖、超越，并不等价于其作用已消失；相反，地理维度对于经济发展以及企业创新的影响仍旧存在，并且是不可或缺的一个因素。不管虚拟经济如何高度发达，仍然需要一定的经济实体以特殊的作用形式对其进行支撑。地理实体空间是企业创新要素聚集、存储、配置的"线下"载体，

同时也是经济空间与人文空间的"内嵌"载体，还是知识流运动的"有形"载体。

对于地理空间而言，企业的聚集有利于知识流在较短的空间距离上传输，降低了企业搜索新知识的成本（党兴华等，2013）。更重要的是，同行企业在地理空间聚集得越多，知识流的流量就会增加，那么有关解决企业某类问题的相关信息就会越多，这有助于企业解决创新过程中遇到的各种难题（刘斌等，2016）。地理空间的临近性、集群性、扩散性特性，对企业内生性创新拥有极大的虹吸效应。企业所处位置的临近性，决定了企业间进行知识交流和产业互动的频率。地理越临近，这种交互就会越频繁，企业间的协调创新和互补性创新也将随之增加。通常会发现现实经济中存在相关行业在某一地理区位上聚集的现象，即创新集群现象。在创新集群产生之前，一个随机性的企业出于节约成本或者对政策、技术、人才、市场等要素的追求，会在某个地理极点上形成自己的竞争优势和创新能力。当它的竞争优势和创新能力达到一定水平后，产业链上的其他企业在深入研究后发现其外溢的知识流外部性有赖于地理的临近，因此会选择在地理上进行汇集。当这种汇集达到一定规模之后，最初的随机地理区位在创新政策、技术标准、知识流开发、人才资金技术储备、管理经验、市场研究等方面形成规模效应，进而形成创新集群。创新集群不是简单的创新型企业依据某一行业属性或技术标准进行的简单的地理集中，而是通过这种地理集中形成知识流的叠加、嫁接、融合、创造，进而极大地提升创新效率。

在交易成本始终存在的经济现实中，区域空间内企业的地理临近性无疑是企业节约创新资源配置成本最大的有利条件，地理临近性为知识流沟通企业与空间的互动起到了积极作用。从要素禀赋看，空间内创新性资源丰富程度，是空间耗散结构由非平衡态向平衡态进化的基础。企业的密度以及产业分布的同向性是空间内企业知识流互动的有利条件。总而言之，地理空间在整个企业创新运转系统中以其特有的知识流高能态，通过知识流载体实现对企业内生性创新的促进作用。知识流在整个过程中通过复杂的耦合机制发挥作用。

从式（2-6）来看，其反映的是知识流与三维空间的关系，对地理空间各元素求偏导即可知地理空间及其各元素与知识流的关系：

$$\frac{\partial F(t)}{\partial p_{g_j}} = \frac{\partial F_g(t)}{\partial p_{g_j}} = g_j > 0 \qquad (6-15)$$

由此可见，地理空间对知识流具有正向的促进作用，即

H3：地理空间对知识流有显著的载体促进影响。

6.2.4　知识流的空间耦合效应及其假设

知识基础理论（knowledge – based theory）表明，知识是企业最重要的资源，企业被视为有效传递信息的重要主体，而企业所处的空间却是知识的重要载体，知识在空间上的聚集一方面有利于提高企业自身的创新能力，另一方面企业可以从空间上获取重要的知识元素来强化企业的创新能力（Jozef Konôpka，2011）。近年来，全球化的一个重要现象是企业之间强化了它们之间的空间分布。驱动企业创新的一个关键因素是企业能否从空间上获取知识流（Malgorzata，2013）。知识流的可得性是企业创新过程中的一个重要投入因素。然而，能够有效促进劳动力流动或者同行企业间网络参与的空间合理搭配，通常能够有效地实现知识流在空间上的高效传输（Janusz Zawiła – Niedźwiecki，2015）。空间边界在企业之间知识分享的过程中扮演着重要的角色。这是因为企业的某些知识是隐性的，如果企业之间不能够在空间上进行有效的互动，那么企业通常难以将这些隐性的知识内部化（Patrick W，2016）。若企业在同一个空间边界上，那么知识流则能够在共享的空间边界上高效率地流动，提高企业将外部知识内部化的效率（Mariusz Szuster，2016）。

分析知识流对企业内生性创新的影响需要借助知识创新生产函数。美国著名经济学家罗默曾对企业技术生产函数有充分的研究成果。他认为新思想（或者新知识、新技术）的生产取决于投入研究开发的资本和劳动力的数量以及技术水平，并且假定生产函数为一般化的柯布 – 道格拉斯生产函数，最终获得了新思想（或者新知识、新技术）的生产函数（见式4 – 13）。

根据知识生产函数的一般表达，结合企业创新三维空间知识流分解，可将知识流作为企业创新效率的重要变量进行考量，对企业创新知识流空间耗散结构模型进行数理分析。由于知识流并非一种独立自主的投入要素，其必须与人力资本相结合才能体现出其创新价值，因此，知识流的作用方式主要体现为改变知识生产函数中原有的人力资本创新生产弹性，因此可对原知识生产函数进行修正：

$$A(t) = A(t-1)B[{}_k^a K(t)]\beta[{}_L^a L(t)]\gamma T(t)(\varepsilon + \eta) \qquad (6-16)$$

其中，$T(t)$ 为知识流；ε 为吸收能力系数；η 为整合能力系数；$\beta \geqslant 0$，$\gamma \geqslant 0$，$\varepsilon \geqslant 0$，$\eta \geqslant 0$。

本书着重考察的是知识流的耦合效应，对于知识生产函数中的其他投入变量可作为外生变量进行考察，因此，可将式（6－16）进一步简化：

$$A(t) = E \cdot K(t)^{\beta} \cdot L(t)^{\gamma T(t)(\varepsilon+\eta)} \qquad (6-17)$$

另外，根据 DEA 模型，企业创新效率表达为

$$h_j = \frac{u^T \cdot y_j}{v^T \cdot x_j} = \frac{\sum_{k=1}^{s} u_k y_{kj}}{\sum_{i=1}^{m} v_i x_{ij}} \qquad (6-18)$$

简化，即

$$h(t) = \frac{A(t)}{v_k K(t) + v_l L(t)} \qquad (6-19)$$

因此有

$$h(t) = E \cdot \frac{K(t)^{\beta}}{v_k K(t) + v_l L(t)} \cdot L(t)^{\gamma(\varepsilon+\eta)T(t)} \qquad (6-20)$$

其中，v_k, v_l 分别为资本与劳动的投入权重，均大于 0。

令，$Z = T(t)\gamma(\varepsilon+\eta)$，式（6－20）可化简为：

$$h(t) = E \cdot \frac{K(t)^{\beta}}{v_k K(t) + v_l L(t)} \cdot L(t)^{Z} \qquad (6-21)$$

因此有

$$\frac{\partial h(t)}{\partial T(t)} = \frac{\partial h(t)}{\partial Z} \cdot \frac{\partial Z}{\partial T(t)} =$$

$$\ln L(t) L(t)^{\gamma(\varepsilon+\eta)T(t)} \gamma(\varepsilon+\eta) E \frac{K(t)^{\beta}}{v_k K(t) + v_l L(t)} \qquad (6-22)$$

在 $\beta \geqslant 0, \gamma \geqslant 0, \varepsilon \geqslant 0, \eta \geqslant 0$ 的条件下，对于 $\dfrac{\partial h(t)}{\partial T(t)}$ 值域的判断最终取决于 $L(t)$ 的取值范围：

$0 < L(t) \leqslant 1$，则 $\dfrac{\partial h(t)}{\partial T(t)} \leqslant 0$，即知识流对于企业创新效率的提升是一种负向关系；

$L(t) > 1$，则 $\dfrac{\partial h(t)}{\partial T(t)} > 0$，即知识流对于企业创新效率的提升是一种正向

的促进关系。

上面的推导也符合企业发展的现实，在企业的人力资本投入非常少的情况下，无论空间知识流有多大，企业都无法正常吸收来自空间的知识流溢出，甚至可能因为空间知识流的复杂多变而扰乱企业正常的创新投入产出。只有当企业的人力资本投入和研发系统达到一定规模之后，知识流的溢出效应才能正常被企业所吸收，促进企业创新效率的提升。结合三维空间对知识流的正向促进作用，即

H4：知识流在创新三维空间与企业创新效率之间起到耦合中介的作用。

6.2.5　整合能力与吸收能力的乘数效应及其假设

（1）整合能力

知识流通常以信息流、商流、人才流为载体在企业之间频繁传输。在传输的过程中企业拥有或者能够控制某些知识流，但也有某些知识流不能或不易被企业所控制。因此知识流的整合是一个复杂的动态过程，是指企业对以三维空间为载体的不同来源、不同层次、不同结构、不同内容的知识流进行选择、配置、激活和有机融合，使之具有更强的柔性、条理性、系统性和价值性，并对企业内部的知识流体系进行重构，摒弃无价值的知识流，以形成企业创新所需的核心知识元素（Fleming，2001）。从整合能力提升的视角而言，一方面，企业要识别、选择和吸收有价值的、与企业内部资源相适应的诸如隐性技术知识等外部稀缺知识流，并纳入企业自身所存储的知识流体系之中，例如，企业能够识别和获取所需的创新资源、能够组合现有的创新资源、能够将新资源和现有资源融合配置、能够根据资源特性把资源捆绑在一起等；另一方面，要实现外部知识流与内部知识流之间的融合对接，激活企业内外知识流并充分利用之，提高企业创新的效率（Nelson，Winter，1982），例如，能够有效地激活已构建的资源、能够使资源使用效率达到行业较高水平、利用现有的资源开发和拓展所需的其他资源等。纳尔逊与温特（Nelson，Winter，1982）指出不断地开发企业内部存储的知识虽然可以为企业带来竞争优势，但是它通常会给企业造成较大的知识路径依赖，最终使企业陷入"能力陷阱"（Fleming，2001）。在耗散结构的框架下，通过整合能力，企业内生性创新的知识熵增为负。负熵的引入导致企业内生的知识存量规模得到极大的提升，同时结构和效率得到有

效改进。趋于平衡死寂的企业创新机体得到修正和优化，企业创新达到新的高效有序态。倘若企业能够将外部的知识流整合到企业内部知识之中，那么企业便有可能通过增加多种多样的知识元素并重构这些知识元素来克服企业的知识路径依赖，提高企业潜在的创新能力（Tomohiko，2015）。综合上述内容，本书提出假设 H5：

H5：整合能力在知识流与企业内生性创新之间起倍增作用。

H5a：建构能力在知识流与企业内生性创新之间起倍增作用。

H5b：利用能力在知识流与企业内生性创新之间起倍增作用。

（2）吸收能力

毋庸置疑，企业创新效率的提升需要外部知识和内部知识的协同整合（Shalini Rahul Tiwari，2015）。科恩和利文索尔（Cohen，Levinthal，1990）指出，在内外部知识整合之后，企业的吸收能力有助于提高企业对外部知识流的吸收，外部知识流不能直接提升企业的创新效率，只有企业具备一定的吸收能力才能将外部知识流转化为可以用的知识并促进创新。有关文献强调吸收能力能够提高企业创新绩效，包括创新速度、质量和频率。托拜厄斯·施密特（Tobias Schmidt，2009）的实证研究结论表明企业的吸收能力与技术获取、创新绩效和问题解决能力之间具有显著的正向关系。吸收能力是空间知识负熵进入企业的前提条件，因此企业创新效率的提升实际上是知识的不断积累、整合和利用的过程。在这个过程中，企业的吸收能力起到关键性的促进作用。综合上述内容本书提出假设 H6：

H6：吸收能力在知识流与企业内生性创新之间起到乘数作用。

此外，从式（6-22）中，$\frac{\partial h(t)}{\partial T(t)}$ 的取值大小来看，亦可发现：企业自身的知识流吸收能力和知识流整合能力（$\varepsilon \geqslant 0, \eta \geqslant 0$）的大小直接决定了知识流对企业创新的作用效果的大小。由此可见，H5 与 H6 的提出是合理的。

6.2.6 行业、规模、年龄特征的知识流空间耦合异化效应及其假设

创新三维空间与企业内生性创新的知识流耦合关系，是对创新三维空间、企业内生性创新及知识流之间的一般性抽象耦合解释。三者之间的关系在具体

的企业创新情境中必然受到更多的外生因素的影响。外生影响因素或许不能对三者之间的一般性抽象耦合关系产生颠覆性的改变和跃迁影响，但亦足以改变具体企业在创新实践中的创新要素配置决策和结果。

现实经济中的企业均是独一无二的异质性组织。两个企业可以在很大程度上类似接近，但却不可能完全同质。就外生因素而言，要定位一个企业，最基本的几个因素有企业的行业属性、企业的规模结构、企业的年龄等。在这些外生因素相同的情况下，企业内在的组织方式、能力素质、要素构成才是企业与企业异质的"DNA"。

（1）企业的行业属性

资源与能力理论集中于对企业资源与能力配置差异的研究。企业所处的行业特性，以及行业竞争程度等，对于企业本身的创新模式、创新过程、创新效率都具有极大的影响。空间维度中的异质性知识流在进入企业前，会因为行业属性的存在，而被定向过滤，与企业所从事行业相关的知识流会被企业吸收，而那些对企业创新暂时"无用"的知识将不会进入企业内生性创新系统；反过来，企业向三维空间溢出的知识流也会因为行业性质，更倾向于提供与其行业性质相匹配的知识流。正是由于这种行业属性过滤效应的存在，不同行业的企业所面对的知识流将不尽相同，即知识的特点、多样性、复杂性等千差万别。对于具有相同绝对吸收能力、整合能力的企业，在不同行业中表现出来的相对吸收及整合能力将出现异化（这也解释了为何目前涉及跨界转型的企业在市场竞争中表现出来的创新能力出现前后异化的现象）。

对于资源开发型企业，资源是基础要素，创新价值链战略环节更多地存在于资源链中。从资源配置的角度，企业对于"亲地理"知识（交通网络的优化改造、物流技术与开发、资源勘探与开发）的识别、吸收、存储、整合将更有优势。对于加工密集型企业，市场是基础，产业集聚、产业链密集将提升加工密集型企业的资本、人才等要素的使用价值量。企业对于"亲市场"知识（商业模式、营销模式、盈利模式、竞争模式）的识别、学习、共享、吸收、存储、整合将更有优势。对于知识密集型企业，人文资源的丰裕程度将极大提升知识密集型企业管理、信息、技术等创新要素的使用价值量。企业对于"亲文化"知识（专利技术、信息网络、人文精神）的识别、吸收、整合将更有优势。因此，对于知识流与企业创新的空间耦合关系的考察，不能单纯不加区分地对异质行业，以同一口径进行分析。行业属性对于知识流与企业创新的空间耦合关系具有明显的异化作用。

因此，笔者提出假设 H7、H8：

H7：行业属性对于创新三维空间对知识流的正向促进影响具有明显的异化作用。

H7a：对于资源开发型企业，地理空间对知识流的正向促进影响相对显著。

H7b：对于加工制造型企业，经济空间对知识流的正向促进影响相对显著。

H7c：对于知识服务型企业，人文空间对知识流的正向促进影响相对显著。

H8：行业属性对于知识流对企业内生性创新的促进作用具有明显的异化作用。

H8a：对于资源开发型企业，知识流对企业内生性创新的促进作用不显著。

H8b：对于加工制造型企业，知识流对企业内生性创新的促进作用显著。

H8c：对于知识服务型企业，知识流对企业内生性创新的促进作用非常显著。

（2）企业的规模

熊彼特（Schumpeter，1934）指出在高度竞争的行业中，小型企业最有可能成为创新的主要来源。这种观点建立在他的创造性破坏理论基础上。同时也提出了著名的"熊彼特假说"，即企业规模越大，技术创新就越有效率，即大企业比小企业更具创新性。在创新三维空间中，大规模的企业可能有更强的网络强度，它们通常居于网络的中心。而大型企业的网络强度和中心度通常能够保证它们在创新过程中所需知识和信息的数量和质量（谢洪明等，2012）。更重要的是，较高程度的网络强度可以促使外部"知识流"的有效传输，强化企业外部知识流内部化的整合能力和吸收能力（谢洪明等，2012）。此外，大型企业通常拥有更强的能力来分散企业创新过程中的各类风险，这使得其他企业更倾向于与大型企业合作来实施创新计划（Eryk Głodziński，2016）。孙早等（2016）认为市场力量与战略性新兴产业的企业创新之间存在显著的倒 U 形关

系，企业拥有一定的市场力量客观上有助于企业创新。本书认为，针对小企业
而言，知识流对企业内生性创新的促进作用将更加明显，同时也支持"U 形假
说"，即小企业与大企业的相对吸收能力、整合能力要明显强于中等企业，并
提出假设 H9：

H9：企业规模对于知识流对企业内生性创新的促进作用具有明显的负向
异化。

H9a：企业规模越小，知识流对企业内生性创新的促进作用将越显著。

H9b：企业规模越大，知识流对企业内生性创新的促进作用将越不显著。

（3）企业的年龄

以往的研究表明，随着企业年龄的增加，一方面企业积累了创新的相关经
验，包括对创新风险的评估，市场的预测等，这对于它们以后创新的开展具有
重要的指导作用；另一方面企业在较长时间内积累了丰富的外部网络关系资
源，这对于它们开展创新活动具有重要的支撑作用（Jesper B Sorensen，
2000）。但是，随着企业年龄的增长，企业通常会被锁定在原来的思维路径上
而形成某种思维定式，或者企业通常会沉迷于原有的核心资源而不愿吸收外部
知识，因此，年长的企业通常更容易陷入"能力陷阱"。而对于年轻的企业而
言，它们易于接受新的思想和方法。在创新三维空间上，年龄大的企业有助于
强化地理空间对知识流的正向影响。这是因为地理空间邻近的企业之间通常有
着更强的知识流，然而随着企业年龄的增长，企业自身所积累的知识也越来越
多，这些知识会随着同行企业之间的彼此互动而在空间上快速传输（Cohen，
W M，1996）。地理空间上承载的知识越多，知识溢出效应就会越强，知识流
量就会增加。同样地，企业年龄也会强化经济空间对知识流的正向影响。这是
因为经济空间的聚集有助于企业迅速有效地察觉客户新的需求及其变化趋势，
并且有很强的满足客户需要的创新动机；而在这一过程中，唯有年龄大的企业
才有足够的实力获得各种生产要素，包括资产、技能、元件和劳动力等来组织
创新去满足市场的新需求。最后，年龄大的企业有助于强化人文空间对知识流
的正向影响。这是因为人文空间的合理搭配，包括完善的法律基础、良好的社
会规范等合理地嵌入人文空间有助于增强企业之间的信任和互惠，从而疏通企
业之间彼此分享知识和信息的意愿。对于年龄大的企业而言，它们在创新三维
空间中占据绝对的中心地位，因此它们通常有获得信息和资源的优势，同时它

们也有更大的责任将知识贡献在空间上，从而促进知识流在空间上的传输。此外，年龄较大的企业通常有比较广泛的关系网络，而企业可以在这些关系网络中吸取多样化的经验，增强企业的整合能力和吸收能力，最终提高企业创新效率。综合上述内容，本书提出假设 H10：

H10：企业年龄对创新三维空间、知识流与企业内生性创新之间的关系机制具有明显的异化调节作用。

H10a：企业年龄会正向调节创新三维空间与知识流之间关系的作用程度。

H10b：企业年龄会正向调节知识流与企业内生性创新之间关系的作用程度。

第7章 企业创新的知识流
空间耦合机制研究设计

本章通过初步的问卷设计，进行小样本前测，并对问卷中相应题项的设计及措辞加以完善，最终形成一份可以用于大规模调研的正式问卷，并对问卷量表的量化方法进行了讨论，为接下来的实证研究打下基础。

7.1 问卷设计

如何客观、全面、科学地厘定上述变量的构成元素，是本书研究企业创新的知识流空间耦合效应的关键，本书将结合已有的研究量表，对相关企业的实地访谈以及专家意见进行调查问卷设计。

必须强调的是，为了增强数据收集的效度，本研究的量表设计坚持六大基本原则。第一是合理性，即问卷设计与调查主题必须紧密相关。本研究量表将围绕企业创新三维空间、知识流、整合能力、吸收能力和企业创新效率这一主题；第二是明确性，即问题设置的标准化和规范化。本研究通过初始调查修正问题用词，减少模糊性，简明的问题设计有助于受试者对题意的理解；第三是逻辑性，问卷的设计要有整体感，使答题形成系统，便于后文的分析；第四是一般性，即问卷的设计要能较好地反映变量的定义和数据的一般意义；第五是非诱导性，即能够让受试者客观地反映问题的本质，并且问卷设计不能涉及企业的核心机密；第六是便于数据的整理、分析。

7.1.1 企业内生性创新测度题项

正如约翰（John，1989）所指出的，在企业创新的研究中，几乎所有的研究结果都不一致，基于不同的视角对于企业创新的内涵、外延还没有一个完全一致的规范。但是，对于创新的定义学者们却有着大致认同的观点：创新对企业而言是一个新的理念或行为的采用。由此可见，企业创新可能是一项新产品、新服务、新技术或是一种新的管理方法在企业内部的研究、产生与发展。本书支持综合创新的多元观点，即企业创新是能力和绩效的综合。

创新绩效一般化的理解是企业创新行为给企业带来的成效，是企业创新的一个"可视化"概念。企业创新绩效更多的是对企业创新行为的一个客观的评价，只不过，根据研究的不同，企业创新绩效的考察是一个相对广泛的层面。现有的研究大多是根据选取的样本特征、企业的主营业务、相关数据的可获得性等因素，选取对应的指标来对创新绩效进行测量，旨在说明企业整体创新效果。由此可见，企业创新绩效是从创新结果层面对企业创新的评价和描述。

企业创新效率是一个综合概念，诸多学者从不同的角度进行过度量。例如，汤姆·布罗克（Tom Broekel et al.，2015）等用专利申请量与授权量来度量企业创新效率。但是专利并不能完全反映企业创新绩效。亚历山德拉·帕佩蒂（Alessandra Papetti，2016）的研究表明发展中国家的创新行为主要体现为将外国的技术进行修正或者改进，使之能够适应发展中国家的环境，是一种"干中学"的方式。这种方式的创新活动很少以 R&D 费用和专利的形式反映出来，加之发展中国家有关专利和研发费用的度量系统还并不完善，因此采用问卷调查的方式来获取企业创新效率的真实情况可能更为合理一些。

目前诸多学者利用多个指标来综合反映企业创新效率。例如乔纳森·迷兹（Jonathan Maze，2016）从新产品的获利能力、相对销售业绩、相对市场占有率、提供公司新机会四个方面来衡量企业的创新效率。李鸿禧、迟国泰（2016）以企业 R&D 经费内部支出、财政科技经费投入、科技从业人员数为投入指标，以高新技术产业产值、技术市场成交额、企业新产品产值为产出指标，通过 DEA 模型计算创新效率。胡树华、张俊初等（2015）从开始投入—中间产出—最终产出的知识创新过程和成果转化链式过程角度，选取研发经费、研发人员数量、专利授权量、专利申请量、营业利润、收入增长率等指标，构建中小企业的两阶段创新效率评价体系，并对创新效率进行测算。

基于上述研究，本研究利用 5 个主观指标来评价企业创新效率（根据企业与业内企业平均水平进行比较来评价），具体见表 7 - 1。采用五点尺度进行评分，1 表示"非常小"，5 表示"非常大"。

表 7 - 1　变量度量——企业创新效率

测度题项	题序	测度依据
企业新产品开发的速度如何	IV1	Tom Broekel et al.，（2015）；
企业新产品开发的成功率如何	IV2	Chiara Franco（2016）；
企业新产品的销售情况如何	IV3	Alessandra Papetti（2016）；
企业新产品开发的成本如何	IV4	Jonathan Maze（2016）； 李鸿禧、迟国泰（2016）；
企业新产品的新颖程度如何	IV5	张俊初等（2015）

7.1.2　吸收能力与整合能力测度题项

本书借鉴马尔戈萨塔（Malgorzata，2013）、贾努斯·扎维拉 - 尼德·维克基（Janusz Zawiła-Niedźwiecki，2015）、利希滕特勒（Lichtenthaler，2009）等提供的量表经验，将吸收能力视为企业消化和转化外界新知识的动态过程能力。这一量表由 5 个题项构成，具体见表 7 - 2（采用五点尺度进行评分，1 表示"非常不同意"，5 表示"非常同意"）。

表 7 - 2　变量度量——吸收能力

测度题项	题序	测度依据
对新知识的理解能够维持相当一段时间	AC1	
员工能够储备一定的新技术知识	AC2	Malgorzata（2013）；
公司内各部门相关知识交流频繁	AC3	Janusz Zawiła - Niedźwiecki（2015）；
擅于激活已有知识实现新的应用	AC4	Lichtenthaler（2009）
能够快速分析和理解市场需求的变化	AC5	

由于研究视角和目的的不同，学者们开发了不同的测量量表。结合王建中（2011），庞长伟、李垣（2015），吴俊杰、戴勇（2013），孔凡柱（2014），李艳飞（2016）的研究观点，以及企业资源整合的特征，笔者将企业的整合能力定义为企业能够对其内外部环境资源进行识别、获取和优化所形成的资源构建能力和利用能力，测量量表见表 7 - 3（采用五点尺度进行评分，其中 1 表示"非常不同意"，5 表示"非常同意"）。

表7-3 变量度量——整合能力

整合能力	测度题项	题序	测度依据
构建能力	能够识别到所需的创新资源	IC1	王建中（2011）；庞长伟，李垣（2015）；吴俊杰，戴勇（2013）；孔凡柱（2014）；李艳（2016）
	能够获取到所需的创新资源	IC2	
	能够将新资源和现有资源融合配置	IC3	
	能够根据资源特性把资源捆绑在一起	IC4	
利用能力	能够有效地激活已构建的资源	UC1	
	资源使用效率达到了行业较高水平	UC2	
	利用现有的资源开发拓展所需的其他资源	UC3	

7.1.3 知识流测度题项

根据前文的研究，知识流以信息流、商品流、人才流为载体，实现其在企业创新空间与企业内生性创新之间知识溢出的中介作用。从知识流的研究现状以及空间知识流动的现实出发，本书在罗筱秋（2004）、查尔斯·阿尤比（Charles Ayoubi，2016）、赛义德·乌尔·哈桑（Saeed-Ul Hassan）和彼得·哈达维（Peter Haddawy，2015）对知识流动的测度量表基础上，结合空间知识流动的现实，设计知识流测量量表，具体见表7-4。

表7-4 变量度量——知识流

知识流	测度题项	题序	测度依据
信息流	企业所在的空间上存在频繁的技术交易	KV1	罗筱秋（2004）；Charles Ayoubi（2016）；Saeed-Ul Hassan（2015）及空间知识流动的现实
	企业所在的空间上存在大量数据处理和存储服务	KV2	
	企业所在的空间上存在大量的阅读行为	KV3	
	企业所在的空间上通信设施合理且完整	KV4	
人才流	企业所在的空间上人才流动频繁	KV5	
	企业所在的空间上人才结构合理	KV6	
	企业所在的空间上人才学历水平较高	KV7	
	企业所在的空间上人才政策合理且优越	KV8	
商品流	企业所在的空间上高技术产品规模较大	KV9	
	企业所在的空间上技术商品的市场机会较多	KV10	
	企业所在的空间上企业新产品销售旺盛	KV11	
	企业所在的空间上新产品立项较多	KV12	

7.1.4　创新三维空间测度题项

本书的研究所定义的创新三维空间是指以自然资源禀赋、交通基础设施、周边地理区位等为主要内容的地理空间；以产业构成、要素结构比例、要素密集度等为主要内容的经济空间；以政策机制、法律制度、文化习俗等为主要内容的人文空间。本书的研究参照陈泽明（2006）的相关论述以及对高新技术企业高管人员的访谈资料，设计创新三维空间量表，具体见表 7-5（采用五点尺度进行评分，其中 1 表示"非常不同意"，5 表示"非常同意"）。

表 7-5　变量度量——创新三维空间

创新三维空间	测度题项	题序	测度依据
地理空间	空间内拥有较多的创新创业载体	GS1	
	空间内企业地理临近性较好	GS2	
	空间内创新性资源比较丰富	GS3	
	空间内企业密度比较高	GS4	
经济空间	空间内企业特别注重研发投入	ES1	
	空间内市场开放度比较高	ES2	
	空间内拥有较多的知识服务中介	ES3	陈泽明（2006）；
	空间内拥有完善的科技金融体系	ES4	杨敏（2015）
人文空间	政府对创新的制度支持力度大	HS1	
	拥有完善的知识产权保护法规和机制	HS2	
	公共科研机构数量较多	HS3	
	公共科研机构成果产业化显著	HS4	
	尊重知识产权的社会风气	HS5	
	"鼓励探索，容忍失败"的社会氛围	HS6	

7.2　问卷的小样本前测

在形成正式问卷之前，必须对初始问卷进行小样本预检验来确定问卷内容的适宜性。同时以小样本预检验结果作为初始问卷内容修改的依据，并结合相关专家的意见，最终形成精简、有效的正式调查问卷。

7.2.1 小样本分析方法

在前测部分，主要利用小样本的信度和效度来确定量表的题项是否适宜。信度的主要测量指标是内部一致性，即测量时的稳定性与一致性，如果该指标越大，则表明内部一致性越好。研究以题项－总体相关系数（CITC）和 Cronbach's α 值来衡量相关量表的信度。一般而言，题项－总体相关系数值大于 0.35 则表明量表的信度较好，而 Cronbach's α 系数值大于 0.700 则表明量表内部一致性较好。

效度是指量表是否真的可以度量某个构念。目前反映量表效度的指标主要有三个：内容效度、效标效度和构念效度。效标效度是指衡量工具与外在效标之间的关联程度。本书的研究将使用 SPSS 软件由数据精简模块中的"FACTOR"功能进行探索性因子分析，选用主成分分析和最大方差旋转的方法，按照特征根大于 1 的方式提取因子。

7.2.2 小样本数据的收集

本书的研究小样本调查范围主要集中在贵州省贵阳市、贵州省安顺市和江苏省苏州市等地多家企业进行。小样本数据收集主要通过两种方式：第一是通过实地调研，对贵州省贵阳市、贵州省安顺市等地多家企业进行了深入的考察调研和访谈，并请相关负责人对设计的问卷进行了填写，最终获取的有效问卷为 23 份；第二是在贵州省商务厅等相关部门和人员的协助下，采用简单随机抽样方式选取 41 家高新技术企业进行调查，答卷者通常是企业的高层管理人员、技术主管等相关负责人，回收 41 份，其中有 3 份问卷数据缺失严重，另有 6 份问卷填答没有区分度，故将其予以删除，最终获得有效问卷 32 份。因此，共获得有效小样本问卷 55 份。

7.2.3 小样本数据的信度和效度检验

（1）企业创新效率（企业内生性创新）

首先，对企业创新效率量表进行信度检验。结果见表 7－6，量表的 Cronbach's α 系数值为 0.931，大于临界值 0.700，CITC 值皆远大于 0.35。所有题项在删除该题项后的 Cronbach's α 系数值均比子量表的总 Cronbach's α 系数值要小，这意味着所有题项具有较好的内部一致性，皆需保留。

表 7-6　企业创新效率量表的信度检验

题项	CITC	删除该题项后的 Cronbach's α	Cronbach's α	是否删除
企业新产品开发的速度如何	0.714	0.923		否
企业新产品开发的成功率如何	0.762	0.914		否
企业新产品的销售情况如何	0.801	0.918	0.931	否
企业新产品开发的成本如何	0.773	0.916		否
企业新产品的新颖程度如何	0.831	0.922		否

在通过信度分析之后，再利用探索性因子分析对企业创新效率量表进行效度检验。经检验之后，企业创新效率量表的 KMO 样本测度和 Bartlett 球体检验结果：KMO 值为 0.852，且 Bartlett 统计值显著区别于 0，因此适合做进一步的因子分析。鉴于此，研究对通过信度检验之后的企业创新绩效量表进行探索性分析，具体结果见表 7-7。各个题项按照预期归为一个因子，该因子解释了总体方差的 76.43%，且所有因子的载荷均在 0.700 以上，AVE 值为 0.705，大于 0.500。由此可见，这 5 个题项反映的是企业创新效率情况，可以视为企业创新绩效因子。

表 7-7　企业创新效率探索性因子分析

题项	成分 1	AVE
企业新产品开发的速度如何	0.782	
企业新产品开发的成功率如何	0.831	
企业新产品的销售情况如何	0.858	0.705
企业新产品开发的成本如何	0.804	
企业新产品的新颖程度如何	0.916	

（2）吸收能力与整合能力

其次，对吸收能力量表进行信度检验，结果见表 7-8，变量的 Cronbach's α 系数为 0.927，大于临界值 0.700，CITC 值皆远大于 0.350。除"当识别商业机会时，我们能够迅速调用已有的知识"题项外，其他删除某个测量题项后的 Cronbach's α 系数值皆比子量表总的 Cronbach's α 系数值要小，这意味着

"当识别商业机会时，我们能够迅速调用已有的知识"与吸收能力测度题项的一致性存在差异。根据信度检验标准，可以考虑删除"当识别商业机会时，我们能够迅速调用已有的知识"题项。

表7－8　吸收能力量表的信度检验

题项	CITC	删除该题项后的 Cronbach's α	Cronbach's α	是否删除
对新知识的理解能够维持相当一段时间	0.734	0.914		否
员工能够储备一定的新技术知识	0.715	0.918		否
公司内各部门相关知识交流频繁	0.774	0.904	0.927	否
擅于激活已有知识实现新的应用	0.815	0.922		否
能够快速分析和理解市场需求的变化	0.760	0.938		否

对吸收能力量表进行探索性检验，其 KMO 样本测度和 Bartlett 球体检验结果：KMO 值为 0.913，且 Bartlett 统计值显著区别于 0，因此适合做进一步的因子分析。鉴于此，研究对通过信度检验之后的吸收能力量表进行探索性分析，具体结果见表7－9。各个题项按照预期归为一个因子，该因子解释了总体方差的 80.49%，且所有因子的载荷均在 0.700 以上，AVE 值为 0.769，大于 0.500。由此可见，这5个题项反映的是企业吸收能力的情况，可以视为吸收能力因子。

表7－9　吸收能力探索性因子分析

题项	成分 1	AVE
对新知识的理解能够维持相当一段时间	0.856	
员工能够储备一定的新技术知识	0.815	
公司内各部门相关知识交流频繁	0.901	0.769
擅于激活已有知识实现新的应用	0.897	
能够快速分析和理解市场需求的变化	0.904	

对整合能力的测度题项分别作因子分析和信度分析。经检验，整合能力的 KMO 样本测度和 Bartlett 球体检验结果：KMO 值为 0.914，且 Bartlett 统计值显著异于零，因此非常适合做因子分析。鉴于此，本研究对所构建的 7 个整合能力测度题项进行探索性因子分析，分析结果见表7－10，各个题项按预期归为两个因子，两个因子共同解释了总体方差的 68.37%。同时，所有题项在各自

因子上的载荷系数都超过了 0.500，且在其他因子上的载荷因素皆低于 0.500，因此保留所有题项。

表 7 - 10　整合能力探索性因子分析

题项		成分		AVE
		1	2	
构建能力	能够识别到所需的创新资源	0.783	0.215	0.593
	能够获取到所需的创新资源	0.758	0.165	
	能够将新资源和现有资源融合配置	0.771	0.353	
	能够根据资源特性把资源捆绑在一起	0.802	0.284	
利用能力	能够有效地激活已构建的资源	0.751	0.338	0.598
	资源使用效率达到了行业较高水平	0.813	0.401	
	利用现有的资源开发拓展所需的其他资源	0.783	0.315	

在因子分析完成之后，接着对整合能力的各因子分别进行信度分析，以检验各因子内部题项之间的一致性。结果见表 7 - 11 所示，构建能力量表的 Cronbach's α 系数值为 0.911，利用能力量表的 Cronbach's α 系数值为 0.918，都大于临界值 0.700，由此可见两个子量表的内部一致性较好。同时 CITC 值都远大于 0.350，删除某个题项之后的 Cronbach's α 系数值都比各个子量表总的 Cronbach's α 系数值要小，因此不需删除相关题项。

表 7 - 11　整合能力信度检验分析

题项		CITC	删除该题项后的 Cronbach's α	Cronbach's α	是否删除
构建能力	能够识别到所需的创新资源	0.668	0.894	0.911	否
	能够获取到所需的创新资源	0.692	0.897		否
	能够将新资源和现有资源融合配置	0.704	0.904		否
	能够根据资源特性把资源捆绑在一起	0.672	0.907		否
利用能力	能够有效地激活已构建的资源	0.649	0.910	0.918	否
	资源使用效率达到了行业较高水平	0.664	0.905		否
	利用现有资源开发拓展所需的其他资源	0.719	0.893		否

（3）知识流

对知识流量表进行信度检验，结果见表 7 – 12。变量的 Cronbach's α 系数为 0.893，大于临界值 0.700，CITC 值皆远大于 0.350。删除某个测量题项后的 Cronbach's α 系数值皆比子量表总的 Cronbach's α 系数值要小，这意味着所有题项具有较好的内部一致性，皆需保留。

表 7 – 12　知识流量表的信度检验

知识流	题项	CITC	删除该题项后的 Cronbach's α	Cronbach's α	是否删除
信息流	企业所在的空间上存在频繁的技术交易	0.667	0.884	0.893	否
	企业所在的空间上存在大量数据处理和存储服务	0.638	0.886		否
	企业所在的空间上存在大量的阅读行为	0.650	0.879		否
	企业所在的空间上通信设施合理且完整	0.641	0.890		否
人才流	企业所在的空间上人才流动频繁	0.785	0.854	0.875	否
	企业所在的空间上人才结构合理	0.765	0.814		否
	企业所在的空间上人才学历水平较高	0.698	0.886		否
	企业所在的空间上人才政策合理且优越	0.711	0.873		否
商品流	企业所在的空间上高技术产品规模较大	0.681	0.884	0.849	否
	企业所在的空间上技术商品的市场机会较多	0.744	0.812		否
	企业所在的空间上企业新产品销售旺盛	0.703	0.870		否
	企业所在的空间上新产品立项较多	0.587	0.868		否

在通过信度分析之后，再利用探索性因子分析对知识流量表进行效度检验。经检验之后，知识流量表的 KMO 样本测度和 BARTLETT 球体检验结果：KMO 值为 0.793，且 BARTLETT 统计值显著区别于 0，因此适合做进一步的因子分析。鉴于此，研究对通过信度检验之后的知识流量表进行探索性分析，具体结果见表 7 - 13。各个题项按照预期归为一个因子，该因子解释了总体方差的 65.79%，且所有因子的载荷均在 0.700 以上，AVE 值大于 0.500。由此可见，这 12 个题项反映的是知识流情况，可以视为知识流因子。

表 7 - 13　知识流探索性因子分析

知识流	题项	成分	AVE
		1	
信息流	企业所在的空间上存在频繁的技术交易	0.787	0.616
	企业所在的空间上存在大量数据处理和存储服务	0.763	
	企业所在的空间上存在大量的阅读行为	0.779	
	企业所在的空间上通信设施合理且完整	0.806	
人才流	企业所在的空间上人才流动频繁	0.784	0.675
	企业所在的空间上人才结构合理	0.811	
	企业所在的空间上人才学历水平较高	0.803	
	企业所在的空间上人才政策合理且优越	0.789	
商品流	企业所在的空间上高技术产品规模较大	0.798	0.682
	企业所在的空间上技术商品的市场机会较多	0.773	
	企业所在的空间上企业新产品销售旺盛	0.732	
	企业所在的空间上新产品立项较多	0.814	

（4）创新三维空间

对创新三维空间的测度题项分别作因子分析和信度分析。经检验，创新三维空间的 KMO 样本测度和 BARTLETT 球体检验结果：KMO 值为 0.892，且 BARTLETT 统计值显著异于零，因此非常适合做因子分析。鉴于此，研究对所构建的 14 个创新三维空间测度题项进行探索性因子分析，分析结果见表 7 - 14，各个题项按预期归为三个因子，三个因子共同解释了总体方差的

76.39%。同时，所有题项在各自因子上的载荷系数都超过了0.500，因此保留所有题项。

表7-14　创新三维空间探索性因子分析

创新三维空间	题项	成分			AVE
		1	2	3	
地理空间	空间内拥有较多的创新创业载体	0.713	0.355	0.293	0.512
	空间内企业地理临近性较好	0.706	0.387	0.332	
	空间内创新性资源比较丰富	0.758	0.413	0.342	
	空间内企业密度比较高	0.694	0.384	0.271	
经济空间	空间内企业特别注重研发投入	0.740	0.471	0.293	0.546
	空间内市场开放度比较高	0.751	0.349	0.215	
	空间内拥有较多的知识服务中介	0.683	0.238	0.192	
	空间内拥有完善的科技金融体系	0.719	0.273	0.219	
人文空间	政府对创新的制度支持力度大	0.781	0.461	0.218	0.521
	拥有完善的知识产权保护法规和机制	0.713	0.325	0.219	
	公共科研机构数量较多	0.715	0.372	0.228	
	公共科研机构成果产业化显著	0.671	0.239	0.207	
	尊重知识产权的社会风气	0.637	0.225	0.209	
	"鼓励探索，容忍失败"的社会氛围	0.685	0.197	0.154	

在因子分析完成之后，接着对创新三维空间的各因子分别进行信度分析，以检验各因子内部题项之间的一致性。结果见表7-15，地理空间量表的Cronbach's α系数值为0.904，经济空间量表的Cronbach's α系数值为0.879，人文空间量表的Cronbach's α系数值为0.871，都大于临界值0.700，由于可见三个子量表的内部一致性较好。同时CITC值都远大于0.35，删除某个题项之后的Cronbach's α系数值都比各子量表总的Cronbach's α系数值要小，因此不需删除相关题项。

表 7-15　创新三维空间信度检验分析

创新三维空间	题项	CITC	删除该题项后的 Cronbach's α	Cronbach's α	是否删除
地理空间	空间内拥有较多的创新创业载体	0.658	0.894	0.904	否
	空间内企业地理临近性较好	0.644	0.895		否
	空间内创新性资源比较丰富	0.593	0.902		否
	空间内企业密度比较高	0.605	0.891		否
经济空间	空间内企业特别注重研发投入	0.615	0.862	0.879	否
	空间内市场开放度比较高	0.647	0.874		否
	空间内拥有较多的知识服务中介	0.595	0.868		否
	空间内拥有完善的科技金融体系	0.634	0.867		否
人文空间	政府对创新的制度支持力度大	0.487	0.866	0.871	否
	拥有完善的知识产权保护法规和机制	0.516	0.875		否
	公共科研机构数量较多	0.517	0.871		否
	公共科研机构成果产业化显著	0.578	0.879		否
	尊重知识产权的社会风气	0.465	0.866		否
	"鼓励探索，容忍失败"的社会氛围	0.433	0.863		否

7.3　问卷调查与数据回收

本研究主要围绕创新三维空间、知识流、吸收能力、整合能力与企业创新效率之间的关系及内在机制展开实证研究，并且需要考察外生变量对整体研究模型的影响。根据外生变量的选取，在选择样本的过程中，需要控制所选企业的规模、年龄、行业属性三个方面，于 2016 年 3 月共发放问卷 1063 份，调查内容截至 2015 年年底。

由于企业内部存在诸多部门，每个部门不可能全面了解其他部门的所有信息，而唯有企业的高层管理者，特别是分管研发的高层管理者通常对企业有关的创新活动所掌握的信息比较全面。因此本研究确定的受试对象为高层管理者，特别是分管研发的高层管理者。同时，问卷的发放方式采取三种形式，第一种是依托导师国家自然科学基金课题的帮助以及贵州省商务厅相关部门的协调，在贵州省内针对不同类型企业进行分层随机抽样，然后将正式问卷的电子版通过 E – MAIL 的方式发送到该企业的官方邮箱，同时附上导师的推荐信以及相关的函件，请求他们在规定的时间内将问卷及时返回，通过电子邮件共发出问卷 471 份，回收问卷 431 份，其中有效问卷 397 份；第二种是依托贵州省科技厅课题，研究团队在贵州大学高管培训班、MBA、EMBA 课堂上直接面对面发放问卷，在发放问卷的过程中对相关概念以及问卷相关调查内容向受试者进行详细的解释，因此问卷的回收率较高。通过这种方式发放问卷 379 份，回收问卷 351 份，其中有效问卷 301 份；第三种是委托调查机构和企业渠道代发问卷的方式，通过这种方式共发放问卷 213 份，收回问卷 64 份，其中有效问卷 46 份。

通过上述三种方式回收问卷 846 份，其中有效问卷 744 份，有效问卷回收率为 69.99%（表 7 – 16）。本研究采用匿名调查方法，可以在某种程度上减少社会期许效应，但是由于同一受试者提供的自我报告信息，该调查问卷既有可能存在较为严重的同源方差问题。为此，本研究根据波德萨阔夫（Podsakoff，2003）的建议，利用单因子哈门氏方法对同源方差问题进行检验。按照返回时间顺序，对前 1/3 和后 1/3 样本的观测变量值进行 T 检验，结果表明，几乎所有的观察变量不存在显著差异，$P > 0.10$。因此，未回答偏差不会对本研究的估计结果造成显著的影响。

表 7 – 16　问卷回收情况

类别	发放问卷	回收问卷	有效问卷	回收率	有效率
数量	1063 份	846 份	744 份	79.58%	69.99%

第8章 异质条件下的企业创新知识流空间耦合效应的验证

前文从理论层面对三维空间、知识流、企业内生性创新维度之间的动态机理进行了一般性的抽象理论探索，研究过程中对企业创新发展过程中的个体特殊性和异质性要素进行了抽象剥离。为了能够更加系统、全面、科学地考察、验证开放条件下企业创新的知识流空间耦合效应，本章将在前文的理论分析和假设的基础上，通过结构方程模型进行进一步的实证检验。

8.1 概念模型

为验证提出的假设体系，笔者对前文研究构建的企业创新空间知识耗散结构理论模型进行概念化处理，应用结构方程模型的建构思路，构建本书统一的概念模型（图8-1）。作为创新三维空间的三个维度，经济空间、地理空间、人文空间所内含的知识流态在人才、信息、商流的作用下，以知识流形态通过企业知识吸收和整合作用于企业内生性创新过程（企业内生性创新以企业创新效率表达）。整个过程中，知识流以其特殊的非线性知识机制在空间与企业内生性创新之间发挥耦合效应。此外，企业规模、行业属性、年龄特点等外生变量对上述变量之间的相互作用起到异化调节作用。

8.2 数据分析方法

构建概念模型之后，笔者对回收的问卷进行处理，经整理与删除不完整的问卷，将有效的问卷数据输入计算机，利用 SPSS 18.0 统计软件包和 AMOS 7.0 软件进行下列统计方法的数据分析，说明如下。

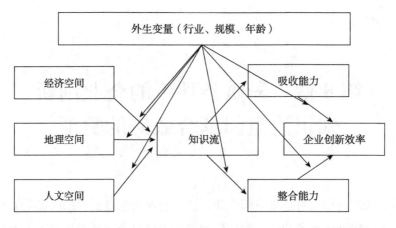

图 8-1 概念模型

8.2.1 信度分析

信度是指一个衡量工具的正确性和精确性，其意义为测验结果的稳定性及内部一致性。本研究采用 Cronbach's α 系数法来检定其内部一致性。依据吉福（Guieford，1965）认为，若 Cronbach's α 系数值小于 0.35 则为低信度。若 Cronbach's α 系数值介于 0.35 到 0.7 之间为可接受信度（中信度），而 Cronbach's α 系数值大于 0.7，则具有高信度。故以 Cronbach's α 系数值来检定本研究量表的内部一致性，以确保本研究所测量出的结果可信并具有代表性的。

8.2.2 效度分析

效度是指一个衡量工具能否正确有效地测量出研究者所想要测量的能力或特质的程度。一个量表的效度越高，表示所测量的结果越能显现其测量对象的特质。而本书问卷的效度主要采用内容效度与收敛效度两种。

其中内容效度是指测量工具的内容能涵盖所要探讨的架构或领域的适切程度。由于本研究所采用的量表是根据国内外已有的成熟的量表进行修改及编制，因此所使用的衡量工具尚能符合内容效度的要求。而收敛效度是指来自相同构念的项目，彼此之间相关性要高，就是不同方法测同一特质，仍存在很高的相关性。本研究变量的因素结构皆参考以往研究学者的看法，故为了验证其模式之适配度足够良好，本研究利用 MPLUS 软件包进行验证性因素分析，来验证量表因素结构是否正确，以及研究模式的适配程度。本研究参考巴格齐和伊（Bagozzi，Yi，1988）与鲍姆加特纳和洪堡（Baumgartnet，Homburg，1996）的建议，挑选 x^2/df（卡方与其自由度比值）、GFI（适配度指标）、AGFI（调整后适配度指标）、NFI（基准适配度指标）、CFI（比较适配度指针）及 RMSEA（平均平方误差平方根）六项指标，以进行模式的适配度评鉴，并进行验证性因素分析，另外，再利用本研究变量之因素负荷量来计算各构面的平均变异抽取（AVE）是否在福内尔和拉克（Fornell，Larcker，1981）所建议的标准水平0.500以上，以考验本研究量表之收敛效度。

8.2.3　路径分析

本研究将利用结构方程模型进行路径分析，利用结构方程模式的整体适配指标值，来判断研究模式是否适切；整体适配度用来评量整个模式与观察数据的适配程度，以了解实证结果是否与所欲研究的模式相符。

8.3　知识流耦合效应检验

8.3.1　信度和效度检验

（1）企业创新效率

对被解释变量——企业创新效率进行信度分析，结果见表8-1，变量各类指标都符合前文所述的信度指标要求，通过了信度检验，说明创新效率变量测度的内部一致性良好。

表 8-1　企业创新效率量表的信度检验（大样本）

题项	题序	CITC	删除该题项后的 Cronbach's α	Cronbach's α	是否删除
企业新产品的开发速度如何	（IV1）	0.732	0.932		否
企业新产品的开发成功率如何	（IV2）	0.757	0.936		否
企业新产品的销售情况如何	（IV3）	0.811	0.930	0.942	否
企业新产品的开发成本如何	（IV4）	0.803	0.925		否
企业新产品的新颖程度怎么样	（IV5）	0.822	0.921		否

在信度分析之后，接着对企业创新效率进行验证性因子分析，测量模型以及拟合结果见表 8 - 2。拟合结果表明 $\chi^2/df = 2.7621$，小于 3；GFI = 0.953，AGFI = 0.947，CFI = 0.963，NFI = 0.952，NNFI = 0.937，均大于 0.900；RMSEA = 0.074，小于 0.080；各路径系数均在 $P < 0.01$ 的水平上通过了显著性检验，因此，该模型拟合效度良好，说明本研究对创新效率的测度是有效的。

表 8 - 2　企业创新效率测度模型拟合结果

变量←因子	标准化路径系数	标准误	临界比（C. R.）	显著性（P）
IV1←创新效率	0.917	—	—	—
IV2←创新效率	0.936	0.028	33.429	***
IV3←创新效率	0.905	0.029	31.207	***
IV4←创新效率	0.899	0.031	29.000	***
IV5←创新效率	0.913	0.034	26.853	***

注：显著性水平中，* 表示 $P < 0.1$，** 表示 $P < 0.05$，*** 表示 $P < 0.01$，全章余表同。

（2）吸收能力

对吸收能力量表进行信度分析，结果见表 8 - 3，变量各类指标都符合前文所述的信度指标要求，通过了信度检验，说明吸收能力变量测度的内部一致性良好。

表 8 - 3　吸收能力量表的信度检验（大样本）

题项	题序	CITC	删除该题项后的 Cronbach's α	Cronbach's α	是否删除
对新知识的理解能够维持相当一段时间	（AC1）	0.740	0.924		否
员工能够储备一定的新技术知识	（AC2）	0.735	0.925		否
公司内各部门相关知识交流频繁	（AC3）	0.804	0.924	0.931	否
擅于激活已有知识实现新的应用	（AC4）	0.821	0.920		否
能够快速分析和理解市场需求的变化	（AC5）	0.759	0.927		否

在信度分析之后，接着对吸收能力进行验证性因子分析，测量模型以及拟合结果见表8-4。拟合结果表明$\chi^2/\mathrm{d}f = 2.4812$，小于3；GFI = 0.927，AGFI = 0.919，CFI = 0.948，NFI = 0.924，NNFI = 0.913，均大于0.900；RMSEA = 0.069，小于0.080；各路径系数均在$P < 0.01$的水平上通过了显著性检验，因此，该模型拟合效度良好，说明本研究对吸收能力的测度是有效的。

表8-4　吸收能力测度模型拟合结果

变量←因子	标准化路径系数	标准误	临界比（C. R.）	显著性（P）
AC1←吸收能力	0.907	—	—	—
AC2←吸收能力	0.923	0.054	17.093	***
AC3←吸收能力	0.914	0.057	16.035	***
AC4←吸收能力	0.902	0.053	17.019	***
AC5←吸收能力	0.915	0.060	15.250	***

（3）整合能力

对整合能力量表进行信度分析，结果见表8-5，变量各类指标都符合前文所述的信度指标要求，通过了信度检验，说明整合能力变量测度的内部一致性良好。

表8-5　整合能力量表的信度检验（大样本）

整合能力	题项	题序	CITC	删除该题项后的Cronbach's α	Cronbach's α	是否删除
建构能力	能够识别到所需的创新资源	（IC1）	0.704	0.907	0.917	否
	能够获取到所需的创新资源	（IC2）	0.713	0.899		否
	能够将新资源和现有资源融合配置	（IC3）	0.684	0.906		否
	能够根据资源特性把资源捆绑在一起	（IC4）	0.664	0.910		否

整合能力	题项	题序	CITC	删除该题项后的 Cronbach's α	Cronbach's α	是否删除
利用能力	能够有效地激活已构建的资源	（UC1）	0.691	0.916	0.925	否
	资源使用效率达到了行业较高水平	（UC2）	0.677	0.921		否
	利用现有的资源开发拓展所需的其他资源	（UC3）	0.685	0.918		否

在信度分析之后，接着对整合能力进行验证性因子分析，测量模型以及拟合结果见表8-6。拟合结果表明 $\chi^2/\mathrm{d}f = 2.8104$，小于3；GFI = 0.921，AGFI = 0.916，CFI = 0.943，NFI = 0.927，NNFI = 0.916，均大于0.900；RMSEA = 0.073，小于0.080；各路径系数均在 $P < 0.01$ 的水平上通过了显著性检验，因此，该模型拟合效度良好，说明本研究对整合能力的测度是有效的。

表8-6　整合能力测度模型拟合结果

变量←因子	标准化路径系数	标准误	临界比（C. R.）	显著性（P）
IC1←构建能力	0.892	—	—	—
IC2←构建能力	0.854	0.057	14.982	***
IC3←构建能力	0.782	0.061	12.820	***
IC4←构建能力	0.901	0.059	15.271	***
UC1←利用能力	0.910	—	—	—
UC2←利用能力	0.903	0.062	14.565	***
UC3←利用能力	0.899	0.060	14.983	***

（4）知识流

对知识流量表进行信度分析，结果见表8-7，变量各类指标都符合前文所述的信度指标要求，通过了信度检验，说明知识流变量测度的内部一致性良好。

表 8－7　知识流量表的信度检验（大样本）

知识流	题项	题序	CITC	删除该题项后的 Cronbach's α	Cronbach's α	是否删除
信息流	企业所在的空间上存在频繁的技术交易	（KV1）	0.723	0.914	0.941	否
	企业所在的空间上存在大量数据处理和存储服务	（KV2）	0.743	0.935		否
	企业所在的空间上存在大量的阅读行为	（KV3）	0.762	0.977		否
	企业所在的空间上通信设施合理且完整	（KV4）	0.785	0.941		否
人才流	企业所在的空间上人才流动频繁	（KV5）	0.803	0.977		否
	企业所在的空间上人才结构合理	（KV6）	0.812	0.982		否
	企业所在的空间上人才学历水平较高	（KV7）	0.773	0.940		否
	企业所在的空间上人才政策合理且优越	（KV8）	0.827	0.981	0.941	否
商品流	企业所在的空间上高技术产品规模较大	（KV9）	0.744	0.951		否
	企业所在的空间上技术商品的市场机会多	（KV10）	0.865	0.953		否
	企业所在的空间上企业新产品销售旺盛	（KV11）	0.734	0.941		否
	企业所在的空间上新产品立项较多	（KV12）	0.741	0.961		否

在信度分析之后，接着对知识流量表进行验证性因子分析，测量模型以及拟合结果见表 8－8。拟合结果表明 $\chi^2/\mathrm{d}f = 2.5714$，小于 3；GFI = 0.954，AGFI = 0.938，CFI = 0.966，NFI = 0.947，NNFI = 0.938，均大于 0.900；

RMSEA = 0.062，小于 0.080；各路径系数均在 $P < 0.01$ 的水平上通过了显著性检验，因此，该模型拟合效度良好，说明本研究对知识流的测度是有效的。

表 8-8　知识流测度模型拟合结果

变量←因子	标准化路径系数	标准误	临界比（C.R.）	显著性（P）
KV1←知识流	0.914	—	—	—
KV2←知识流	0.933	0.049	19.041	***
KV3←知识流	0.891	0.051	17.471	***
KV4←知识流	0.922	0.043	21.442	***
KV5←知识流	0.910	0.048	18.958	***
KV6←知识流	0.954	0.055	17.334	***
KV7←知识流	0.911	0.048	18.956	***
KV8←知识流	0.931	0.048	19.555	***
KV9←知识流	0.924	0.048	19.389	***
KV10←知识流	0.899	0.047	19.104	***
KV11←知识流	0.876	0.039	22.548	***
KV12←知识流	0.963	0.048	20.111	***

（5）创新三维空间

对创新三维空间量表进行信度分析，结果见表 8-9，变量各类指标都符合前文所述的信度指标要求，通过了信度检验，说明创新三维空间变量测度的内部一致性良好。

表 8-9　创新三维空间信度检验分析表（大样本）

创新三维空间	题项	题序	CITC	删除该题项后的 Cronbach's α	Cronbach's α	是否删除
地理空间	空间内拥有较多的创新创业载体	（GS1）	0.703	0.895	0.903	否
	空间内企业地理临近性较好	（GS2）	0.613	0.899		否
	空间内创新性资源比较丰富	（GS3）	0.610	0.901		否
	空间内企业密度比较高	（GS4）	0.611	0.879		否

续表

创新三维空间	题项	题序	CITC	删除该题项后的 Cronbach's α	Cronbach's α	是否删除
经济空间	空间内企业特别注重研发投入	(ES1)	0.628	0.880	0.885	否
	空间内市场开放度比较高	(ES2)	0.651	0.881		否
	空间内拥有较多的知识服务中介	(ES3)	0.615	0.882		否
	空间内拥有完善的科技金融体系	(ES4)	0.631	0.881		否
人文空间	政府对创新的制度支持力度大	(HS1)	0.584	0.866	0.879	否
	拥有完善的知识产权保护法规和机制	(HS2)	0.525	0.875		否
	公共科研机构数量较多	(HS3)	0.618	0.871		否
	公共科研机构成果产业化显著	(HS4)	0.563	0.879		否
	尊重知识产权的社会风气	(HS5)	0.578	0.863		否
	"鼓励探索，容忍失败"的社会氛围	(HS6)	0.582	0.892		否

在信度分析之后，接着对创新三维空间量表进行验证性因子分析，测量模型以及拟合结果见表 8 - 10。拟合结果表明 $\chi^2/df = 2.9160$，小于 3；GFI = 0.925，AGFI = 0.918，CFI = 0.943，NFI = 0.931，NNFI = 0.926，均大于 0.900；RMSEA = 0.057，小于 0.080；各路径系数均在 $P < 0.01$ 的水平上通过了显著性检验，因此，该模型拟合效度良好，说明本研究对创新三维空间的测度是有效的。

表 8 – 10   创新三维空间测度模型拟合结果

变量←因子	标准化路径系数	标准误	临界比（C. R.）	显著性（P）
GS1←地理空间	0.913	—	—	—
GS2←地理空间	0.882	0.058	15.207	***
GS3←地理空间	0.873	0.059	14.797	***
GS4←地理空间	0.895	0.062	14.435	***
ES1←经济空间	0.910	—	—	—
ES2←经济空间	0.916	0.061	15.016	***
ES3←经济空间	0.879	0.063	13.952	***
ES4←经济空间	0.894	0.059	15.153	***
HS1←人文空间	0.886	—	—	—
HS2←人文空间	0.897	0.059	15.203	***
HS3←人文空间	0.904	0.062	14.581	***
HS4←人文空间	0.910	0.061	14.918	***
HS5←人文空间	0.894	0.057	15.684	***
HS6←人文空间	0.918	0.055	16.691	***

8.3.2   变量的描述性统计和相关分析

从表 8 – 11 提供的变量之间相关系数矩阵可知，创新三维空间与企业创新效率具有显著的正相关，知识流、吸收能力、构建能力和利用能力皆与企业创新效率呈正相关关系。由于相关系数分析只能判断两个变量之间是否存在相关性，而无法判断两者之间是否存在因果关系以及影响作用的大小。由此，本研究借助结构方程模型的回归分析方法，探讨在异质性条件下，创新三维空间、知识流、吸收能力、整合能力和创新效率之间的耦合效应和异化效应。

表 8 – 11   变量之间的相关系数矩阵

变量	均值	方差	1	2	3	4	5	6	7	8	9
企业规模	3.513	1.231	1								
地理空间	3.284	1.193	0.014	1							
经济空间	3.072	1.201	-0.037	0.173**	1						
人文空间	2.951	1.106	0.072	0.101	0.195**	1					
吸收能力	3.275	1.007	0.126*	0.164**	0.182**	0.142**	1				

续表

变量	均值	方差	1	2	3	4	5	6	7	8	9
构建能力	3.515	1.036	0.201*	0.205**	0.199**	0.254**	0.471**	1			
利用能力	2.910	1.192	0.103*	0.162**	0.210**	0.302**	0.458**	0.581**	1		
知识流	3.003	1.049	0.152*	0.371**	0.394**	0.418**	0.204**	0.315**	0.217**	1	
创新效率	2.941	1.294	0.091	0.417**	0.461**	0.402**	0.362**	0.428**	0.562**	0.374**	1

注：双尾检验，$N = 330$。

8.3.3 结构方程检验

（1）初步数据分析

本研究利用 SPSS 软件对 744 份样本数据进行正态分布检验，发现各题项的数据基本满足正态分布的要求。综上所述，从样本量、数据分布以及信度和效度检验的结果均满足利用极大似然法估计结构方程模型的要求。另外，本研究在结构方程模型估计之前，对模型中所涉及的所有变量进行了简单相关分析，得出自变量、中介变量、调节变量和因变量之间具有显著的相关关系。

（2）基于整体样本的结构方程模型分析

根据概念模型的要求，本研究利用 Mplus7.1 软件建立起了基于整体样本概念模型的结构方程模型，如图 8－2 所示。将数据导入进行拟合，得到表 8－12 所示的初始模型的拟合结果：初始模型拟合的 $\chi^2/\mathrm{d}f$ 为 3.5057，大于 3；RMSEA 值为 0.097，大于 0.080；CFI、GFI、AGFI、NFI 和 NNFI 的值均低于 0.900。由此可见，结构方程模型的整体拟合效果不理想。

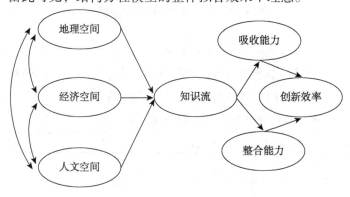

图 8－2 基于概念模型的结构方程模型

表 8 – 12　初始的结构方程模型拟合结果　(N = 744)

路径	标准化系数	标准误	临界比 (C. R.)	显著性 (P)
知识流←地理空间	0.093	0.012	7.750	***
知识流←经济空间	0.290	0.081	3.580	***
知识流←人文空间	0.407	0.143	2.843	***
吸收能力←知识流	0.121	0.082	1.467	0.142
整合能力←知识流	0.211	0.158	1.333	0.178
创新效率←吸收能力	0.427	0.058	7.333	**
创新效率←整合能力	0.439	0.047	9.358	**

变量之间共有七条影响路径，其中吸收能力←知识流、整合能力←知识流不显著。考虑对初始结构方程模型进行精简，去除吸收能力←知识流、整合能力←知识流两条路径，同时增加创新效率←知识流的路径，得到修正后的结构方程模型 Ⅰ，如图 8 – 3 所示。

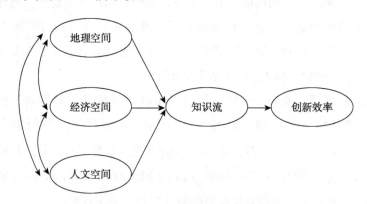

图 8 – 3　修正后的结构方程模型 Ⅰ

对修正后的结构方程模型 Ⅰ 进行拟合发现，$\chi^2/\mathrm{d}f$ 为 2.2256，小于 3；RMSEA 值为 0.067，小于 0.080；CFI、GFI、AGFI、NFI 和 NNFI 的均高于 0.900。由此可见，结构方程模型的整体拟合效果较理想，见表 8 – 13。

表 8 – 13　修正后的结构方程模型 Ⅰ 拟合结果　(N = 744)

路径	标准化系数	标准误	临界比 (C. R.)	显著性 (P)
知识流←地理空间	0.093	0.012	7.750	***
知识流←经济空间	0.290	0.081	3.580	***
知识流←人文空间	0.407	0.143	2.843	***
创新效率←知识流	0.306	0.027	11.333	***

图 8 - 3 中的标准化路径系数都显著为正，说明这些路径所代表的变量之间具有显著的正向影响关系，即创新三维空间对知识流具有显著的正向促进影响，经济空间对知识流有显著的溢出影响，地理空间对知识流有显著的载体作用，人文空间对知识流有显著的支撑或约束影响，知识流对企业内生性创新具有显著的正向促进影响。

企业创新效率←知识流←地理空间的系数为 0.028 （0.093 × 0.306）；企业创新效率←知识流←经济空间的系数为 0.089 （0.290 × 0.306）；企业创新效率←知识流←人文空间的系数为 0.125 （0.407 × 0.306），说明知识流在创新三维空间与企业内生性创新之间存在叠加影响。是否存在耦合中介作用，需要借助 Bootstrap 程序检验耦合中介效应的显著性 （Shrout 和 Bolger，2002）。先采用重复随机抽样的方法在原始数据 （$N = 744$） 中抽取 100 个 Bootstrap 样本，然后根据这些样本拟合修正后的结构方程模型 I （图 8 - 3），生成并保存 100 个中介效应的估值，形成一个近似抽样分布，同时计算出中介效应的平均路径值，并将这些效应值按数值大小排序，用 2.5% 和 97.5% 估计 95% 的中介效应置信区间。如果这些路径系数 95% 的置信区间没有包括 0，表明中介效应显著。

由表 8 - 14 可知，路径：创新效率←知识流←地理空间、创新效率←知识流←经济空间、创新效率←知识流←人文空间，在 95% 置信区间内不包含 0，这意味上述路径中知识流在创新三维空间与创新效率之间的中介效应明显。由此可见，知识流在创新三维空间与企业内生性创新之间的耦合中介作用明显。假设 H1、H2、H3、H4 得到验证。

表 8 - 14　知识流耦合中介效应显著性检验的 **Bootstrap** 分析

路径	标准化间接效应	平均间接效应
创新效率←知识流←地理空间	0.091	0.090
创新效率←知识流←经济空间	0.052	0.053
创新效率←知识流←人文空间	0.079	0.078

8.4　整合能力与吸收能力的乘数效应检验

修正的结构方程模型去掉了吸收能力与建构能力、利用能力三个变量，但并不意味着吸收能力与整合能力不会对知识流与企业创新效率的关系造成影响，相反，从实际角度出发，任何情况下吸收能力与整合能力对于知识流与企业创新效率的影响都不容忽视。为了验证整合能力与吸收能力的乘数效应，根据概念模型的要求，在修正后的结构方程模型Ⅰ（图8-3）的基础上加入吸收能力、建构能力、利用能力三个控制变量，对初始结构方程模型进行修正，得到修正后的结构方程模型Ⅱ，如图8-4所示。

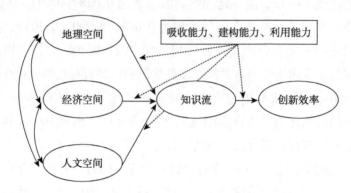

图8-4　修正后的结构方程模型Ⅱ

根据模型Ⅱ的设定，吸收能力、建构能力、利用能力均为控制变量，以吸收能力、建构能力、利用能力按照强、较强、中、较弱、弱，对样本企业进行分组，将数据导入进行拟合，得到如表8-15所示的修正后的结构方程模型Ⅱ的拟合结果。

表8-15　修正后的结构方程模型Ⅱ拟合结果

控制变量	分组	路径	标准化系数	标准误	临界比（C. R.）	显著性（P）
吸收能力	强（N = 101）	创新效率←知识流	0.521	0.042	12.421	***
	较强（N = 132）	创新效率←知识流	0.475	0.049	9.741	***
	中（N = 190）	创新效率←知识流	0.403	0.096	4.212	***
	较弱（N = 154）	创新效率←知识流	0.347	0.053	6.532	***
	弱（N = 197）	创新效率←知识流	0.321	0.045	7.121	***
建构能力	强（N = 114）	创新效率←知识流	0.547	0.033	16.494	***
	较强（N = 122）	创新效率←知识流	0.511	0.040	12.732	***
	中（N = 167）	创新效率←知识流	0.481	0.055	8.678	***
	较弱（N = 176）	创新效率←知识流	0.409	0.045	9.114	***
	弱（N = 195）	创新效率←知识流	0.338	0.071	4.786	***

控制变量	分组	路径	标准化系数	标准误	临界比 （C. R.）	显著性 （P）
利用能力	强（$N = 109$）	创新效率←知识流	0.577	0.063	9.095	***
	较强（$N = 144$）	创新效率←知识流	0.519	0.058	8.984	***
	中（$N = 182$）	创新效率←知识流	0.439	0.033	13.411	***
	较弱（$N = 136$）	创新效率←知识流	0.358	0.031	11.411	***
	弱（$N = 203$）	创新效率←知识流	0.297	0.028	10.754	***

表 8 - 15 中的标准化路径系数都显著为正，说明这些路径所代表的变量之间具有显著的正向影响关系。从路径系数看，在加入吸收能力控制变量之后，按照吸收能力由强到弱分组，创新效率←知识流的路径系数（分别为 0.521、0.475、0.403、0.347、0.321），表现出明显的正向乘数效应，即随着吸收能力的加强，知识流对企业内生性创新效率的路径系数逐渐增加。在加入建构能力控制变量之后，按照整合能力由强到弱分组，创新效率←知识流的路径系数（0.547、0.511、0.481、0.409、0.338），表现出明显的正向乘数效应，即随着建构能力的加强，知识流对企业内生性创新效率的路径系数逐渐增加。在加入利用能力控制变量之后，按照利用能力由强到弱分组，创新效率←知识流的路径系数（0.577、0.519、0.439、0.358、0.297），表现出明显的正向乘数效应，即随着利用能力的加强，知识流对企业内生性创新效率的路径系数逐渐增加。吸收能力、整合能力及利用能力的乘数效应如图 8 - 5 所示。

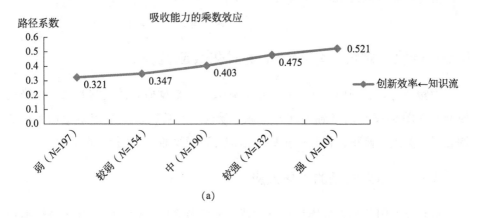

(a)

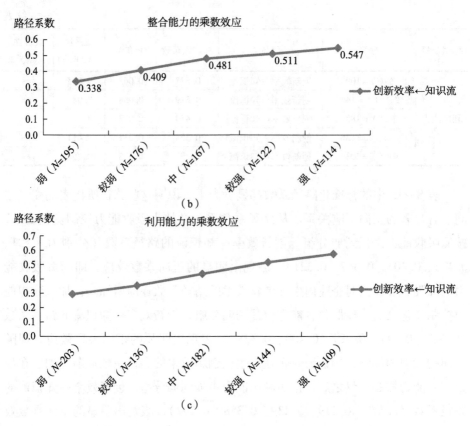

图 8 - 5 吸收能力、整合能力及利用能力的乘数效应

由此可见，假设 H5、H6 得证。

8.5 行业、规模、年龄特征的异化效应检验

为验证行业、规模、年龄特征的异化效应，根据概念模型的要求，在修正模型Ⅱ（图 8 - 3）的基础上加入行业、规模、年龄特征三个控制变量，对结构方程模型进行修正，得到修正后的结构方程模型Ⅲ，如图 8 - 6 所示。

8.5.1 行业特征的异化效应

本研究运用结构方程模型对行业特征的调节效应进行检验。首先将样本企业按资源开发型（$N = 140$）、加工制造型（$N = 447$）、文化服务型（$N = 157$）

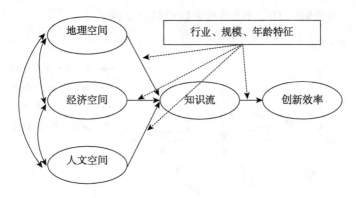

图8-6 修正后的结构方程模型Ⅲ

分为三个群组。然后将三个子样本数据代入模型,路径系数用结构方程模型分别予以估计,最后用联合T检验公式来检验行业特征的调节效应,具体结果见表8-16。

表8-16 行业特征的调节效应检验结果

路径	资源开发型企业	加工制造型企业	文化服务型企业	联合T检验
	标准化系数	标准化系数	标准化系数	
知识流←地理空间	0.174 ***	0.061 ***	0.093 ***	4.234 ***
知识流←经济空间	0.073 ***	0.458 ***	0.193 ***	3.075 ***
知识流←人文空间	0.102 ***	0.166 ***	0.552 ***	4.321 ***
创新效率←知识流	0.012 ***	0.276 ***	0.757 ***	4.563 ***

由表8-16的结果可知,三组子样本的联合性T检验显示,资源开发型企业、加工制造型企业、文化服务型企业的各条路径系数之间具有显著的差异。由于联合性T检验的值皆为正,这意味着行业特征会显著调节创新三维空间、知识流、和创新效率之间的关系。行业属性对于创新三维空间对知识流的正向促进影响具有明显的异化作用:对于资源开发型企业,地理空间对知识流的正向促进影响相对显著;对于加工制造型企业,经济空间对知识流的正向促进影响相对显著;对于知识服务型企业,人文空间对知识流的正向促进影响相对显著。行业属性对于知识流对企业内生性创新的促进作用具有明显的异化作用:对于资源开发型企业,知识流对企业内生性创新的促进作用不显著;对于加工制造型企业,知识流对企业内生性创新的促进作用显著;对于知识服务型企业,知识流对企业内生性创新的促进作用非常显著。行业特征的异化效应如图

8 - 7 所示。由此假设 H7、H8 及其子假设是成立的。

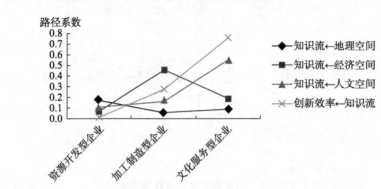

图 8 - 7　行业特征的异化效应

8.5.2　企业规模的异化效应

本研究运用结构方程模型对企业规模的调节效应进行检验。首先将企业分为大规模企业（800 人以上，$N = 111$）、较大规模企业（500 ~ 800 人，$N = 173$）、中等规模企业（400 ~ 500 人，$N = 157$）、较小规模企业（200 ~ 400 人，$N = 180$）、小规模企业（200 人以下，$N = 153$）五个群组。然后将五个子样本数据代入模型Ⅲ，路径系数用结构方程模型分别予以估计，最后用联合 T 检验公式来检验企业规模的调节效应，具体结果见表 8 - 17。

表 8 - 17　企业规模的调节效应检验结果

路径	大规模企业 （N = 111）	较大规模企业 （N = 173）	中等规模企业 （N = 157）	较小规模企业 （N = 180）	小规模企业 （N = 153）	联合 T 检验
	标准化系数	标准化系数	标准化系数	标准化系数	标准化系数	
知识流←地理空间	0.052 ***	0.113 *	0.220 *	0.292 *	0.320 *	3.158 ***
知识流←经济空间	0.210 ***	0.302 *	0.353 *	0.407 *	0.453 *	4.038 ***
知识流←人文空间	0.229 ***	0.425 *	0.593 ***	0.587 *	0.693 ***	2.577 ***
创新效率←知识流	0.331 ***	0.395 *	0.465 ***	0.519 *	0.668 ***	4.519 ***

由表 8 - 17 的结果可知，三组子样本的联合性 T 检验显示，大规模企业的各条路径系数与之对应的小规模企业的各条路径系数之间具有显著的差异。由

于联合性 T 检验的值皆为正, 这意味着企业规模会显著负向调节创新三维空间、知识流、整合能力、吸收能力和创新效率之间的关系。企业规模对于知识流对企业内生性创新的促进作用具有明显的负向异化: 企业规模越小, 知识流对企业内生性创新的促进作用将越显著; 企业规模越大, 知识流对企业内生性创新的促进作用将越不显著。企业规模对于吸收能力、整合能力的乘数效应具有明显的 U 形异化: 对于小企业, 吸收能力、整合能力对知识流的作用程度较强; 对于中等企业, 吸收能力、整合能力对知识流的作用程度较弱; 对于大企业, 吸收能力、整合能力对知识流的作用程度较强, 如图 8 - 8 所示。因此假设 H9 及其子假设是成立的。

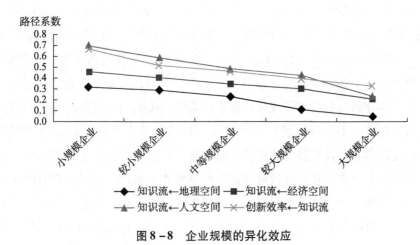

图 8 - 8　企业规模的异化效应

8.5.3　企业年龄的异化效应

同样地, 运用结构方程模型对企业年龄的调节效应进行检验。首先将企业按照年龄长短分成五个群组, 即年长企业 (15 年以上, $N = 93$)、较年长企业 (12 ~ 15 年, $N = 105$)、中年企业 (8 ~ 12 年, $N = 124$)、较年轻企业 (5 ~ 8 年, $N = 248$) 年轻企业 (5 年以下, $N = 204$)。然后将五个子样本的路径系数用结构方程模型分别予以估计, 最后用联合 T 检验公式来检验企业年龄的调节效应, 具体结果见表 8 - 18。

表 8－18　企业年龄的调节效应检验结果

路径	年长企业（$N=93$）	较年长企业（$N=105$）	中年企业（$N=124$）	较年轻企业（$N=248$）	年轻企业（$N=204$）	联合 T 检验
	标准化系数	标准化系数	标准化系数	标准化系数	标准化系数	
知识流←地理空间	0.137 ***	0.105 ***	0.053 ***	0.354 ***	0.215 ***	3.643 ***
知识流←经济空间	0.356 ***	0.274 ***	0.217 ***	0.235 ***	0.213 ***	3.014 ***
知识流←人文空间	0.461 ***	0.387 ***	0.344 ***	0.464 ***	0.351 ***	3.027 ***
创新效率←知识流	0.373 ***	0.327 *	0.439 ***	0.319 *	0.468 ***	4.372 ***

　　由表 8－18 的结果可知，五组子样本的联合性 T 检验显示，企业年龄对"创新效率←知识流"与"知识流←三维空间"之间关系的正向调节效应不显著的。如图 8－9 所示，假设 H10 及其所有子假设并未得到验证。笔者认为，年长的企业和年轻的企业都具备各自的优势，例如，年长企业通常具备丰富的经验，能够准确地洞悉市场规律，识别外部空间上对自身有利的知识元素，而年轻的企业且并不具备这类特征。此外，年长的企业通常有着丰富的网络关系，并且在网络中占据独特的优势，这使得它们具有控制优势和信息优势。对于年轻的企业而言，只有通过对外部空间新知识元素的吸收以及自身内源性知识的整合重构，才能够采取灵活的策略来以小博大，以弱胜强。另外，年轻企业的规模一般都不会太大，且由于企业人才、技术、市场结构的年轻化，使其更善于接受新鲜事物，对存储在空间上的知识流会有强烈的好奇心。由于年轻企业处于成长状态，企业内部并未形成"惯化"的核心知识，因此它们更愿意吸收外部空间中存储的新知识元素，并结合企业内部的知识进行重构，逐渐形成年轻企业的核心知识。这意味着对于年轻的企业而言吸收能力对知识流具有更强的正向影响，进而弥补了自身在年龄及经验层面的缺陷。此外，年长企业对于对行业知识的"惯性依恋"更强，以及企业内部管理秩序和人员的老化陈旧，导致其对于新事物、新知识的捕捉、消化、吸收、整合、利用能力要明显弱于年轻企业，因此表现出随着年龄的增长，外部知识流的影响更弱的特征，进而使得年长企业陷入了"能力陷阱"的尴尬境地。

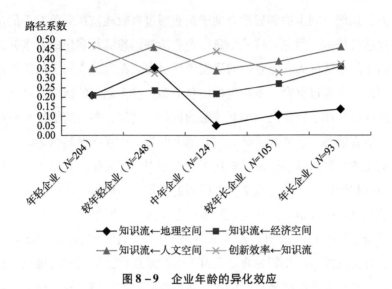

图8-9 企业年龄的异化效应

8.6 实证结果的讨论

实证研究结果表明知识流可以通过某些有效的耦合机制将空间的知识资源叠加到企业内生性创新上去。实际上，企业内生性创新的效度会由于空间因素的差异而发生明显变化。在本研究中，地理空间、经济空间和人文空间皆可以通过有效的知识流耦合中介机制对创新效率产生强烈的影响。以往的研究也意识到了地理空间对企业创新的影响（Ganesan，2005；Whittingtonetal，2009；Lahiri，2010；党兴华，2013）。这些研究结论表明，地理空间上的邻近性、创新创业载体的质量与密度、创新性资源的丰度，以及产业分布的同向性等有助于企业之间面对面的互动，从而促使知识流在相邻的地理空间上有效的扩散。对于高新技术企业而言，知识流的可得性有助于企业推动创新项目的开展，从而获得竞争优势，而地理空间上的邻近性是影响知识流可得性的关键性因素。地理空间上的邻近提供了诸多好处，例如较低的运输成本和轻松地获得熟练的劳动力。然而，当涉及企业创新时，企业之间在地理空间上的邻近性为创新提供了强大的优势，即地理空间上的邻近性强化了区域内部的知识溢出效应，为企业创新提供了源源不断的知识流。

以往的研究提供了关于地理空间通过强化知识流来提高企业创新效率的解

释。首先，地理空间上的邻近性有助于企业通过有效地监视竞争对手的活动来获知有关前沿技术的信息。这些信息使企业能够迅速满足客户的需求并激励企业在有前景的地区优先实施它们的研发项目。嵌入在地理空间上的前沿技术信息也能帮助企业通过整合、重构这些信息来加快技术创新的速度。其次，地理空间上的邻近增加了彼此之间相互接触的机会。例如，参与前沿技术研讨会和其他一些地方活动，这增加了员工与其他企业员工相互接触的机会。员工与其他企业员工的频繁接触和交流，强化了员工知识的多元化，有助于他们接触到最新的信息和知识，由此地理空间上的邻近强化了知识溢出效应。再次，地理空间上的邻近性能够帮助企业建立和维持非正式社会网络和专业网络。这些网络有助于企业拓展获取新知识元素的各类渠道，从而提高企业创新效率。最后，随着时间的推移，相邻企业之间员工的频繁互动会形成共同规范、诠释架构和其他一些地方性制度来提高企业对知识流吸收的效率，从而提高企业创新效率。

经济空间之所以会通过有效的知识流耦合机制对创新效率产生强烈的影响是因为在经济空间上，经济条件相近的程度决定了技术势能差异的大小，经济条件越相近，技术势能差异就越小，技术扩散条件就相对较低，技术扩散就越容易发生（李后建，张宗益，2014）。在经济空间上，经济条件的合理搭配、研发投入强度、市场开放度、创新性需求、知识服务中介、科技金融体系等为企业提供了创新过程中所需的各类条件和要素。由于企业创新是一项高风险的项目，并且这类项目所需耗费的资金多，回收期长，市场前景充满了不确定性。因此，在特定的条件下，企业创新通常面临着严重的资源（资金、人才、技术等）约束。如果经济空间上的知识、金融服务功能比较健全，那么完备的金融系统通常对项目具有筛选功能，从而为有潜力的创新项目提供充足的知识和资金保障，这在某种程度上提高了企业创新效率。

人文空间之所以会通过有效的中介机制对企业创新产生强烈的影响，其可能的原因是，通常地，企业的创新网络是被嵌入在特定地区的人文制度环境下（张敏等，2014）。企业创新实际上是由经济、社会、文化、政治等系列的制度环境所形塑的经济过程和社会文化过程的互动状态（魏江，郑小勇，2012）。现有的研究表明企业所在地区的人文制度环境通过影响企业与外部环境之间的交易成本而间接影响创新效率（Adam Holbrook，2004）。彼得·沃达

（Peter Warda，2012）认为在特定的人文空间中，企业通常能够建立更大的创新网络关系，而这种网络关系又被嵌入了信任与互惠的机制，因此特定的企业能够从创新网络中获取知识流来提高企业的创新效率。让·皮埃尔·塞格斯（Jean-Pierre Segers，2011）的研究也发现不同的人文空间决定了地区创新系统的密度、结构和规模，从而间接影响了企业在创新网络中对知识转化机制的有效使用。更重要的是，人文空间为企业构建社会网络从而获得新员工、新知识和新营销渠道等提供了背景条件。此外，人文空间会约束、促进和允许行动者在外部环境中获取各类资源的行为，从而在某种程度上决定了企业的创新效率。

　　总之，企业创新及其空间是一个复杂的巨系统，规范了企业所在地区地理空间、经济空间和人文空间的配置情况，以及知识流作为中介在企业创新过程中的角色。尽管企业创新是一种复杂的事件，但是现有研究者已经揭示出诸多影响企业创新效率的因素。至少从马歇尔（1890）开始，人们就已经意识到产业的地理聚集现象。社会科学家已经强调了地理空间、经济空间和人文空间对企业创新的重要性。为了提高创新效率，企业必须有足够的人力、物力和财力将新知识元素快速重构、吸收并最终形成新产品/服务。然而，企业所需的这些条件都镶嵌在特定的地理空间、经济空间和人文空间上。在地理空间上，便利的交通条件和地理邻近为企业员工与其他企业员工面对面互动提供了更多的机会，同时也为企业获取新的知识元素提供了重要的基础。在经济空间上，雄厚的经济基础、发达的金融系统和需求旺盛的市场为企业新知识的转化提供了足够的动力，从而提高了企业的创新效率；而在人文空间上，完善的市场制度、有效的法治环境和高度信任的社会规范等为企业创新效率的提升奠定了制度基础。

第9章 研究结论与展望

本书的研究以开放条件下企业创新能力认知与知识流空间耦合效应为关注焦点，综合运用理论研究、大范围数据检索、大样本调查数据统计分析等研究方法，把定性分析与定量分析有机结合，探索开放条件下的企业创新能力识别方法，探讨知识流在企业创新空间与企业内生性创新之间的作用机制。首先，通过理论分析明确企业创新要素配置边界具有价值实现维度严格封闭和价值创造维度模糊开放的双重属性，即边界的单向模糊弹性，并结合开放创新下知识流的作用机制，明确企业创新空间属性。其次，在此基础上，以空间经济系统相关理论为出发点，探索企业创新的广义构成维度，通过引入"态函数"对企业创新及其空间的各构成维度和向量进行量化，构建包含创新空间系统的企业创新能力客观评价指标体系，并利用粗糙集方法进行约简，提出开放条件下的企业创新能力客观评价方法和体系。从空间、知识流、企业内生性创新三个维度构建开放条件下企业创新知识流空间耦合效应的研究框架。再次，借助耗散结构和熵变理论工具对企业创新广义维度进行拟合分析，深入探讨企业创新的知识流耦合机制，分析空间知识耗散结构特征，对企业创新的知识流空间耦合效应进行分析，并提出假设体系。最后，通过问卷设计，对空间、知识流、企业内生性创新各维度进行主观测量，运用结构方程模型对开放条件下企业创新的知识流空间耦合效应进行验证。

9.1 研究结论

1）提出了企业创新能力源于企业内生性创新要素与外部创新环境互动影响的观点。笔者认为：一方面，在企业生产与资源配置环节，各创新资源要素链与企业外部的创新要素市场和环境相联系，并将企业内部创新知识和信息外化,通过扩散效应影响时空;另一方面,动态变化的时空通过各种创新资源要素链与创新资源环境要素结合并内化为企业创新资源要素使用价值变量,在企业内部产生聚集和整合效应,从而影响企业的生产和创新。企业与环境之间存在类似系统动力学规律的物质能量交换,环境创新系统和企业创新系统的结构都是动态反馈的结构。

2)从企业创新的源泉视角,将企业创新分为企业内生性创新和企业创新三维空间两个方面,定义了企业创新体系"二元结构",并将企业创新能力的源泉归纳为五类,共16个子要素,即人才要素、信息要素、资源要素、资本要素、管理要素、技术要素、引进创新、合作创新,以及资源环境、地理结构、经济活力、经济发展、经济结构、政治环境、法律环境、文化环境。确定了企业的创新能力评价指标体系的指标层:一级结构指标层为企业内生性创新能力和企业创新三维空间;二级能力指标层为企业自主性创新、企业外源性创新、地理空间、经济空间、人文空间;三级要素指标层为各要素指标;四级观测指标层为要素指标层的具体观测指标。

3)遵循这一结构,依照科学性、导向性、渐近性的原则,笔者尽可能全面地收集可用的指标,构建充分非必要条件下的企业完备评价指标体系。在此基础上,再强化可比性和可操作性原则,以实际企业数据为基础,通过专家审议,粗糙集模型筛选,约简重构指标体系,得到充分必要条件下的企业创新能力评价指标体系,共计观测指标90个。对于各指标层指标的权重计算,笔者采用的是客观赋权法。具体而言,又分为三种方法,即观测指标层采用的是熵值法,要素指标层采用的是多元回归法与指标逆向集结法相结合的方法,能力指标层以及结构指标层等采用的是指标逆向集结法。

4)在开放式创新视角下,知识性要素作为现代经济中的超级要素,以开放互补、动态反馈、去中心化、高渗透性为主要特征在企业物质边界和能力边界中高频交互,使得企业的要素配置边界以极低的配置成本得以扩张。非竞争性、非排他性、高渗透性"知识元"对现代企业理论所强调的企业严格边界产生的这种持续冲击,决定了创新并非企业的排他性内部行为,而是一种进化的、非线性的、企业和环境交互作用的过程。企业可以同时利用内部和外部有价值的知识来加快内部创新,内部创意同样能够通过外部渠道进入市场,从而产生外部有效性。企业创新要素的跨组织边界配置,即通过知识在不同主体之间的识别、获取、开发、分解、储存、传递、共享机制，实现企业对网络内其他成员或公共资源的无偿使用。开放式创新以立体视角审视创新体系的构成要素，通过知识性要素的扩散和流动，即知识流，成功地将"无形"的创新网络空间联结在一起，成为创新空间中开放式创新模式内生动态耦合机制的核心。

5) 知识熵的动态变化实际上就是经济区域系统内的知识流，知识流的内化过程趋向于减少企业创新空间的自由能，增大企业创新空间的知识熵。企业创新空间维度的自由能（也可以理解成空间中的创新知识）越大，空间向企业的创新知识流动就会越强烈，若企业能够积极地吸收并消化来自空间的知识流，企业内部的创新知识存量也会增加，当空间中的企业规模、数量，以及知识流储备达到一定的阈值，企业或者企业集群就成为空间中的新的经济系统，同样具备能够向空间释放"自由能"的可能，这种释放是企业维度向空间的知识流外化过程。并且，这个过程不会在一次溢出之后就结束。

6) 创新三维空间的不同维度均对企业内生性创新有正向效应。在地理空间上，便利的交通条件和地理邻近为企业员工与其他企业员工面对面互动提供了更多的机会，同时也为企业获取新的知识元素提供了重要的基础；在经济空间上，雄厚的经济基础、发达的金融系统和需求旺盛的市场为企业新知识的转化提供了足够的动力，从而提高了企业的创新效率；在人文空间上，完善的市场制度、有效的法治环境和高度信任的社会规范等为企业创新效率的提升奠定了制度基础。创新三维空间为知识流在区域内企业之间的快速和高效流动提供了有效的耦合载体，在较大程度上节约了企业搜寻创新所需各种知识资源的成本，从而促进了企业创新效率的提升。

7) 知识流、吸收能力和整合能力是创新空间作用于企业内生性创新的耦合机制的核心。创新三维空间的合理配置会强化区域内部的知识溢出效应，从而促进区域内部企业之间知识的流动，而这些知识流是企业创新效率提升的必要条件，但知识流转化为促进企业创新的特定要素还有赖于企业自身的能力，包括吸收能力和整合能力。此外，行业特征、企业规模、年龄等外生条件的异质性对于空间、知识流、吸收能力和整合能力之间的耦合效应存在明显的异化调节作用。对于资源开发型企业，地理空间对知识流的正向促进影响相对显著；对于加工制造型企业，经济空间对知识流的正向促进影响相对显著；对于知识服务型企业，人文空间对知识流的正向促进影响相对显著。企业规模对于知识流对企业内生性创新的促进作用具有明显的负向异化：企业规模越小，知识流对企业内生性创新的促进作用将越显著；企业规模越大，知识流对企业内生性创新的促进作用将越不显著。企业年龄对"创新效率←知识流"与"知识流←三维空间"之间关系的调节效应是不显著的。

9.2　研究展望

本书的研究展望有以下几个方面。

1）企业创新能力的提升是解决企业发展过程中诸多问题的重要手段和方法，是其获取竞争优势的决定因素，而企业创新能力的提升必须建立在对企业创新能力的准确评价的基础上。建立一套科学的企业创新能力管理信息系统，集成企业创新信息，全面评估企业的创新能力，并对不同国家和地区、不同类型、不同规模的企业创新能力的强弱进行比较，实时监测企业创新能力的变化，通过设定阈值达到创新能力预警的目的（以最少的成本获取最佳的创新管理功效）；对企业创新能力的构成进行分析分解，为企业创新能力的提升提供决策依据，预测企业创新能力的远期趋势，为政府部门有针对性地制定促进政策提供理论依据的同时，为企业评估自身创新能力，制定或调整创新方向提供可行的工具。所构建的指标体系以企业为样本，对于一般意义上的企业创新能力的评价应用是否适用需要长时间的动态跟踪检验。在未来的研究中，笔者将在企业特殊性基础上进行深化，这无疑需要对原有研究做出较大的拓展。

2）前期研究所构建的指标体系的存在几个关键假设需要放松。不同规模企业的创新为规模效应不变，即不同规模下的企业，其创新行为的结果并不以其规模而呈现递增或递减的趋势。该假设相对严格，虽然笔者在研究中发现在一定样本中这种趋势性非常不明显，但仍然不能直接否定规模效应的存在性。可能的结论是这种规模效应的存在受到某些条件的限制，或者是笔者的样本太小无法发掘这种规模效应。总而言之，这一严格的假设，极大地简化了笔者的研究，若放开这一假设，对于不同规模下的企业创新的产出或者表现出来的能力，应引入新的控制参数来解释这一非线性函数关系。因此，前期研究需要进一步深化和拓展。

3）在构建企业创新能力评价指标体系时，笔者忽略了企业性质（所有制结构）在创新能力上的不同影响。国有企业、集体企业、民营企业、外资企业，它们在股权结构、治理结构、管理模式、企业家精神、要素使用效率以及创新投入、创新模式、创新效率上均有很大不同。在其他条件相同的情况下，不同所有制结构的企业，其创新能力应是不同的。前期研究，笔者忽略了这种因所有制结构不同所导致的创新能力异质性，大大简化了研究，若放开这一假设，前期研究所构建的指标体系将做较大的调整，存在进一步深化和拓展的空间。

4）指标体系在应用过程中的便利性需要进一步提升。本书中笔者通过二手数据调用、问卷调查、专家评议等手段获取企业创新能力的测评指标数据，通过人工按照固定的评价方法和评价标准进行计算，得到企业创新能力的评价指数。这种方法是可行的，也是可操作的，但是应用过程中操作的便利性不够，每次评价需要动用大量的人力进行基础数据收集和整理，与信息时代企业管理的方式、方法不匹配。在未来的研究中，笔者将着手解决这一问题，通过计算机仿真手段构建企业创新能力管理信息系统，扩大研究成果的应用范围，减少应用成本，规范应用程序的标准，提高研究成果的应用价值。

5）在理论分析方面，本书深入探讨了开放创新视角下企业创新的知识流空间耦合机制与效应，分析了创新三维空间、知识流、企业内生性创新能力，以及吸收能力、整合能力与创新效率之间的动态交互关系，但主要限于文字性的规范分析，缺乏逻辑缜密的数理推导和论证。未来的研究可以考虑建立数理模型，在数理模型的基础上推导出相关命题，从而强化结论的严谨性。

6）企业的知识管理是一个复杂的问题。本书就开放创新视角下企业创新的知识流空间耦合效应分析还处在探索性阶段。实际上，当深入本研究的理论模型时，还有诸多"黑箱"有待后续研究打开。例如，创新三维空间影响企业内生性创新的其他中介机制，企业的学习能力、企业的知识产权保护等。因此，未来的研究可以进一步拓展和深化，同时，未来的研究还可以考虑其他情境因素对企业创新的知识流空间耦合机制的调节作用，例如，知识的复杂度、知识的多元化、市场的动荡性等。

　　7）在实证研究方面，限于人力、物力和财力，本书的研究的调查范围仅限于贵州、湖北、江苏等地，这就使得本书的研究结论的普适性有待进一步考证。另外，本书的调查数据为截面静态数据，无法进行动态分析。因此，未来的研究应该增加有效样本的数量，并将调研范围扩展到贵州、湖北、江苏以外的其他省份和地区，开展比较研究。通过定期年度调查获取微观面板数据，研究企业创新的知识流空间耦合效应的动态变化规律。

附录 2018 年部分样本企业调查数据

（1）创兴资源

序号	观测指标	权重/%	原值
CA - 01	专利及科技成果相对数 个/亿元资产	2.15	0.73
CA - 02	获奖成果相对数 个/亿元资产	1.13	1.19
CA - 03	千人研发人员拥有专利数量/个	1.18	20
CA - 04	千人研发人员拥有论文数量/篇	2.10	800
CA - 05	企业科技机构相对数 个/亿元资产	2.26	0.55
CA - 06	企业仪器设备采购强度/%	1.62	0.39
CA - 07	企业 R&D 项目相对数 个/亿元资产	0.69	2.39
CA - 08 *	理论与技术导入能力 *（新聘员工平均培训时间）/天	1.47	13.40
CA - 09 *	工艺技术手段完备情况 *（企业外包业务环节比重）/%	0.62	13.00
CA - 10 *	自动化生产水平 *（生产线员工比重）/%	0.59	33.40
CA - 11	企业创新激励机制建设水平（研发人员劳务支出比重）/%	1.26	20.00
CA - 12	企业管理费用比重/%	2.38	1.49
CA - 13	企业创新战略目标的清晰程度 *（新产品研发成功率）/%	1.03	10.19
CA - 14	创新战略有效性 *（新产品企业市场份额）/%	0.64	5.19
CA - 15	创新机制的有效性 *（新产品销售收入比重）/%	0.89	3.19
CA - 16	科技体系与创新载体情况 *（负责创新的部门或机构经费比重）/%	0.65	7.42
CA - 17	管理人员创新意识 *（企业管理制度变化频度） 次/年	0.71	4
CA - 18	信息采集和管理能力 *（企业管理信息系统费用支出比重）/%	0.67	1.48
CA - 19	企业人均邮电业务总量 万元/年	0.42	0.18
CA - 20	企业人均移动电话数量 台/人	0.55	1.30
CA - 21	宽带覆盖率/%	0.52	100.00

续表

序号	观测指标	权重/%	原值
CA-22	微机覆盖率/%	0.55	100.00
CA-23	信息技术投入增长率/%	0.55	5.90
CA-24	情报部门投入经费比重/%	1.81	2.64
CA-25	企业工程技术员工比重/%	0.74	5.00
CA-26	企业科技活动人员比重/%	0.48	9.00
CA-27	员工培训和学习频度 次/年	0.53	4
CA-28	研发人员的年总收入增长率/%	0.74	10.00
CA-29	研发人员观念素质*（本科学历人员比重）/%	0.80	38.70
CA-30*	研发人员忠诚度*（年离职率）/%	0.57	1.00
CA-31	员工满意度*（年收入增长率）/%	0.70	11.00
CA-32	研发人员晋升制度的完善程度*（管理层由企业自身培养的研发人员比重）/%	0.85	19.70
CA-33	企业研发支出经费比重/%	0.94	7.00
CA-34	资本创新效率（专利产出效率）/%	0.60	268.00
CA-35	研发人员投入比重/%	0.84	4.00
CA-36	研发设备投入比重/%	0.74	3.00
CA-37	外部科研经费筹集比重/%	1.44	21.00
CA-38*	企业的国家控制程度*（国有或者集体股份比重）/%	0.60	10.00
CA-39*	企业资源禀赋优势*（企业资源占国家该资源总量的比重）/%	0.70	—
CA-40*	市场准入门槛*（进入该资源市场所需政府批文数量）/个	0.64	16
CA-41*	资源替代品多寡*（根据"很容易被替代、容易被替代、不容易被替代"，分别赋予1、0.5、0的数值）	0.54	0.5
CA-42*	企业国际资源获取门槛*（资源进口单价年增长率）/%	0.64	7.90
CA-43	企业技术引进费用占比/%	0.55	2.29
CA-44	企业国内技术购买费用占比/%	0.73	0.92
CA-45	企业技术引进合同金额占比/%	2.67	2.48
CA-46	企业消化吸收经费占比/%	0.66	0.55
CA-47	产、学、研合作比率/%	0.91	11.00
CB-01	地区人均国内生产总值/元	0.60	82560.00
CB-02	地区规模以上工业增加值增速/%	0.81	7.40

续表

序号	观测指标	权重/%	原值
CB-03	地区人均可支配收入/元	2.82	31838.08
CB-04	地区经济发展全国排名/位	0.75	1
CB-05	地区经济发展潜力*（GDP增长率）/%	1.48	8.20
CB-06	地区人均居民消费水平/元	0.57	35438.91
CB-07	地区全社会固定资产投资占GDP比重/%	0.89	25.85
CB-08	地区实际使用外资与GDP之比/%	0.59	1.28
CB-09	地区金融机构资金信贷合计与GDP之比/%	0.71	4.14
CB-10	地区上市公司数量/家	1.86	247
CB-11	地区社会零售商品总额与GDP之比/%	0.56	0.36
CB-12	单位地区生产总值能耗（等价值）　吨标准煤/万元	0.55	0.62
CB-13	地区创新型企业的发展程度*（高新技术企业产出占GDP比重）/%	2.77	36.58
CB-14	地区创新产品市场容量	1.94	—
CB-15*	地区第二、三产业比	2.72	0.71
CB-16*	地区城乡居民收入比	0.77	2.12
CB-17*	地区市场集中程度*（各产业GDP贡献的离散程度，方差表示）	0.93	0.34
CB-18*	地区贫富差距*（基尼系数）	0.57	0.57
CB-19	地区经济规模效应*（税收在100万元以上的企业在税收贡献中的比重）/%	1.22	31.00
CB-20	地区人均公路里程　公里/人	0.78	0.00
CB-21	地区人均铁路营业里程　公里/人	0.55	0.00
CB-22	地区高速公路比重/%	2.12	6.67
CB-23	地区每万人拥有公共交通数量/台	2.32	8.82
CB-24	地区城镇化发展水平（城镇人口比重）/%	1.06	89.30
CB-25	地区地理区位优势*（所处地区档次分为东部、中部、西部，不同档次区位将被赋予3、2、1的数值）	0.76	3
CB-26	地区电力生产消费比	1.30	0.77
CB-27	地区资源丰度（根据地区资源禀赋由笔者确定全国各省份资源丰度，以3、2、1量化表示）	1.01	1
CB-28	地区人居自然环境*（人口密度）　人/平方公里	0.89	2640.00

续表

序号	观测指标	权重/%	原值
CB-29	地区金融支持环境*（地区金融机构贷款余额与 GDP 之比）/%	1.90	2.48
CB-30	地区人均行政诉讼案件　件/人	1.68	0.01
CB-31	地区人均财政税收　万元/人	0.59	1.46
CB-32	地区人均财政支出　万元/人	1.30	1.67
CB-33*	地区政府廉洁水平*（"三公"经费比重）/%	2.24	—
CB-34	地区法院人均收案　件/万人	1.64	47.00
CB-35	地区刑事犯罪人数比重（每万人发案数）/件	2.46	19.00
CB-36	地区万人拥有律师数/人	2.00	5.77
CB-37	地区技术创新成果保护法的完善与实施情况*（知识产权收案占民事收案比重）/%	1.46	1.02
CB-38	地区万人高校在校生人数/人	0.62	217.80
CB-39	地区万人科研机构数/个	0.87	2.56
CB-40	地区教育经费占财政支出比重/%	1.46	11.26
CB-41	当地人居社会环境情况*（一般公共服务经费支出占财政支出比重）/%	1.12	6.03
CB-42	地区创新的文化发育程度*（地区科技经费支出比重）/%	0.67	5.58
CB-43*	地区文明程度*（每万人犯罪数）/人	1.04	22.00

（2）炼石有色

序号	观测指标	权重/%	原值
CA-01	专利及科技成果相对数　个/亿元资产	2.15	0.50
CA-02	获奖成果相对数　个/亿元资产	1.13	3.33
CA-03	千人研发人员拥有专利数量/个	1.18	9
CA-04	千人研发人员拥有论文数量/篇	2.10	1000
CA-05	企业科技机构相对数　个/亿元资产	2.26	1.17
CA-06	企业仪器设备采购强度/%	1.62	0.61
CA-07	企业 R&D 项目相对数　个/亿元资产	0.69	6.83
CA-08*	理论与技术导入能力*（新聘员工平均培训时间）/天	1.47	15.80
CA-09*	工艺技术手段完备情况*（企业外包业务环节比重）/%	0.62	11.00
CA-10*	自动化生产水平*（生产线员工比重）/%	0.59	30.80

续表

序号	观测指标	权重/%	原值
CA－11	企业创新激励机制建设水平（研发人员劳务支出比重）/%	1.26	20.00
CA－12	企业管理费用比重/%	2.38	2.50
CA－13	企业创新战略目标的清晰程度*（新产品研发成功率）/%	1.03	16.33
CA－14	创新战略有效性*（新产品企业市场份额）/%	0.64	11.33
CA－15	创新机制的有效性*（新产品销售收入比重）/%	0.89	7.33
CA－16	科技体系与创新载体情况*（负责创新的部门或机构经费比重）/%	0.65	13.56
CA－17	管理人员创新意识*（企业管理制度变化频度）　次/年	0.71	5
CA－18	信息采集和管理能力*（企业管理信息系统费用支出比重）/	0.67	2.71
CA－19	企业人均邮电业务总量　万元/年	0.42	0.11
CA－20	企业人均移动电话数量　台/人	0.55	0.90
CA－21	宽带覆盖率/%	0.52	90.00
CA－22	微机覆盖率/%	0.55	94.00
CA－23	信息技术投入增长率/%	0.55	2.10
CA－24	情报部门投入经费比重/%	1.81	3.87
CA－25	企业工程技术员工比重/%	0.74	2.00
CA－26	企业科技活动人员比重/%	0.48	6.00
CA－27	员工培训和学习频度　次/年	0.53	4
CA－28	研发人员的年总收入增长率/%	0.74	11.33
CA－29	研发人员观念素质*（本科学历人员比重）/%	0.80	54.26
CA－30*	研发人员忠诚度*（年离职率）/%	0.57	2.00
CA－31	员工满意度*（年收入增长率）/%	0.70	12.00
CA－32	研发人员晋升制度的完善程度*（管理层由企业自身培养的研发人员比重）/%	0.85	17.09
CA－33	企业研发支出经费比率/%	0.94	3.00
CA－34	资本创新效率（专利产出效率）/%	0.60	110.00
CA－35	研发人员投入比重/%	0.84	3.00
CA－36	研发设备投入比重/%	0.74	2.00
CA－37	外部科研经费筹集比重/%	1.44	24.00
CA－38*	企业的国家控制程度*（国有或者集体股份比重）/%	0.60	14.00

序号	观测指标	权重/%	原值
CA－39 *	企业资源禀赋优势 * (企业资源占国家该资源总量的比重) /	0.70	—
CA－40 *	市场准入门槛 * (进入该资源市场所需政府批文数量) /个	0.64	18
CA－41 *	资源替代品多寡 * (根据"很容易被替代、容易被替代、不容易被替代",分别赋予 1、0.5、0 的数值)	0.54	0.5
CA－42 *	企业国际资源获取门槛 * (资源进口单价年增长率) /%	0.64	8.60
CA－43	企业技术引进费用占比/%	0.55	0.50
CA－44	企业国内技术购买费用占比/%	0.73	0.83
CA－45	企业技术引进合同金额占比/%	2.67	0.17
CA－46	企业消化吸收经费占比/%	0.66	0.50
CA－47	产、学、研合作比率/%	0.91	10.00
CB－01	地区人均国内生产总值/元	0.60	33464.00
CB－02	地区规模以上工业增加值增速/%	0.81	17.90
CB－03	地区人均可支配收入/元	2.82	18245.00
CB－04	地区经济发展全国排名/位	0.75	14
CB－05	地区经济发展潜力 * (GDP 增长率) /%	1.48	13.80
CB－06	地区人均居民消费水平/元	0.57	10053.46
CB－07	地区全社会固定资产投资占 GDP 比重/%	0.89	76.11
CB－08	地区实际使用外资与 GDP 之比/%	0.59	0.93
CB－09	地区金融机构资金信贷合计与 GDP 之比/%	0.71	2.13
CB－10	地区上市公司数量/家	1.86	43
CB－11	地区社会零售商品总额与 GDP 之比/%	0.56	0.31
CB－12	单位地区生产总值能耗 (等价值) 吨标准煤/万元	0.55	0.85
CB－13	地区创新型企业的发展程度 * (高新技术企业产出占 GDP 比重) /%	2.77	8.56
CB－14	地区创新产品市场容量	1.94	—
CB－15 *	地区第二、三产业比	2.72	1.59
CB－16 *	地区城乡居民收入比	0.77	3.45
CB－17 *	地区市场集中程度 * (各产业 GDP 贡献的离散程度,方差表示)	0.93	0.73
CB－18 *	地区贫富差距 * (基尼系数)	0.57	0.34

序号	观测指标	权重/%	原值
CB-19	地区经济规模效应*（税收在100万元以上的企业在税收贡献中的比重）/%	1.22	13.00
CB-20	地区人均公路里程 公里/人	0.78	0.00
CB-21	地区人均铁路营业里程 公里/人	0.55	0.00
CB-22	地区高速公路比重/%	2.12	2.50
CB-23	地区每万人拥有公共交通数量/台	2.32	4.38
CB-24	地区城镇化发展水平（城镇人口比重）/%	1.06	47.30
CB-25	地区地理区位优势*（所处地区档次分为东部、中部、西部，不同档次区位将被赋予3、2、1的数值）	0.76	1
CB-26	地区电力生产消费比	1.30	1.19
CB-27	地区资源丰度（根据地区资源禀赋由笔者确定全国各省份资源丰度，以3、2、1量化表示）	1.01	3
CB-28	地区人居自然环境*（人口密度） 人/平方公里	0.89	185.00
CB-29	地区金融支持环境*（地区金融机构贷款余额与GDP之比）/%	1.90	1.06
CB-30	地区人均行政诉讼案件 件/人	1.68	0.01
CB-31	地区人均财政税收 万元/人	0.59	0.40
CB-32	地区人均财政支出 万元/人	1.30	0.78
CB-33*	地区政府廉洁水平*（"三公"经费比重）/%	2.24	—
CB-34	地区法院人均收案 件/万人	1.64	46.00
CB-35	地区刑事犯罪人数比重（每万人发案数）/件	2.46	18.00
CB-36	地区万人拥有律师数/人	2.00	1.27
CB-37	地区技术创新成果保护法的完善与实施情况*（知识产权收案占民事收案比重）/%	1.46	0.61
CB-38	地区万人高校在校生人数/人	0.62	257.78
CB-39	地区万人科研机构数/个	0.87	0.21
CB-40	地区教育经费占财政支出比重/%	1.46	12.85
CB-41	当地人居社会环境情况*（一般公共服务经费支出占财政支出比重）/%	1.12	11.65
CB-42	地区创新的文化发育程度*（地区科技经费支出比重）/%	0.67	0.99
CB-43*	地区文明程度*（每万人犯罪数）/人	1.04	21.00

（3）昊华能源

序号	观测指标	权重/%	原值
CA－01	专利及科技成果相对数 个/亿元资产	2.15	0.05
CA－02	获奖成果相对数 个/亿元资产	1.13	0.54
CA－03	千人研发人员拥有专利数量/个	1.18	30
CA－04	千人研发人员拥有论文数量/篇	2.10	2450
CA－05	企业科技机构相对数 个/亿元资产	2.26	0.13
CA－06	企业仪器设备采购强度/%	1.62	0.83
CA－07	企业 R&D 项目相对数 个/亿元资产	0.69	1.34
CA－08 *	理论与技术导入能力 *（新聘员工平均培训时间）/天	1.47	24.50
CA－09 *	工艺技术手段完备情况 *（企业外包业务环节比重）/%	0.62	12.00
CA－10 *	自动化生产水平 *（生产线员工比重）/%	0.59	34.50
CA－11	企业创新激励机制建设水平（研发人员劳务支出比重）/%	1.26	23.00
CA－12	企业管理费用比重/%	2.38	5.66
CA－13	企业创新战略目标的清晰程度 *（新产品研发成功率）/%	1.03	15.54
CA－14	创新战略有效性 *（新产品企业市场份额）/%	0.64	14.54
CA－15	创新机制的有效性 *（新产品销售收入比重）/%	0.89	5.54
CA－16	科技体系与创新载体情况 *（负责创新的部门或机构经费比重）/%	0.65	12.77
CA－17	管理人员创新意识 *（企业管理制度变化频度） 次/年	0.71	8
CA－18	信息采集和管理能力 *（企业管理信息系统费用支出比重）/	0.67	2.55
CA－19	企业人均邮电业务总量 万元/年	0.42	0.23
CA－20	企业人均移动电话数量 台/人	0.55	1.30
CA－21	宽带覆盖率/%	0.52	100.00
CA－22	微机覆盖率/%	0.55	100.00
CA－23	信息技术投入增长率/%	0.55	6.20
CA－24	情报部门投入经费比重/%	1.81	3.71
CA－25	企业工程技术员工比重/%	0.74	5.00
CA－26	企业科技活动人员比重/%	0.48	7.00
CA－27	员工培训和学习频度 次/年	0.53	5
CA－28	研发人员的年总收入增长率/%	0.74	12.00
CA－29	研发人员观念素质 *（本科学历人员比重）/%	0.80	51.10

续表

序号	观测指标	权重/%	原值
CA - 30 *	研发人员忠诚度 * (年离职率) /%	0.57	3.00
CA - 31	员工满意度 * (年收入增长率) /%	0.70	11.00
CA - 32	研发人员晋升制度的完善程度 * (管理层由企业自身培养的研发人员比重) /%	0.85	16.03
CA - 33	企业研发支出经费比率/%	0.94	5.80
CA - 34	资本创新效率 (专利产出效率) /%	0.60	268.00
CA - 35	研发人员投入比重/%	0.84	3.00
CA - 36	研发设备投入比重/%	0.74	6.00
CA - 37	外部科研经费筹集比重/%	1.44	26.00
CA - 38 *	企业的国家控制程度 * (国有或者集体股份比重) /%	0.60	62.30
CA - 39 *	企业资源禀赋优势 * (企业资源占国家该资源总量的比重) /	0.70	—
CA - 40 *	市场准入门槛 * (进入该资源市场所需政府批文数量) /个	0.64	17
CA - 41 *	资源替代品多寡 * (根据 "很容易被替代、容易被替代、不容易被替代", 分别赋予 1、0.5、0 的数值)	0.54	1
CA - 42 *	企业国际资源获取门槛 * (资源进口单价年增长率) /%	0.64	6.20
CA - 43	企业技术引进费用占比/%	0.55	1.08
CA - 44	企业国内技术购买费用占比/%	0.73	0.92
CA - 45	企业技术引进合同金额占比/%	2.67	1.60
CA - 46	企业消化吸收经费占比/%	0.66	0.38
CA - 47	产、学、研合作比率/%	0.91	13.00
CB - 01	地区人均国内生产总值/元	0.60	81658.00
CB - 02	地区规模以上工业增加值增速/%	0.81	7.30
CB - 03	地区人均可支配收入/元	2.82	29072.93
CB - 04	地区经济发展全国排名/位	0.75	3
CB - 05	地区经济发展潜力 * (GDP 增长率) /%	1.48	8.00
CB - 06	地区人均居民消费水平/元	0.57	27760.00
CB - 07	地区全社会固定资产投资占 GDP 比重/%	0.89	34.33
CB - 08	地区实际使用外资与 GDP 之比/%	0.59	2.73
CB - 09	地区金融机构资金信贷合计与 GDP 之比/%	0.71	7.06
CB - 10	地区上市公司数量/家	1.86	288

续表

序号	观测指标	权重/%	原值
CB – 11	地区社会零售商品总额与 GDP 之比/%	0.56	0.42
CB – 12	单位地区生产总值能耗（等价值） 吨标准煤/万元	0.55	0.46
CB – 13	地区创新型企业的发展程度*（高新技术企业产出占 GDP 比重）/%	2.77	17.83
CB – 14	地区创新产品市场容量	1.94	—
CB – 15 *	地区第二、三产业比	2.72	0.30
CB – 16 *	地区城乡居民收入比	0.77	2.20
CB – 17 *	地区市场集中程度*（各产业 GDP 贡献的离散程度，方差表示）	0.93	0.31
CB – 18 *	地区贫富差距*（基尼系数）	0.57	0.43
CB – 19	地区经济规模效应*（税收在 100 万元以上的企业在税收贡献中的比重）/%	1.22	27.00
CB – 20	地区人均公路里程 公里/人	0.78	0.00
CB – 21	地区人均铁路营业里程 公里/人	0.55	0.00
CB – 22	地区高速公路比重/%	2.12	4.27
CB – 23	地区每万人拥有公共交通数量/台	2.32	21.25
CB – 24	地区城镇化发展水平（城镇人口比重）/%	1.06	86.20
CB – 25	地区地理区位优势*（所处地区档次分为东部、中部、西部，不同档次区位将被赋予3、2、1的数值）	0.76	3
CB – 26	地区电力生产消费比	1.30	0.82
CB – 27	地区资源丰度（根据地区资源禀赋由笔者确定全国各省份资源丰度，以3、2、1量化表示）	1.01	1
CB – 28	地区人居自然环境*（人口密度） 人/平方公里	0.89	724.00
CB – 29	地区金融支持环境*（地区金融机构贷款余额与 GDP 之比）/%	1.90	3.53
CB – 30	地区人均行政诉讼案件 件/人	1.68	0.01
CB – 31	地区人均财政税收 万元/人	0.59	1.49
CB – 32	地区人均财政支出 万元/人	1.30	1.61
CB – 33 *	地区政府廉洁水平*（三公经费比重）/%	2.24	—
CB – 34	地区法院人均收案 件/万人	1.64	39.00
CB – 35	地区刑事犯罪人数比重（每万人发案数）/件	2.46	11.00

续表

序号	观测指标	权重/%	原值
CB-36	地区万人拥有律师数/人	2.00	10.95
CB-37	地区技术创新成果保护法的完善与实施情况*（知识产权收案占民事收案比重）/%	1.46	1.00
CB-38	地区万人高校在校生人数/人	0.62	291.24
CB-39	地区万人科研机构数/个	0.87	2.87
CB-40	地区教育经费占财政支出比重/%	1.46	15.83
CB-41	当地人居社会环境情况*（一般公共服务经费支出占财政支出比重）/%	1.12	8.05
CB-42	地区创新的文化发育程度*（地区科技经费支出比重）/%	0.67	5.64
CB-43*	地区文明程度*（每万人犯罪数）/人	1.04	14.00

（4）科恒股份

序号	观测指标	权重/%	原值
CA-01	专利及科技成果相对数　个/亿元资产	2.15	4.54
CA-02	获奖成果相对数　个/亿元资产	1.13	3.98
CA-03	千人研发人员拥有专利数量/个	1.18	47
CA-04	千人研发人员拥有论文数量/篇	2.10	2379
CA-05	企业科技机构相对数　个/亿元资产	2.26	1.20
CA-06	企业仪器设备采购强度/%	1.62	0.38
CA-07	企业 R&D 项目相对数　个/亿元资产	0.69	3.33
CA-08*	理论与技术导入能力*（新聘员工平均培训时间）/天	1.47	17.10
CA-09*	工艺技术手段完备情况*（企业外包业务环节比重）/%	0.62	12.00
CA-10*	自动化生产水平*（生产线员工比重）/%	0.59	37.10
CA-11	企业创新激励机制建设水平*（研发人员劳务支出比重）/%	1.26	35.00
CA-12	企业管理费用比重/%	2.38	3.11
CA-13	企业创新战略目标的清晰程度*（新产品研发成功率）/%	1.03	16.98
CA-14	创新战略有效性*（新产品企业市场份额）/%	0.64	16.98
CA-15	创新机制的有效性*（新产品销售收入比重）/%	0.89	14.98
CA-16	科技体系与创新载体情况*（负责创新的部门或机构经费比重）/%	0.65	14.21
CA-17	管理人员创新意识*（企业管理制度变化频度）　次/年	0.71	5

续表

序号	观测指标	权重/%	原值
CA-18	信息采集和管理能力*（企业管理信息系统费用支出比重）/	0.67	2.84
CA-19	企业人均邮电业务总量 万元/年	0.42	0.15
CA-20	企业人均移动电话数量 台/人	0.55	1.20
CA-21	宽带覆盖率/%	0.52	100.00
CA-22	微机覆盖率/%	0.55	100.00
CA-23	信息技术投入增长率/%	0.55	7.90
CA-24	情报部门投入经费比重/%	1.81	3.99
CA-25	企业工程技术员工比重/%	0.74	5
CA-26	企业科技活动人员比重/%	0.48	8.00
CA-27	员工培训和学习频度 次/年	0.53	5
CA-28	研发人员的年总收入增长率/%	0.74	10.67
CA-29	研发人员观念素质*（本科学历人员比重）/%	0.80	56.85
CA-30*	研发人员忠诚度*（年离职率）/%	0.57	1.00
CA-31	员工满意度*（年收入增长率）/%	0.70	13.00
CA-32	研发人员晋升制度的完善程度*（管理层由企业自身培养的研发人员比重）/%	0.85	15.95
CA-33	企业研发支出经费比率/%	0.94	8.00
CA-34	资本创新效率（专利产出效率）/%	0.60	235.00
CA-35	研发人员投入比重/%	0.84	4.00
CA-36	研发设备投入比重/%	0.74	3.00
CA-37	外部科研经费筹集比重/%	1.44	23.00
CA-38*	企业的国家控制程度*（国有或者集体股份比重）/%	0.60	10.00
CA-39*	企业资源禀赋优势*（企业资源占国家该资源总量的比重）/	0.70	—
CA-40*	市场准入门槛*（进入该资源市场所需政府批文数量）/个	0.64	15
CA-41*	资源替代品多寡*（根据"很容易被替代、容易被替代、不容易被替代"，分别赋予1、0.5、0 的数值）	0.54	0
CA-42*	企业国际资源获取门槛*（资源进口单价年增长率）/%	0.64	20.60
CA-43	企业技术引进费用占比/%	0.55	8.03
CA-44	企业国内技术购买费用占比/%	0.73	0.32

序号	观测指标	权重/%	原值
CA–45	企业技术引进合同金额占比/%	2.67	5.46
CA–46	企业消化吸收经费占比/%	0.66	4.31
CA–47	产、学、研合作比率/%	0.91	8.00
CB–01	地区人均国内生产总值/元	0.60	50807.00
CB–02	地区规模以上工业增加值增速/%	0.81	12.60
CB–03	地区人均可支配收入/元	2.82	23897.80
CB–04	地区经济发展全国排名/位	0.75	7
CB–05	地区经济发展潜力*（GDP增长率）/%	1.48	10.00
CB–06	地区人均居民消费水平/元	0.57	19578.12
CB–07	地区全社会固定资产投资占GDP比重/%	0.89	32.08
CB–08	地区实际使用外资与GDP之比/%	0.59	2.58
CB–09	地区金融机构资金信贷合计与GDP之比/%	0.71	2.82
CB–10	地区上市公司数量/家	1.86	395
CB–11	地区社会零售商品总额与GDP之比/%	0.56	0.38
CB–12	单位地区生产总值能耗（等价值） 吨标准煤/万元	0.55	0.56
CB–13	地区创新型企业的发展程度*（高新技术企业产出占GDP比重）/%	2.77	44.31
CB–14	地区创新产品市场容量	1.94	—
CB–15*	地区第二、三产业比	2.72	1.10
CB–16*	地区城乡居民收入比	0.77	3.25
CB–17*	地区市场集中程度*（各产业GDP贡献的离散程度，方差表示）	0.93	0.43
CB–18*	地区贫富差距*（基尼系数）	0.57	0.65
CB–19	地区经济规模效应*（税收在100万元以上的企业在税收贡献中的比重）/%	1.22	25.00
CB–20	地区人均公路里程 公里/人	0.78	0.00
CB–21	地区人均铁路营业里程 公里/人	0.55	0.00
CB–22	地区高速公路比重/%	2.12	2.65
CB–23	地区每万人拥有公共交通数量/台	2.32	4.01
CB–24	地区城镇化发展水平（城镇人口比重）/%	1.06	66.50

续表

序号	观测指标	权重/%	原值
CB–25	地区地理区位优势*（所处地区档次分为东部、中部、西部，不同档次区位将被赋予 3、2、1 的数值）	0.76	3
CB–26	地区电力生产消费比	1.30	0.67
CB–27	地区资源丰度（根据地区资源禀赋由笔者确定全国各省份资源丰度，以 3、2、1 量化表示）	1.01	1
CB–28	地区人居自然环境*（人口密度） 人/平方公里	0.89	481.00
CB–29	地区金融支持环境*（地区金融机构贷款余额与 GDP 之比）/%	1.90	1.41
CB–30	地区人均行政诉讼案件 件/人	1.68	0.00
CB–31	地区人均财政税收 万元/人	0.59	0.52
CB–32	地区人均财政支出 万元/人	1.30	0.64
CB–33*	地区政府廉洁水平*（"三公"经费比重）/%	2.24	—
CB–34	地区法院人均收案 件/万人	1.64	50.00
CB–35	地区刑事犯罪人数比重（每万人发案数）/件	2.46	22.00
CB–36	地区万人拥有律师数/人	2.00	2.05
CB–37	地区技术创新成果保护法的完善与实施情况*（知识产权收案占民事收案比重）/%	1.46	1.15
CB–38	地区万人高校在校生人数/人	0.62	145.39
CB–39	地区万人科研机构数/个	0.87	0.38
CB–40	地区教育经费占财政支出比重/%	1.46	15.55
CB–41	当地人居社会环境情况*（一般公共服务经费支出占财政支出比重）/%	1.12	12.03
CB–42	地区创新的文化发育程度*（地区科技经费支出比重）/%	0.67	3.04
CB–43*	地区文明程度*（每万人犯罪数）/人	1.04	25.00

（5）冀中能源

序号	观测指标	权重/%	原值
CA–01	专利及科技成果相对数 个/亿元资产	2.15	0.19
CA–02	获奖成果相对数 个/亿元资产	1.13	0.07
CA–03	千人研发人员拥有专利数量/个	1.18	16
CA–04	千人研发人员拥有论文数量/篇	2.10	1800

续表

序号	观测指标	权重/%	原值
CA-05	企业科技机构相对数　个/亿元资产	2.26	0.15
CA-06	企业仪器设备采购强度/%	1.62	0.20
CA-07	企业 R&D 项目相对数　个/亿元资产	0.69	0.13
CA-08*	理论与技术导入能力*（新聘员工平均培训时间）/天	1.47	26.10
CA-09*	工艺技术手段完备情况*（企业外包业务环节比重）/%	0.62	10.00
CA-10*	自动化生产水平*（生产线员工比重）/%	0.59	46.10
CA-11	企业创新激励机制建设水平（研发人员劳务支出比重）/%	1.26	19.00
CA-12	企业管理费用比重/%	2.38	8.97
CA-13	企业创新战略目标的清晰程度*（新产品研发成功率）/%	1.03	15.07
CA-14	创新战略有效性*（新产品企业市场份额）/%	0.64	15.07
CA-15	创新机制的有效性*（新产品销售收入比重）/%	0.89	3.07
CA-16	科技体系与创新载体情况*（负责创新的部门或机构经费比重）/%	0.65	12.30
CA-17	管理人员创新意识*（企业管理制度变化频度）　次/年	0.71	8
CA-18	信息采集和管理能力*（企业管理信息系统费用支出比重）/	0.67	2.46
CA-19	企业人均邮电业务总量　万元/年	0.42	0.90
CA-20	企业人均移动电话数量　台/人	0.55	1.50
CA-21	宽带覆盖率/%	0.52	100.00
CA-22	微机覆盖率/%	0.55	100.00
CA-23	信息技术投入增长率/%	0.55	4.50
CA-24	情报部门投入经费比重/%	1.81	3.61
CA-25	企业工程技术员工比重/%	0.74	3.00
CA-26	企业科技活动人员比重/%	0.48	7.00
CA-27	员工培训和学习频度　次/年	0.53	4
CA-28	研发人员的年总收入增长率/%	0.74	13.00
CA-29	研发人员观念素质*（本科学历人员比重）/%	0.80	49.22
CA-30*	研发人员忠诚度*（年离职率）/%	0.57	1.00
CA-31	员工满意度*（年收入增长率）/%	0.70	11.00
CA-32	研发人员晋升制度的完善程度*（管理层由企业自身培养的研发人员比重）/%	0.85	14.41

续表

序号	观测指标	权重/%	原值
CA-33	企业研发支出经费比率/%	0.94	6.00
CA-34	资本创新效率（专利产出效率）/%	0.60	230.00
CA-35	研发人员投入比重/%	0.84	3.00
CA-36	研发设备投入比重/%	0.74	2.00
CA-37	外部科研经费筹集比重/%	1.44	27.00
CA-38*	企业的国家控制程度*（国有或者集体股份比重）/%	0.60	31.86
CA-39*	企业资源禀赋优势*（企业资源占国家该资源总量的比重）/	0.70	—
CA-40*	市场准入门槛*（进入该资源市场所需政府批文数量）/个	0.64	19.00
CA-41*	资源替代品多寡*（根据"很容易被替代、容易被替代、不容易被替代"，分别赋予1、0.5、0 的数值）	0.54	1.00
CA-42*	企业国际资源获取门槛*（资源进口单价年增长率）/%	0.64	5.10
CA-43	企业技术引进费用占比/%	0.55	18.43
CA-44	企业国内技术购买费用占比/%	0.73	7.37
CA-45	企业技术引进合同金额占比/%	2.67	19.90
CA-46	企业消化吸收经费占比/%	0.66	0.44
CA-47	产、学、研合作比率/%	0.91	9.00
CB-01	地区人均国内生产总值/元	0.60	33969.00
CB-02	地区规模以上工业增加值增速/%	0.81	16.00
CB-03	地区人均可支配收入/元	2.82	16263.43
CB-04	地区经济发展全国排名/位	0.75	12
CB-05	地区经济发展潜力*（GDP 增长率）/%	1.48	11.00
CB-06	地区人均居民消费水平/元	0.57	9550.51
CB-07	地区全社会固定资产投资占 GDP 比重/%	0.89	66.85
CB-08	地区实际使用外资与 GDP 之比/%	0.59	0.88
CB-09	地区金融机构资金信贷合计与 GDP 之比/%	0.71	1.95
CB-10	地区上市公司数量/家	1.86	49
CB-11	地区社会零售商品总额与 GDP 之比/%	0.56	0.33
CB-12	单位地区生产总值能耗（等价值）　吨标准煤/万元	0.55	1.30
CB-13	地区创新型企业的发展程度*（高新技术企业产出占 GDP 比重）/%	2.77	3.97

续表

序号	观测指标	权重/%	原值
CB－14	地区创新产品市场容量	1.94	—
CB－15*	地区第二、三产业比	2.72	1.55
CB－16*	地区城乡居民收入比	0.77	3.13
CB－17*	地区市场集中程度*（各产业 GDP 贡献的离散程度，方差表示）	0.93	0.61
CB－18*	地区贫富差距*（基尼系数）	0.57	0.38
CB－19	地区经济规模效应*（税收在 100 万元以上的企业在税收贡献中的比重）/%	1.22	16.00
CB－20	地区人均公路里程　公里/人	0.78	0.00
CB－21	地区人均铁路营业里程　公里/人	0.55	0.00
CB－22	地区高速公路比重/%	2.12	3.03
CB－23	地区每万人拥有公共交通数量/台	2.32	4.13
CB－24	地区城镇化发展水平（城镇人口比重）/%	1.06	45.60
CB－25	地区地理区位优势*（所处地区档次分为东部、中部、西部，不同档次区位将被赋予 3、2、1 的数值）	0.76	3
CB－26	地区电力生产消费比	1.30	0.57
CB－27	地区资源丰度（根据地区资源禀赋由笔者确定全国各省份资源丰度，以 3、2、1 量化表示）	1.01	1
CB－28	地区人居自然环境*（人口密度）　人/平方公里	0.89	355.00
CB－29	地区金融支持环境*（地区金融机构贷款余额与 GDP 之比）/%	1.90	0.97
CB－30	地区人均行政诉讼案件　件/人	1.68	0.00
CB－31	地区人均财政税收　万元/人	0.59	0.24
CB－32	地区人均财政支出　万元/人	1.30	0.49
CB－33*	地区政府廉洁水平*（三公经费比重）/%	2.24	—
CB－34	地区法院人均收案　件/万人	1.64	46.00
CB－35	地区刑事犯罪人数比重（每万人发案数）/件	2.46	18.00
CB－36	地区万人拥有律师数/人	2.00	11.10
CB－37	地区技术创新成果保护法的完善与实施情况*（知识产权收案占民事收案比重）/%	1.46	0.79
CB－38	地区万人高校在校生人数/人	0.62	158.73

续表

序号	观测指标	权重/%	原值
CB－39	地区万人科研机构数/个	0.87	0.12
CB－40	地区教育经费占财政支出比重/%	1.46	15.97
CB－41	当地人居社会环境情况*（一般公共服务经费支出占财政支出比重）/%	1.12	11.73
CB－42	地区创新的文化发育程度*（地区科技经费支出比重）/%	0.67	0.94
CB－43*	地区文明程度*（每万人犯罪数）/人	1.04	21.00

（6）金钼股份

序号	观测指标	权重/%	原值
CA－01	专利及科技成果相对数 个/亿元资产	2.15	0.78
CA－02	获奖成果相对数 个/亿元资产	1.13	0.20
CA－03	千人研发人员拥有专利数量/个	1.18	11
CA－04	千人研发人员拥有论文数量/篇	2.10	1900
CA－05	企业科技机构相对数 个/亿元资产	2.26	0.05
CA－06	企业仪器设备采购强度/%	1.62	0.68
CA－07	企业 R&D 项目相对数 个/亿元资产	0.69	0.43
CA－08*	理论与技术导入能力*（新聘员工平均培训时间）/天	1.47	28.30
CA－09*	工艺技术手段完备情况*（企业外包业务环节比重）/%	0.62	7.00
CA－10*	自动化生产水平*（生产线员工比重）/%	0.59	38.30
CA－11	企业创新激励机制建设水平（研发人员劳务支出比重）/%	1.26	22.00
CA－12	企业管理费用比重/%	2.38	2.79
CA－13	企业创新战略目标的清晰程度*（新产品研发成功率）/%	1.03	8.20
CA－14	创新战略有效性*（新产品企业市场份额）/%	0.64	8.20
CA－15	创新机制的有效性*（新产品销售收入比重）/%	0.89	4.20
CA－16	科技体系与创新载体情况*（负责创新的部门或机构经费比重）/%	0.65	5.43
CA－17	管理人员创新意识*（企业管理制度变化频度） 次/年	0.71	14
CA－18	信息采集和管理能力*（企业管理信息系统费用支出比重）/	0.67	1.09
CA－19	企业人均邮电业务总量 万元/年	0.42	0.15
CA－20	企业人均移动电话数量 台/人	0.55	1.10

续表

序号	观测指标	权重/%	原值
CA－21	宽带覆盖率/%	0.52	100.00
CA－22	微机覆盖率/%	0.55	100.00
CA－23	信息技术投入增长率/%	0.55	3.50
CA－24	情报部门投入经费比重/%	1.81	2.24
CA－25	企业工程技术员工比重/%	0.74	3.00
CA－26	企业科技活动人员比重/%	0.48	7.00
CA－27	员工培训和学习频度　次/年	0.53	4
CA－28	研发人员的年总收入增长率/%	0.74	14.00
CA－29	研发人员观念素质*（本科学历人员比重）/%	0.80	41.74
CA－30*	研发人员忠诚度*（年离职率）/%	0.57	2.00
CA－31	员工满意度*（年收入增长率）/%	0.70	9.00
CA－32	研发人员晋升制度的完善程度*（管理层由企业自身培养的研发人员比重）/%	0.85	14.91
CA－33	企业研发支出经费比率/%	0.94	5.00
CA－34	资本创新效率（专利产出效率）/%	0.60	125.00
CA－35	研发人员投入比重/%	0.84	3.00
CA－36	研发设备投入比重/%	0.74	2.00
CA－37	外部科研经费筹集比重/%	1.44	20.00
CA－38*	企业的国家控制程度*（国有或者集体股份比重）/%	0.60	10.00
CA－39*	企业资源禀赋优势*（企业资源占国家该资源总量的比重）/	0.70	—
CA－40*	市场准入门槛*（进入该资源市场所需政府批文数量）/个	0.64	17
CA－41*	资源替代品多寡*（根据"很容易被替代、容易被替代、不容易被替代"，分别赋予1、0.5、0的数值）	0.54	0
CA－42*	企业国际资源获取门槛*（资源进口单价年增长率）/%	0.64	10.00
CA－43	企业技术引进费用占比/%	0.55	0.34
CA－44	企业国内技术购买费用占比/%	0.73	0.47
CA－45	企业技术引进合同金额占比/%	2.67	0.11
CA－46	企业消化吸收经费占比/%	0.66	0.54
CA－47	产、学、研合作比率/%	0.91	11.00
CB－01	地区人均国内生产总值/元	0.60	33464.00

序号	观测指标	权重/%	原值
CB – 02	地区规模以上工业增加值增速/%	0.81	17.90
CB – 03	地区人均可支配收入/元	2.82	18245.00
CB – 04	地区经济发展全国排名/位	0.75	14.00
CB – 05	地区经济发展潜力*（GDP 增长率）/%	1.48	13.80
CB – 06	地区人均居民消费水平/元	0.57	10053.46
CB – 07	地区全社会固定资产投资占 GDP 比重/%	0.89	76.11
CB – 08	地区实际使用外资与 GDP 之比/%	0.59	0.93
CB – 09	地区金融机构资金信贷合计与 GDP 之比/%	0.71	2.13
CB – 10	地区上市公司数量/家	1.86	43.00
CB – 11	地区社会零售商品总额与 GDP 之比/%	0.56	0.31
CB – 12	单位地区生产总值能耗（等价值） 吨标准煤/万元	0.55	0.85
CB – 13	地区创新型企业的发展程度*（高新技术企业产出占 GDP 比重）/%	2.77	8.56
CB – 14	地区创新产品市场容量	1.94	—
CB – 15 *	地区第二、三产业比	2.72	1.59
CB – 16 *	地区城乡居民收入比	0.77	3.45
CB – 17 *	地区市场集中程度*（各产业 GDP 贡献的离散程度，方差表示）	0.93	0.73
CB – 18 *	地区贫富差距*（基尼系数）	0.57	0.34
CB – 19	地区经济规模效应*（税收在 100 万元以上的企业在税收贡献中的比重）/%	1.22	13.00
CB – 20	地区人均公路里程 公里/人	0.78	0.00
CB – 21	地区人均铁路营业里程 公里/人	0.55	0.00
CB – 22	地区高速公路比重/%	2.12	2.50
CB – 23	地区每万人拥有公共交通数量/台	2.32	4.38
CB – 24	地区城镇化发展水平（城镇人口比重）/%	1.06	47.30
CB – 25	地区地理区位优势*（所处地区档次分为东部、中部、西部，不同档次区位将被赋予 3、2、1 的数值）	0.76	1.00
CB – 26	地区电力生产消费比	1.30	1.19
CB – 27	地区资源丰度（根据地区资源禀赋由笔者确定全国各省份资源丰度，以 3、2、1 量化表示）	1.01	3

续表

序号	观测指标	权重/%	原值
CB－28	地区人居自然环境*（人口密度）　人/平方公里	0.89	185.00
CB－29	地区金融支持环境*（地区金融机构贷款余额与GDP之比）/%	1.90	1.06
CB－30	地区人均行政诉讼案件　件/人	1.68	0.01
CB－31	地区人均财政税收　万元/人	0.59	0.40
CB－32	地区人均财政支出　万元/人	1.30	0.78
CB－33*	地区政府廉洁水平*（"三公"经费比重）/%	2.24	—
CB－34	地区法院人均收案　件/万人	1.64	46.00
CB－35	地区刑事犯罪人数比重（每万人发案数）/件	2.46	18.00
CB－36	地区万人拥有律师数/人	2.00	1.27
CB－37	地区技术创新成果保护法的完善与实施情况*（知识产权收案占民事收案比重）/%	1.46	0.61
CB－38	地区万人高校在校生人数/人	0.62	257.78
CB－39	地区万人科研机构数/个	0.87	0.21
CB－40	地区教育经费占财政支出比重/%	1.46	12.85
CB－41	当地人居社会环境情况*（一般公共服务经费支出占财政支出比重）/%	1.12	11.65
CB－42	地区创新的文化发育程度*（地区科技经费支出比重）/%	0.67	0.99
CB－43*	地区文明程度*（每万人犯罪数）/人	1.04	21.00

（7）中国石油

序号	观测指标	权重/%	原值
CA－01	专利及科技成果相对数　个/亿元资产	2.15	0.12
CA－02	获奖成果相对数　个/亿元资产	1.13	0.01
CA－03	千人研发人员拥有专利数量/个	1.18	15
CA－04	千人研发人员拥有论文数量/篇	2.10	1796
CA－05	企业科技机构相对数　个/亿元资产	2.26	0.02
CA－06	企业仪器设备采购强度/%	1.62	0.50
CA－07	企业R&D项目相对数　个/亿元资产	0.69	0.02
CA－08*	理论与技术导入能力*（新聘员工平均培训时间）/天	1.47	23.40
CA－09*	工艺技术手段完备情况*（企业外包业务环节比重）/%	0.62	5.00

续表

序号	观测指标	权重/%	原值
CA－10*	自动化生产水平*（生产线员工比重）/%	0.59	35.40
CA－11	企业创新激励机制建设水平（研发人员劳务支出比重）/%	1.26	28.00
CA－12	企业管理费用比重/%	2.38	3.87
CA－13	企业创新战略目标的清晰程度*（新产品研发成功率）/%	1.03	16.01
CA－14	创新战略有效性*（新产品企业市场份额）/%	0.64	25.01
CA－15	创新机制的有效性*（新产品销售收入比重）/%	0.89	5.01
CA－16	科技体系与创新载体情况*（负责创新的部门或机构经费比重）/%	0.65	13.24
CA－17	管理人员创新意识*（企业管理制度变化频度）　次/年	0.71	58
CA－18	信息采集和管理能力*（企业管理信息系统费用支出比重）/	0.67	2.65
CA－19	企业人均邮电业务总量　万元/年	0.42	0.90
CA－20	企业人均移动电话数量　台/人	0.55	1.50
CA－21	宽带覆盖率/%	0.52	100.00
CA－22	微机覆盖率/%	0.55	100.00
CA－23	信息技术投入增长率/%	0.55	4.50
CA－24	情报部门投入经费比重/%	1.81	3.80
CA－25	企业工程技术员工比重/%	0.74	4.00
CA－26	企业科技活动人员比重/%	0.48	9.00
CA－27	员工培训和学习频度　次/年	0.53	4
CA－28	研发人员的年总收入增长率/%	0.74	13.00
CA－29	研发人员观念素质*（本科学历人员比重）/%	0.80	52.96
CA－30*	研发人员忠诚度*（年离职率）/%	0.57	4.00
CA－31	员工满意度*（年收入增长率）/%	0.70	10.00
CA－32	研发人员晋升制度的完善程度*（管理层由企业自身培养的研发人员比重）/%	0.85	21.65
CA－33	企业研发支出经费比率/%	0.94	6.00
CA－34	资本创新效率（专利产出效率）/%	0.60	225.00
CA－35	研发人员投入比重/%	0.84	3.00
CA－36	研发设备投入比重/%	0.74	2.00
CA－37	外部科研经费筹集比重/%	1.44	36.00

序号	观测指标	权重/%	原值
CA-38*	企业的国家控制程度*（国有或者集体股份比重）/%	0.60	100.0
CA-39*	企业资源禀赋优势*（企业资源占国家该资源总量的比重）/	0.70	—
CA-40*	市场准入门槛*（进入该资源市场所需政府批文数量）/个	0.64	26
CA-41*	资源替代品多寡*（根据"很容易被替代、容易被替代、不容易被替代"，分别赋予1、0.5、0的数值）	0.54	0.5
CA-42*	企业国际资源获取门槛*（资源进口单价年增长率）/%	0.64	6.90
CA-43	企业技术引进费用占比/%	0.55	2.42
CA-44	企业国内技术购买费用占比/%	0.73	0.97
CA-45	企业技术引进合同金额占比/%	2.67	2.61
CA-46	企业消化吸收经费占比/%	0.66	0.07
CA-47	产、学、研合作比率/%	0.91	10.00
CB-01	地区人均国内生产总值/元	0.60	35181.00
CB-02	地区规模以上工业增加值增速/%	0.81	10.70
CB-03	地区人均可支配收入/元	2.82	21809.78
CB-04	地区经济发展全国排名/位	0.75	10
CB-05	地区经济发展潜力*（GDP增长率）/%	1.48	9.20
CB-06	地区人均居民消费水平/元	0.57	12300.00
CB-07	地区全社会固定资产投资占GDP比重/%	0.89	65.87
CB-08	地区实际使用外资与GDP之比/%	0.59	1.53
CB-09	地区金融机构资金信贷合计与GDP之比/%	0.71	3.86
CB-10	地区上市公司数量/家	1.86	73
CB-11	地区社会零售商品总额与GDP之比/%	0.56	0.36
CB-12	单位地区生产总值能耗（等价值） 吨标准煤/万元	0.55	0.74
CB-13	地区创新型企业的发展程度*（高新技术企业产出占GDP比重）/%	2.77	18.70
CB-14	地区创新产品市场容量	1.94	—
CB-15*	地区第二、三产业比	2.72	1.08
CB-16*	地区城乡居民收入比	0.77	3.33
CB-17*	地区市场集中程度*（各产业GDP贡献的离散程度，方差表示）	0.93	0.59

续表

序号	观测指标	权重/%	原值
CB－18*	地区贫富差距*（基尼系数）	0.57	0.47
CB－19	地区经济规模效应*（税收在 100 万元以上的企业在税收贡献中的比重）/%	1.22	20.00
CB－20	地区人均公路里程　公里/人	0.78	0.00
CB－21	地区人均铁路营业里程　公里/人	0.55	0.00
CB－22	地区高速公路比重/%	2.12	2.07
CB－23	地区每万人拥有公共交通数量/台	2.32	6.26
CB－24	地区城镇化发展水平（城镇人口比重）/%	1.06	51.00
CB－25	地区地理区位优势*（所处地区档次分为东部、中部、西部，不同档次区位将被赋予3、2、1 的数值）	0.76	2
CB－26	地区电力生产消费比	1.30	0.57
CB－27	地区资源丰度（根据地区资源禀赋由笔者确定全国各省份资源丰度，以3、2、1 量化表示）	1.01	2
CB－28	地区人居自然环境*（人口密度）　人/平方公里	0.89	139.48
CB－29	地区金融支持环境*（地区金融机构贷款余额与 GDP 之比）/%	1.90	1.93
CB－30	地区人均行政诉讼案件　件/人	1.68	0.00
CB－31	地区人均财政税收　万元/人	0.59	0.77
CB－32	地区人均财政支出　万元/人	1.30	0.81
CB－33*	地区政府廉洁水平*（"三公"经费比重）/%	2.24	—
CB－34	地区法院人均收案　件/万人	1.64	44.71
CB－35	地区刑事犯罪人数比重（每万人发案数）/件	2.46	16.71
CB－36	地区万人拥有律师数/人	2.00	4.80
CB－37	地区技术创新成果保护法的完善与实施情况*（知识产权收案占民事收案比重）/%	1.46	0.83
CB－38	地区万人高校在校生人数/人	0.62	100.17
CB－39	地区万人科研机构数/个	0.87	0.66
CB－40	地区教育经费占财政支出比重/%	1.46	14.30
CB－41	当地人居社会环境情况*（一般公共服务经费支出占财政支出比重）/%	1.12	10.06
CB－42	地区创新的文化发育程度*（地区科技经费支出比重）/%	0.67	0.81
CB－43*	地区文明程度*（每万人犯罪数）/人	1.04	19.00

注：附录所有表中指标*为定性指标，序号*为反向指标。

参考文献

安小风，张旭梅，张慧涛，2009. 供应链知识流模型及知识流动影响因素研究 [J]. 科技管理研究，(1)：191 - 193.

白俊红，蒋伏心，2015. 协同创新、空间关联与区域创新绩效 [J]. 经济研究，(7)：174 - 187.

毕克新，2012. 产品创新与工艺创新知识流耦合影响因素研究：基于制造业企业的实证分析 [J]. 科研管理，(8)：16 - 24.

蔡霞，宋哲，耿修林，等，2017. 社会网络环境下的创新扩散研究述评与展望 [J]. 科学学与科学技术管理，(4)：73 - 84.

蔡莉，王云美，2006. 基于过程观的创业企业价值评估实证研究 [J]. 吉林大学学报（工学版），(2)：279 - 284.

崔航，曹扬，王维才，2016. 我国典型城市群创新环境评价研究 [J]. 中国管理信息化，(19)：136 - 140.

池仁勇，2003. 企业技术创新效率及其影响因素研究 [J]. 数量经济技术经济研究，(6)：105 - 108.

池仁勇，2005. 区域中小企业创新网络形成、结构属性与功能提升：浙江省实证考察 [J]. 管理世界，(10)：102 - 112.

陈劲，陈钰芬，2006. 开放创新体系与企业技术创新资源配置 [J]. 科研管理，(3)：1 - 8.

陈泽明，2007. 企业自主创新的动力源分析 [J]. 经济体制改革，(2)：73 - 76.

陈搏，2015. 创新参与者视角的创新环境评价研究 [J]. 科研管理，(S1)：84 - 93.

曹庆奎，李琴，于兵，2009. 基于未确知测度的高新区技术创新环境评价 [J]. 科技进步与对策，(9)：124 - 127.

段德忠，杜德斌，刘承良，2015. 上海和北京城市创新空间结构的时空演化模式 [J]. 地理学报，(12)：1911 - 1925.

刁兆峰，张辅松，2009. 企业技术创新系统的耗散结构分析 [J]. 江南大学学报（人文社会科学版），（2）：79 – 83.

党兴华，常红锦，2013. 网络位置、地理临近性与企业创新绩效——一个交互效应模型 [J].
科研管理，（3）：7 – 13，30.

戴维·罗默，2009. 高级宏观经济学 [M]. 王根蓓，译. 上海：上海财经大学出版社.

傅家骥，程源，1998. 面对知识经济的挑战，该抓什么？——再论技术创新 [J]. 中国软
科学，（7）：36 – 39.

傅晓霞，吴利学，2012. 技术差距、创新环境与企业自主研发强度 [J]. 世界经济，（7）：
101 – 122.

范海洲，唐德善，2009. 熵、耗散结构理论与企业开放式创新 [J]. 江苏商论，（4）：
119 – 120.

高建，汪剑飞，魏平，2004. 企业技术创新绩效指标：现状、问题和新概念模型 [J]. 科
研管理，（S1）：14 – 22.

高伟，吴昌松，王晓珍等，2016. 创新环境、技术未来价值与企业创新开放程度 [J]. 科
技进步与对策，（12）：78 – 85.

盖文启，2002. 论区域经济发展与区域创新环境 [J]. 学术研究，（1）：60 – 63.

郭斌，陈劲，许庆瑞，1997. 企业创新管理的组合观及其理论溯源 [J]. 浙江大学学报
（社会科学版），（4）：86 – 91.

郭元源，池仁勇，段姗，2007. 城市创业环境与创业活力分析——以部分城市为例 [J].
浙江工业大学学报（社科版），（4）：452 – 457.

胡树华，张俊，杨晓璇，等，2015. 基于两阶段测度的中小企业创新效率评价研究 [J].
经济体制改革，（6）：107 – 112.

黄鲁成，张红彩，王彤，2005. 我国研发支出的影响因素分析 [J]. 研究与发展管理，
（6）：90 – 95.

黄毅，2014. 创新环境视角的我国省市技术创新效率分析 [J]. 科技管理研究，（7）：
6 – 13.

贺翔，唐果，2014. 基于层次分析和灰色关联分析的宁波企业自主创新环境评价 [J]. 科
技与管理，（5）：27 – 29.

贾亚男，2001. 关于区域创新环境的理论初探 [J]. 地域研究与开发，（1）：5 – 8.

江永真，侯卫国，2011. 区域自主创新环境评价模型构建及实证分析 [J]. 福建行政学院
学报，（1）：100 – 106.

康凯，苏建旭，张会云，2000. 技术创新扩散场——技术创新空间扩散研究的一种新方法 [J].
河北工业大学学报，（2）：27 – 31.

孔凡柱，2014. 知识整合能力与运作特性对组织创新绩效的交互效应研究 [J]. 软科学，

（12）：10 - 14.

李星宇，马慧，2017. 新兴技术协同创新系统共生模型及稳定性研究 ［J］. 求索，（2）：148 - 153.

李婷，董慧芹，2005. 科技创新环境评价指标体系的探讨 ［J］. 中国科技论坛，（4）：30 - 31，36.

李兰冰，2008. 我国区域科技创新效率评价——以省际数据为样本 ［J］. 科技管理研究，（9）：87 - 90.

李凤云，2004. 基于新型企业观的知识流管理 ［J］. 中国质量，（2）：681.

李红岩，2000. 论经济熵增的系统控制 ［J］. 山西财经大学学报，（1）：11 - 12，20.

李婷，董慧芹，2005. 科技创新环境评价指标体系的探讨 ［J］. 中国科技论坛，（4）：30 - 31，36.

李正风，2002. 创新系统理论中知识流分析的两个视角 ［J］. 科学学与科学技术管理，（4）：21 - 24.

李鸿禧，迟国泰，2016. 基于 DEA - t 检验的以企业为主体的科技创新效率评价 ［J］. 中国管理科学，（11）：109 - 119.

李艳飞，2016. 创新联盟互动机制、知识整合能力与创新绩效 ［J］. 科学管理研究，（3）：84 - 87.

林筠，郭敏，2016. 知识流与技术能力：探索和利用性学习的中介作用 ［J］. 科研管理，（6）：65 - 73.

林奇，2013. 企业规模、创新能力与"熊彼特假说"——基于中国工业企业数据的研究 ［J］. 统计与信息论坛，（9）：62 - 67.

吕一博，苏敬勤，2009. 基于创新过程的中小企业创新能力评价研究 ［J］. 管理学报，（3）：331 - 337.

刘斌，唐慧敏，王玉凤，等，2016. 地理接近性对高校技术创新合作及创新绩效的影响 ［J］. 研究与发展管理，（1）：121 - 131.

刘德胜，张玉明，2010. R&D 支出驱动中小企业绩效有效性研究 ［J］. 科技与经济，（1）：92 - 96.

苗长虹，艾少伟，2009. "学习场"结构与空间中的创新 ［J］. 经济地理，（7）：1507 - 1063.

尼科利斯，普里戈京，1986. 非平衡系统的自组织 ［M］. 北京：科学出版社.

庞长伟，李垣，段光，2015. 整合能力与企业绩效：商业模式创新的中介作用 ［J］. 管理科学，（5）：31 - 41.

孙冰，李柏洲，2006. 企业技术创新动力系统的耗散结构研究 ［J］. 生产力研究，（9）：244 - 246.

孙早, 郭林生, 肖利平, 2016. 企业规模与企业创新倒 U 型关系再检验——来自中国战略性新兴产业的经验证据 [J]. 上海经济研究, (9): 33 - 42.

王承云, 孙飞翔, 2017. 长三角城市创新空间的集聚与溢出效应 [J]. 地理研究, (6): 1042 - 1052.

王缉慈, 1999. 知识创新和区域创新环境 [J]. 经济地理, (2): 11 - 16.

王宇, 郑红亮, 2015. 经济新常态下企业创新环境的优化和改革 [J]. 当代经济科学, (6): 99 - 106, 125 - 126.

王莉, 2014. 自主创新环境的内涵、评价体系构建与实证检验 [J]. 商业时代, (9): 80 - 84.

王崇锋, 2015. 知识溢出对区域创新效率的调节机制 [J]. 中国人口·资源与环境, (7): 77 - 83.

魏江, 郑小勇, 2012. 文化嵌入与集群企业创新网络演化的关联机制 [J]. 科研管理, (12): 10 - 22.

翁媛媛, 高汝熹, 2009. 科技创新环境的评价指标体系研究: 基于上海市创新环境的因子分析 [J]. 中国科技论坛, (2): 31 - 35.

吴和成, 许婷婷, 2013. 基于因子分析的江苏省区域创新环境评价与分析 [J]. 科技进步与对策, (2): 124 - 129

吴俊杰, 戴勇, 2013. 企业家社会资本、知识整合能力与技术创新绩效关系研究 [J]. 科技进步与对策, 2013, (11): 84 - 88.

薛娜, 赵曙东, 2007. 基于 DEA 的高技术产业创新效率评价——以江苏省为例 [J]. 南京社会科学, (5): 135 - 141.

徐礼伯, 沈坤荣, 2014. 知识经济条件下企业边界的决定: 内外社会资本匹配的视角 [J]. 中国工业经济, (10): 85 - 95.

夏保华, 2007. 技术间断、技术创新陷阱与战略技术创新 [J]. 科学学研究, (04): 81 - 86.

谢洪明, 张霞蓉, 程聪, 等, 2012. 网络关系强度、企业学习能力对技术创新的影响研究 [J]. 科研管理, (2): 55 - 62.

谢富纪, 徐恒敏, 2001. 知识、知识流与知识溢出的经济学分析 [J]. 同济大学学报 (社会科学版), (2): 54 - 57.

许庆瑞, 刘景江, 赵晓庆, 2002. 技术创新的组合及其与组织、文化的集成 [J]. 科研管理, (6): 38 - 44.

余伟, 陈强, 陈华, 2017. 环境规制、技术创新与经营绩效——基于 37 个工业行业的实证分析 [J]. 科研管理, (2): 18 - 25.

姚梅芳，张兰，葛晶，等，2010. 基于中国情境的生存型创业环境要素体系构建［J］. 预测，(5)：31－36.

约瑟夫·熊彼特，1990. 何畏，易家详，译. 经济发展理论［M］. 北京：商务印书馆.

尹碧涛，2006. 于共生理论的合作创新环境研究［D］. 武汉：华中科技大学，(6)：23－46.

朱文涛，孙珠峰，2017. 创新系统理论：范式与挑战［J］. 科技进步与对策，(5)：1－5.

朱建新，朱祎宏，鲁若愚，2016. 创新环境的要素构成及其影响机理［J］. 中国科技论坛，(3)：119－125.

朱建新，祝佳伟，朱祎宏，2017. 基于 Entropy－Topsis 的中国制造业企业创新环境评价［J］. 哈尔滨工程大学学报，(5)：808－814.

朱庚春，徐策中，侯玲，1997. 技术创新理论与技术创新绩效［J］. 经济纵横，(4)：19－22.

曾鹏，曾坚，蔡良娃，2008. 城市创新空间理论与空间形态结构研究［J］. 建筑学报，(8)：34－38.

曾德明，杨磊，何银芳，2009. 企业创新网络中知识扩散的耗散结构研究［J］. 科技管理研究，(11)：333－336.

郑菊新，1996. 空间经济：系统与结构［M］. 武汉：武汉出版社.

郑健壮，潘虹，2009. 产业集群自主创新环境评价指标体系的构建［J］. 改革与开放，(3)：51－53.

郑鑫，2008. 基于区域创新环境的企业自生能力发展研究：以河南省许继集团有产拟同为例［D］. 开封：河南大学.

赵兰香，1999. 知识、决策与技术创新效率［J］. 科学学研究，(4)：53－56.

赵新华，2013. 科技创新环境分析及评价指标体系研究［J］. 上海市经济管理干部学院学报，(7)：9－15.

赵立雨，2014. 开放式创新对企业创新绩效影响研究：内部 R&D 与环境波动的调节作用［J］. 科学学与科学技术管理，(6)：119－127.

赵立雨，2016. 知识流调节作用下知识转移与员工创新行为关系研究［J］. 科技进步与对策，(12)：125－129.

赵炎，孟庆时，2014. 创新网络中基于结派行为的企业创新能力评价［J］. 科研管理，(7)：35－43.

张晓刚，2006. 基于工作流的知识流建模与控制［J］. 软件学报.(2)：184－193.

张维和，2014. 环境因素对创新团队建设的影响及对策研究［J］. 天津师范大学学报（社会科学版），(1)：67－70.

张晓刚，2006. 基于工作流的知识流建模与控制 [J]. 软件学报，(2)：184 – 193.

张璐，2016. 知识流与项目增值的中介效应研究 [J]. 市场研究，(2)：27 – 29.

张玉利，陈立新，2004. 中小企业创业的核心要素与创业环境分析 [J]. 经济界，(3)：29 – 34.

张敏，张一力，2014. 文化嵌入、契约治理与企业创新行为的关系研究——来自温州民营企业的实证检验 [J]. 科学学研究，(3)：454 – 463.

ADAM HOLBROOK, MONICA SALAZAR, 2004. Regional innovation systems within a federation: do national policies affect all regions equally? [J]. Innovation, 6 (1): 50 – 64.

AFRIAT S. N, 1972. Efficiency estimation of production function [J]. International Economic Revier, (13): 568 – 598.

ALAVI M, LEIDNER D E, 2001. Knowledge management and knowledge management system: conceptual foundations and research issues. MIS Quarterly, (25): 107 – 132.

ALBINO V, 1999. Knowledge transfer and inter – firm relationship: the role of the leader firm [J]. Technovation Journal, 19: 53 – 63.

ALFONSO ÁVILA – ROBINSON, SHINTARO SENGOKU, 2017. Multilevel exploration of the realities of interdisciplinary research centers for the management of knowledge integration [J]. Technovation: 22 – 41.

ALFRED MARSHALL, 1890. Principles of Economics [M]. London: Macmillan.

ALESSANDRA PAPETTI, EUGENIA MARILUNGO, FABIO GREGORI, et al., 2016. Driving process innovation: a Structured method for improving efficiency in SMEs [J]. Procedia CIRP, 50: 448 – 453.

ANA MARIA ALECUSAN, ANDREI DIMITRESCU, 2016. Innovation management: the past, present and future of the market [J]. Studies in Business and Economics, 11 (3): 140 – 149.

ANDRZEJ KALETA, 2015. E – learning as a diffusion of innovation in the rural areas of the European Union [J]. Eastern European Countryside, 21 (1): 5 – 18.

ANONYMOUS, 2016. Creating an environment for innovation [J]. Candy Industry, 181 (8): 46 – 51.

ARKADIUSZ ŚWIADEK, 2007. Technology and Space in Innovation Performance of Polish Regions [J]. Folia Oeconomica Stetinensia, 6 (1): 141 – 152.

ARKADIUSZ ŚWIADEK, KATARZYNA SZOPIK – DEPCZY ŃSKA, 2014. Changes in innovation activity in regional industrial system in the context of size of enterprises in West Pomeranian province [J]. Folia Oeconomica Stetinensia, 14 (2): 225 – 238.

BATTISTA R N, 1988. Innovation and diffusion of health – related technologies: a conceptual framework [J]. International journal of technology assessment in health care, 5 (2): 227 – 248.

CENAMOR J, PARIDA V, OGHAZI P, et al. , 2017. Addressing dual embeddedness: the roles of absorptive capacity and appropriability mechanisms in subsidiary performance [J]. Industrial Marketing Management: 147 – 163.

CHARLES AYOUBI, MICHELE PEZZONI, FABIANA VISENTIN, 2016. At the origins of learning: absorbing knowledge flows from within the team [J]. Journal of Economic Behavior and Organization: 47 – 63.

CHESBROUGH, H, CROWTHER, A. K, 2006. Beyond high tech: early adopters of open innovation in other industries [J]. R&D Management, (36): 229 – 236.

CHESBROUGH, H. W, 2003. The era of open innovation [J]. MIT Sloan Management Review, (44): 35 – 41.

CHIARA FRANCO, FABIO PIERI, FRANCESCO VENTURINI, 2016. Product market regulation and innovation efficiency [J]. Journal of Productivity Analysis, 45 (3): 299 – 315.

CHRISTINA ÖBERG, TOMMY TSUNG – YING SHIH, 2015. Strategy in an ambiguous innovation environment [J]. Journal of Strategy and Management, 8 (4): 326 – 341.

CHRISTINE M. EVERETT, ALICIA QUELLA, 2017. Diffusion of PA innovation: risk – taking vs. safe bet [J]. Journal of the American Academy of Physician Assistants, 30 (6): 43 – 45.

CHRISTOPHER J. EASINGWOOD, VIJAY MAHAJAN, EITAN MULLER, 1983. A nonuniform influence innovation diffusion model of new product acceptance [J]. Marketing Science, 2 (3): 273 – 295.

CRAIG E. ARMSTRONG, CYNTHIA A, 2013. Lengnick – Hall. The Pandora's Box of social integration mechanisms: can they make it more difficult to realize absorptive capacity? [J]. Journal of Strategy and Management, 6 (1): 4 – 26.

COHEN, W. M, LEVINTHAL, D. A, 1990. Absorptive capacity: a new perspective on learning and innovation [J]. Administrative Science Quarterly, (35): 128 – 152.

COHEN, W M. , S. KLEPPER, 1996. Firm size and the nature of innovation within industries: the case of process and product R&D [J]. Review of Economics and Statistics, 78 (2): 223 – 243.

DAVID MATOUŠEK, JIŘí HOSPODKA, ONDŘEJ ŠUBRT, 2016. Efficiency of innovative charge pump versus clock frequency and MOSFETs sizes [J]. Measurement Science Review, 16 (5): 260 – 265.

DAVID J. TEECE, 1980. The Diffusion of an Administrative Innovation [J]. Management Science, 26 (5): 464 – 470.

DENNIS A. PITTA, 2008. Product innovation and management in a small enterprise [J]. Journal of Product & Brand Management, 17 (6): 148 – 163.

DOREN CHADEE, BANJO ROXAS, 2013. Institutional environment, innovation capacity and firm performance in Russia [J]. Critical perspectives on international business, 9 (1): 19 – 39.

DOROTA ROSZKOWSKA, 2017. External Knowledge Sourcing and Innovation Processes in Modern Economic Environment [J]. International Journal of Management and Economics, 53 (2): 39 – 56.

DOROTA PAŁUBSKA, 2011. Innovation Performance in Poland and Polish Companies [J]. Comparative Economic Research, 14 (2): 125 – 141.

ELIAS G. CARAYANNIS, EVANGELOS GRIGOROUDIS, YORGOS GOLETSIS, 2016. A multilevel and multistage efficiency evaluation of innovation systems: A multiobjective DEA approach [J]. Expert Systems with Applications, 62: 197 – 207.

ERIC VAZ, TERESA DE NORONHA VAZ, PURIFICACION VICENTE GALINDO, et al., 2014. Modelling innovation support systems for regional development – analysis of cluster structures in innovation in Portugal [J]. Entrepreneurship & Regional Development, 26 (1 – 2): 23 – 46.

ERIC ABRAHAMSON, LORI ROSENKOPF, 1997. Social network effects on the extent of innovation diffusion: a computer simulation [J]. Organization Science, 8 (3): 289 – 303.

ERYK GŁODZIŃSKI, STANISŁAW MARCINIAK, 2016. Organisational innovations in crisis management of project – based enterprises [J]. Economics and Business, 28 (1): 26 – 32.

EVERETT M ROGERS, 1983. Diffusion of innovations [M]. New York: The Free Press.

FLEMING L, 2001. Recombinant uncertainty in technological search [J]. Management Science, 47 (1): 117 – 132.

FORD L G, 1989. Innovations in diffusion [J]. Progress in clinical and biological research, 293: 23 – 33.

GABRIELA LUCIA ŞIPOŞ, ALIN IONESCU, 2015. Stimulating creativity methods and innovative performance in European countries [J]. Timisoara Journal of Economics and Business, 8 (1): 163 – 182.

GANESAN S, MALTER A J, 2005. Does distance still matter? Geographic proximity and new product development [J]. Journal of Marketing, 69 (4): 44 – 60.

GARAVELLI A C, 2002. Gorgoglione M, Scozzi B. Managing knowledge transfer by knowledge technologies [J]. Technovation, 22 (5): 269 – 279.

GARY R. OLIVER, 2013. A micro intellectual capital knowledge flow model: a critical account of

IC inside the classroom [J]. Journal of Intellectual Capital, 14 (1): 145 – 162.

GEORG SCHREYÖGG, STEPHANIE DUCHEK, 2012. Absorptive capacity and its determinants: results of a case study analysis in German high – tech firms [J]. Arbeit, 21 (2 – 3): 204 – 217.

GENEVIEVE SIMPSON, JULIAN CLIFTON, 2017. Testing diffusion of innovations theory with data: financial incentives, early adopters, and distributed solar energy in Australia [J]. Energy Research & Social Science, 29: 12 – 22.

GIEDRĖ DZEMYDAITĖ, IGNAS DZEMYDA, BIRUTĖ GALINIENĖ, 2016. The efficiency of regional innovation systems in new member states of the European Union: a nonparametric DEA approach [J]. Economics and Business, 28 (1): 83 – 89.

GLYN WILLIAMS, 2005. Regional Innovation Systems and Communities of Practice: two themes in search of knowledge [J]. Sociolinguistica Jahrbuch, 19: 168 – 184.

GRACIELA CORRAL DE ZUBIELQUI, JANICE JONES, LARISSA STATSENKO, 2016. Managing innovation networks for knowledge mobility and appropriability: a complexity perspective [J]. Entrepreneurship Research Journal, 6 (1): 75 – 109.

GRANT M, 1996. Toward a knowledge based theory of the firm [J]. Strategic Management Journal, (17): 109 – 122.

GROSSMAN G M, HELPMAN E, 1991. Trade, knowledge spillovers, and growth [J]. European Economic Review, (35): 517 – 526.

JAMIE NEWTH, 2016. Social enterprise innovation in context: stakeholder influence through contestation [J]. Entrepreneurship Research Journal, 6 (4): 369 – 399.

JANELL D. TOWNSEND, ROGER J. CALANTONE, 2014. Evolution and transformation of innovation in the global automotive industry [J]. Journal of Product Innovation Management, (1): 4 – 7.

JANUSZ ZAWIŁA – NIEDŹWIECKI, 2015. Structuring knowledge management – classical theory, strategic initiation and operational knowledge management [J]. Foundations of Management, 7 (1): 253 – 266.

JEAN – PIERRE SEGERS, 2016. Regional systems of innovation: lessons from the biotechnology clusters in Belgium and Germany [J]. Journal of Small Business & Entrepreneurship, 28 (2): 133 – 149.

JESPER B SORENSEN, TOBY E STUART, 2000. Aging obsolescence and organizational innovation [J]. Administrative Science Quarterly, 45 (1): 81 – 112.

JOHN A. MATHEWS, 2002. Competitive advantage of the latecomer firm: a resource based account of industrial catch – up strategies [J]. Asia Pacific Journal of Management, (19): 467 – 488.

JOHN D. ARAM, CYRIL P. MORGAN, 1976. The role of project team collaboration in R&D Performance [J]. Management Science, 22 (10): 1127 – 1137.

JOHN N. H. BRITTON, 1989. A policy perspective on incremental innovation in small and medium sized enterprises [J]. Entrepreneurship & Regional Development, 1 (2): 57 – 84.

JOLANTA MAZUR, PIOTR ZABOREK, 2016. Organizational culture and open innovation performance in small and medium – sized enterprises (SMEs) in Poland [J]. International Journal of Management and Economics, 51 (1): 104 – 138.

JONATHAN MAZE, 2016. Equipment innovation focuses on efficiency, consistency, safety [J]. Nation's Restaurant News: 288 – 301.

JORDAN H S, BURKE J F, FINEBERG H, HANLEY J A, 1983. Diffusion of innovations in burn care: selected findings [J]. Burns, 9 (4): 271 – 279.

JOZEF KONôPKA, 2011. Science and research – basic source of knowledge and innovation incentives [J]. Lesnícky casopis – Forestry Journal, 57 (1): 1 – 10.

J SCHMOOKLER, 1966. Invention and economic growth [M]. Harvard University Press, 20 (1): 63 – 69.

JUAN RAMÓN GALLEGO – BONO, RAFAEL CHAVES – AVILA, 2016. Innovation cooperative systems and structural change: an evolutionary analysis of Anecoop and Mondragon cases [J]. Journal of Business Research, 69 (11): 4907 – 4911.

JUDY S. YANG, 2017. The governance environment and innovative SMEs [J]. Small Business Economics, 48 (3): 525 – 541.

KAREL O. COOL, INGEMAR DIERICKX, GABRIEL SZULANSKI, 1997. Diffusion of Innovations within organizations: electronic Switching in the Bell System, 1971 – 1982 [J]. Organization Science, 8 (5): 543 – 559.

KATARZYNA KOZIOł – NADOLNA, ARKADIUSZ ŚWIADEK, 2010. Innovation process models with emphasis on open innovation model [J]. Folia Oeconomica Stetinensia, 9 (1): 167 – 178.

KATHARINA MANDERSCHEID, TIM RICHARDSON, 2011. Planning inequality: social and economic spaces in national spatial planning [J]. European Planning Studies, 19 (10): 1797 – 1815.

KLAUS MUSMANN, 2009. The Diffusion of innovations in libraries. a review of the literature on organization theory and diffusion research [J]. Libri, 32 (1): 257 – 277.

KLINE, S. J. AND ROSENBERG, N, 1986. An overview of innovation, in R. Landau, N. Rosenberg (eds.): the positive sum strategy: harnessing technology for economics growth [M]. Washington, D. C: National Academy Press: 275 – 305.

KRUGMAN PAUL, 1991. Increasing returns and economic geography [J]. Journal of Political Economy, 99: 483 – 499.

KRUGMAN, 1994. The myth of asia's miracle [J]. Foreign Affairs, (6): 62 – 78.

LAHIRI N, 2010. Geographic distribution of R&D activity: how does it affect innovation quality? [J]. Academy of Management Journal, 53 (5): 1194 – 1209.

LEONARD – BARTON, DOROTHY, 1992. Core capabilities and core rigidities: a paradox in managing new product development [J]. Strategic Management Journal, (13): 111 – 125.

LEVIN D Z, CROSS ROB, 2001. The strength of weak Tics youcan trust: the mediating role of trust in effective knowledge transfer [J]. Vlanagcmcnt Scicncc, (50): 1177 – 1190.

LICHTENTHALER, 2011. Open innovation: past research, current debatcs, and future directions [J]. Academy of Management Pcrspectives, (2): 75 – 93.

LIYANAGE C, ELHAG T, BALLALT, 2009. Knowledge communication and translation: a knowledge transfer model [J]. Journal of Knowledge Management, 13 (3): 118 – 131.

LOISE BAGINSKI, CLAUDIO PITASSI, JOSE GERALDO PEREIRA BARBOSA, 2017. Technological capability in the Brazilian naval industry: a metric for offshore support vessels [J]. RAI Revista de Administração e Inovação, 3 (2): 548 – 559.

MAILLAT, 1998. Innovation and new generations of regional polices [J]. Entrepreneurs & Regional Development, (10): 38 – 46.

MALGORZATA RUNIEWICZ – WARDYN, 2013. The role of knowledge absorption and innovation capability in the technological change and economic growth of EU regions [J]. International Journal of Management and Economics, 39 (1): 51 – 69.

MANUEL BAUER, JENS LEKER, 2013. Exploration and exploitation in product and process innovation in the chemical industry [J]. R&D Management, (3): 196 – 212.

MANUEL CEBRIAN DE LA SERNA, JUAN JOSE MONEDERO MOYA, 1997. Technological Innovation spaces and the initial training of teachers in new technologies [J]. Educational Media International, 34 (3): 133 – 135.

MARCELO AMARAL, 2015. Management and assessment of innovation environments [J]. Triple Helix, 2 (1): 1 – 20.

MARCO MARABELLI, SUE NEWELL, 2014. Knowing, power and materiality: a critical review and reconceptualization of absorptive capacity [J]. International Journal of Management Reviews, 16 (4): 479 – 499.

MARCO GRECO, MICHELE GRIMALDI, LIVIO CRICELLI, 2015. Open innovation actions and innovation performance [J]. European Journal of Innovation Management, 18 (2): 150 – 171.

MARGARET A, PETERAF, 1993. The Cornerstone of competitive advantage: a Resource – based View [J]. Strategic Management Journal, (4): 179 – 191.

MARIUSZ SZUSTER, MACIEJ SZYMCZAK, 2016. Innovation, knowledge and information management in supply chains [J]. Ekonomia i Zarzadzanie, 8 (1): 26 – 36.

MARTINA BATTISTI, DAVID DEAKINS, HERNAN ROXAS, 2010. Explaining the levels of innovation and R&D in New Zealand's small and medium – sized enterprises: too many small firms? [J]. Small Enterprise Research, 17 (2): 177 – 192.

MATTHIAS WEISS, MARTIN HOEGL, MICHAEL GIBBERT, 2013. The influence of material resources on innovation projects: the role of resource elasticity [J]. R&D Management, (2): 151 – 161.

MAX A. HOGEFORSTER, ELINA PRIEDULENA, 2014. The significance and impact of innovation networks of academia and business with a special emphasis on work – based learning [J]. Baltic Journal of European Studies, 4 (2): 69 – 82.

MAX H BOISOT, 1995. Is your firm a creative destroyer? Competitive learning and knowledge flows in the technological strategies of firms [J]. Research Policy, (21): 489 – 506.

MERGERS, NELSON, 1990. On the complex economics of paten scope [J]. Columbia Law Review, (4): 839 – 916.

MICHAŁ B. PARADOWSKI, ŁUKASZ JONAK, 2012. Diffusion of linguistic innovation as social coordination [J]. Psychology of Language and Communication, 16 (2): 131 – 142.

MIGUEL PINA E CUNHA, ARMÉNIO REGO, PEDRO OLIVEIRA, et al., 2014. Product innovation in resource – poor environments: three research streams [J]. Journal of Product Innovation Management, (2): 202 – 210.

MIIKA VARIS, HANNU LITTUNEN, 2012. SMEs and their peripheral innovation environment: reflections from a finnish case [J]. European Planning Studies, 20 (4): 547 – 582.

MOHAMMAD ALI SHAFIA, SAEED SHAVVALPOUR, MASOUMEH HOSSEINI, et al., 2016. Mediating effect of technological innovation capabilities between dynamic capabilities and competitiveness of research and technology organizations [J]. Technology Analysis & Strategic Management, 28 (7): 811 – 826.

MUAMER BEZDROB, AZIZ ŠUNJE, 2014. Management Innovation – designing and testing a theoretical model [J]. South East European Journal of Economics and Business, 9 (1): 16 – 29.

NEEDLE D, 1989. Business in context [M]. Van Nostl and Rein hold International.

NONAKA, 1994. Dynamic theory of organizational knowledge creation [J]. Organization science, (5): 14 – 37.

OECD, 1997. National innovation systems [R]. Paris: OECD.

OLGA KOKSHAGINA, PASCAL LE MASSON, FLORENT BORIES, 2017. Fast – connecting search practices: on the role of open innovation intermediary to accelerate the absorptive capacity [J]. Technological Forecasting & Social Change, 120: 348 – 367.

PAAVO RITALA, EELKO HUIZINGH, ARGYRO ALMPANOPOULOU, et al. , 2016. Tensions in R&D networks: implications for knowledge search and integration [J]. Technological Forecasting & Social Change: 78 – 99.

PATRICK VAN DER HEIDEN, CHRISTINE POHL, SHUHAIMI MANSOR, et al. , 2016. Necessitated absorptive capacity and metaroutines in international technology transfer: a new model [J]. Journal of Engineering and Technology Management: 65 – 78.

PATRICK W LYONS, JESSICAE, LEAHY, et al. , 2014. Knowledge to action: investigating implicit knowledge production models held among forest science researchers [J]. Society & Natural Resources, 27 (5): 459 – 474.

PHILLIPS M L, DURICK D A, 1985. Diffusion of an innovation: adoption of CT scanners. [J]. Radiologic Technology, 57 (2): 137 – 140.

PETER ROBBINS, COLM O' GORMAN, 2016. Innovation processes: do they help or hinder new product development outcomes in Irish SMEs? [J]. The Irish Journal of Management, 35 (1): 104 – 107.

PETER WARDA, 2012. Innovation system frontiers: cluster networks and global value—By Brian Wixted [J]. Papers in Regional Science, 91 (1): 235 – 236.

PETER W. NEWTON, 2017. Innovation for a sustainable low carbon built environment [J]. Procedia Engineering, 180: 16 – 32.

PIYUSH SHARMA, NEBOJSA S DAVCIK, KISHORE GOPALAKRISHNA PILLAI, 2016. Product innovation as a mediator in the impact of R&D expenditure and brand equity on marketing performance [J]. Journal of Business Research: 5662 – 5669.

RAMESH CHANDRA, REETHIKA S IYER, RAMAKRISHNAN RAMAN, 2015. Enabling organizations to implement smarter, customized social computing platforms by leveraging knowledge flow patterns [J]. Journal of Knowledge Management, 19 (1): 95 – 107.

RAMONA – DIANA LEON, RAÚL RODRÍGUEZ – RODRÍGUEZ, PEDRO GÒMEZ – GASQUET, et al. , 2016. Social network analysis: a tool for evaluating and predicting future knowledge flows from an insurance organization [J]. Technological Forecasting & Social Change: 247 – 266.

REMIGIO R, ALBERTO B, RICHARD G, 1997. The dynamics of innovative regions: GREMI approach [M]. Aldershot: Ashgate.

RICHARD BEDNAR, ŠTEFAN SLÁVIK, 2015. Innovation space of the business models [J]. Annals of the Alexandru Ioan Cuza University Economics, 62 (1): 63 – 84.

ROCIO MARTINEZ – TORRES, MARIA OLMEDILLA, 2016. Identification of innovation solvers in open innovation communities using swarm intelligence [J]. Technological Forecasting & Social Change, 23 (4): 15 – 24.

ROMOLO M. DORIZZI, 2007. The diffusion of innovations theory could help laboratorians in research translation [J]. Clinical Chemical Laboratory Medicine, 45 (4): 553 – 554.

ROTHMAN J, LUBBEN J E, 1987. The partialization strategy: an empirical reformulation of demonstration project planning [J]. Administration in Social Work, 12 (3): 45 – 60.

SAEED – UL HASSAN, PETER HADDAWY, 2015. Analyzing knowledge flows of scientific literature through semantic links: a case study in the field of energy [J]. Scientometrics, 103 (1): 33 – 46.

SANSON – FISHER ROBERT W, 2004. Diffusion of innovation theory for clinical change [J]. Medical Journal of Australia, 180 (6 Suppl): S55 – 6.

SARA GARCÍA SASTRE, SARA L VILLAGRÁ SOBRINO, IVÁN M JORRÍN ABELLÁN, 2010. Innovating in a 4th course of chemical engineering: a bolognese recipe [J]. Revista Electronica Interuniversitaria de Formación del Profesorado, 13 (3): 159 – 180.

SCOTT A. J. ENTREPRENEURSHIP, 2006. Innovation and industrial development: geography and the creative field revisited [J]. Small Business Economics, (26): 1 – 24.

SERJE SCHMIDT, ALSONES BALESTRIN, RAQUEL ENGELMAN, et al. , 2016. The influence of innovation environments in R&D results [J]. Revista de Administração: 397 – 408.

SHALINI RAHUL TIWARI, 2015. Knowledge integration in government – industry project Network [J]. Know. Process Mgmt. , 22 (1): 11 – 21.

SZULANSKI G, 1996. Exploring internal stickiness: impediments to the transfer of best practice within the firm [J]. Strategic Management Journal, (17): 27 – 44.

TEEMU MAKKONEN, TOMMI INKINEN, 2014. Spatial scaling of regional strategic programmes in Finland: a qualitative study of clusters and innovation systems [J]. Norsk Geografisk Tidsskrift – Norwegian Journal of Geography, 68 (4): 216 – 227.

THOMAS PENIDE, DIDIER GOURC, PHILIPPE PEILLON, 2013. Innovative process engineering: a generic model of the innovation process [J]. International Journal of Computer Integrated Manufacturing, 26 (3): 183 – 200.

TOBIAS SCHMIDT, 2009. Absorptive capacity – one size fits all? A firm – level analysis of absorptive capacity for different kinds of knowledge [J]. Manage. Decis Econ, 31 (1): 1 – 18.

TOM BROEKEL, 2015. Do cooperative research and development (R&D) subsidies stimulate sregional innovation efficiency? Evidence from Germany [J]. Regional Studies, 49 (7): 1087 - 1110.

TOMI HEIMONEN, 2012. What are the factors that affect innovation in growing SMEs? [J]. European Journal of Innovation Management, 15 (1): 122 - 144.

TOMOHIKO KONNO, 2015. Network effect of knowledge spillover: scale - free networks stimulate R&D activities and accelerate economic growth [J]. Physica A: Statistical Mechanics and its Applications: 157 - 167.

TRACEY P, ALLIANCES, 2003. Networks and competitive strategy: rethinking Clusters of Innovation [J]. Growth and Change, (34): 1 - 16.

TUULA HEISKANEN, HANNU HEISKANEN, 2011. Spaces of innovation: experiences from two small high - tech firms [J]. Journal of Workplace Learning, 23 (2): 369 - 388.

WESLEY M. COHEN, DANIEL A. LEVINTHAL, 1990. Absorptive capacity: a new perspective on learning and innovation [J]. Administrative Science Quarterly, (35): 128 - 152.

WEST J, 2006. Does appropriability enable or retard open innovation? In: Chesbrough, H., Vanhaverbeke, W, and West, J. (eds), Open innovation: research a new paradigm [M]. Oxford: Oxford University Press.

WHITTINGTON K B, OWEN - SMITH J, 2009. Networks, propinquity, and innovation in knowledge - intensive industries [J]. Administrative Science Quarterly, 54 (1): 90 - 122.

WIERZBICKIA P, NAKAMORIY, 2006. Creative Space: models of creative processes for the knowledge civilization age [M]. Berlin: Springer Ver lag.

WRIGHT A J, 1991. Diffusion of an innovation: the first public demonstrations of general anesthesia [J]. Middle East journal of anesthesiology, 11 (2): 93 - 118.